신문장강화

申瑛澈 著

■ 구자황(具滋晃)

성균관대학교 국어국문학과, 동 대학원 졸업(문학박사)
현재 숙명여자대학교 교양교육원 교수
주요 논저로 「독본을 통해 본 근대적 텍스트의 형성과 변화」, 「최남선의 『시문독본』 연구」, 「근대 독본의 성격과 위상」(2, 3), 「일제강점기 제도권 문학교육」, 「근대 독본문화사 연구 서설」, 『이문구 문학의 전통과 근대』, 『근대 국어교과서를 읽는다』(공저) 등이 있다.

■ 문혜윤(文惠允)

고려대학교 국어국문학과, 동 대학원 졸업(문학박사)
현재 고려대학교 강사
주요 논저로 「문예독본류와 한글 문체의 형성」, 「조선어/한국어 문장론과 문학의 위상」, 「조선어 문학의 역사 만들기와 '강화(講話)'로서의 『문장』」, 「한자/한자어의 조선문학적 존재 방식」, 「문학어의 근대」, 『근대 국어교과서를 읽는다』(공저) 등이 있다.

근대독본총서 10

신문장강화(申瑛澈 著)

© 구자황·문혜윤, 2015

1판 1쇄 인쇄_2015년 06월 10일
1판 1쇄 발행_2015년 06월 20일

엮은이_구자황·문혜윤
펴낸이_양정섭
펴낸곳_도서출판 경진
　　　　등록_제2010-000004호
　　　　블로그_http://kyungjinmunhwa.tistory.com
　　　　이메일_mykorea01@naver.com

공급처_(주)글로벌콘텐츠출판그룹
　　　　대표_홍정표
　　　　편집_김현열 송은주　**디자인**_김미미　**기획·마케팅**_노경민　**경영지원**_안선영
　　　　주소_서울특별시 강동구 천중로 196 정일빌딩 401호
　　　　전화_02-488-3280　**팩스**_02-488-3281
　　　　홈페이지_http://www.gcbook.co.kr

값 28,000원
ISBN 978-89-5996-457-4 94700
ISBN 978-89-8996-135-1 94700(세트)

근대독본총서 10

신문장강화

申瑛澈 著

구자황·문혜윤

경진출판

신문장강화

총서를 내며

독본이라는 근대의 창(窓)

독본讀本은 편찬자가 '정수精髓'라고 여기거나 '모범模範'이 될 만하다고 판단하는 글을 뽑거나 지어서 묶어 놓은 책이다. 따라서 편찬자의 의식과 입장에 따라, 겨냥하는 독자에 따라 그 주제와 범위를 달리할 수 있다. 무엇보다도 편찬될 당시의 일정한 담론과 지향이 독본의 체재와 내용으로 반영된다.

독본讀本은 태생적으로 계몽적 성격을 띤다. 근대 담론이 형성되던 일제강점기 조선에서는 그 성격이 더욱 농후하다. 독본은 『國民小學讀本』(1895) 이래 제도적 의미와 표준적 의미를 갖는 교과서로서의 역할을 담당하였고, 근대 지知를 보급한다는 목적 아래 단일하지 않은 성격의 텍스트가 혼종되어 있었다. 또한, 독본에 실린 글들은 읽기의 전범일 뿐만 아니라 쓰기의 전범이기도 했다. 즉, 독본이라는 형식을 띠고 있는 책들은 우선 그 안에 담긴 지식과 사상을 흡수하게 하려는 의도를 지니지만, 그와 동시에 선별되거나 창작된 글들은 그 자체로 문장 형식의 전범이 된다는 점에서 자연스럽게 쓰기 방식을 습득하게 하는 역할을 담당했던 것이다.

근대 독본은 교육과 연계되는 제도화의 산물임을 부정할 수 없다. 특히 읽기와 쓰기의 규율을 제공한다는 점에서 문범화의 기초를 제공한다. 이와 같은 제도화 및 문범화란 독본의 편제 그 자체를 통해 독자에게 내용을 전달하는 방식을 만들어 냈다. 그런데 적극적인 의미 부여나 해설을 통해 '사회적으로 의미 있는' 영역임을 할당·배분·강조하는 양상이 1920년대 이후부터 뚜렷해진다. 실제로 1920년대 독본의 양상은 근대적 글쓰기 장場에서 하나의 문범文範 혹은 정전正典을 제시함으로써 넓은 의미의 근대 지知를 전달하는 표준적 매체로 기능하는 데 그치지 않고, 자기갱신을 통해 철자법, 교육령, 성장하는 대중독자와 적극적으로 교직하면서 문학적 회로回路를 개척해 나갔다.

한편 독본은 그 자체로 당대 독자들의 욕망을 재구성한 대중적 양식이다. 특히 구성되고 확산되는 방식에 있어 더욱 대중적이다. 이는 독본이라는 텍스트가 갖는 생산성이라 명명할 수 있을 것인바, 텍스트가 궁극적으로 창출하는 문화·상징권력까지도 포함한다. 또한 독본이란 역사적으로 볼 때 새로운 학문이나 분야를 축조하는 문화적 양식이라고 할 수 있다. 축조의 과정은 텍스트의 구성 과정과 더불어 독본의 반영성을 드러내 준다. 정전正典, canon의 문제가 야기되는 것도 바로 이 지점이다.

이렇듯 독본讀本, 나아가 작법作法 및 강화講話류는, 역사적으로 특수한 여러 문화 지형들을 반영하고 있으며, 일제강점기 근대에 침전된 다양한 정치적·문화적 위계의 흔적들을 보존하고 있다. 문학 생산의 조건, 문학의 사회적 위상, 나아가 문화의 동학動學을 텍스트 안팎의 형식으로 우리 앞에 제시한다. 이것이야말로 독본이라는 창窓이 갖는 근대문화사적 의미다. 독본이라는 창窓을 통해 일제강점기 근대를 살피면 텍스트 자체의 방대함 이면에 숨은 근대의 다종다기한 모습을 만나게 된다. 어떤 점에선 방대하기 이를 데 없으며, 또 어떤 점에서는 지엽적일 뿐인 여러 지점들은 문화론적 지평 안에 호명되는 순간 하나하나의 의미로 재구성된다.

이번에 추가하는 3권의 총서는 2년 전 출간한 것과 색다른 점이 있다. 1차분이 '좋은 문장'을 기준으로 선별된 문학의 전사前史를 보여 준다면, 2차분에서는 다양한 기준으로 분기된 독본의 진화 양상을 문화사文化史의 맥락에서 확인할 수 있다. 3차분은 해방 이후 독본 가운데 새로 발굴한 것과 아직 학계에 널리 알려지지 않은 것들을 우선 엮었다.

그 사이 '근대 독본'에 대한 관심이 높아지고, 관련 연구도 늘었다. 문학작품이나 신문 잡지 너머 떠돌아다니던 텍스트들이 근대 출판의 측면에서, 근대적 서간의 측면에서 다뤄지고 있다. 나아가 해방 이후의 독본 자료를 본격적으로 정리하기에 이르렀으며, 문학교육이나 근대의 교과서를 다루는 장에서도 주목받고 있다. 모쪼록 새롭게 추가된 총서가 이러한 연구에 작은 보탬이 되었으면 한다.

2015년 3월

구자황·문혜윤

독본(讀本)의 귀환과
해방기 문범(文範)의 재배치

申瑛澈 著

위정(爲正) 신영철(申瑛澈)은 강원도 춘천에서 태어났다. 해방 전 그의 행적은 춘천에서 수학한 것과 1936년 9월 서울로 가서 이윤재(李允宰)의 자택에 유숙하며 조선어학회 일을 도운 것, 그리고 형편이 여의치 않자 다시 춘천으로 내려갔다가 1938년 10월 춘천 '비밀결사 무명그룹사건'으로 징역 1년 6개월 형을 언도 받고 옥고를 치른 것 등이 확인된다.

신영철이 본격적으로 활동 했던 시기는 해방에서 6·25 전쟁 이전까지다. 그는 해방 후 춘천중학교 국어교사로 있다가, 1946년 4월부터 조선어학회의 ≪한글≫잡지 편집과 사전 편찬 업무를 담당했으며, 1947년 조선어학회가 지은 『조선말 큰사전』 1권이 나오는데 기여했다. 1948년 3월부터는 중앙대학교의 국문학과 교수로 재직하며 대학 강의 외에 고전 번역 등 다수의 저술 활동과 조선어학회를 중심으로 한 한글 연구 및 보급에 힘썼다. 1949년 4월 조선어학회의 자매단체인 한글문화보급회의 위원장으로 활동하였으나 전쟁 중 납북된 것으로 보인다.

『신문장강화』(1950)는 짧은 기간 정열적인 활동을 펼친 신영철의 저작 가운데 하나이다. 이 책은 신영철의 대표작인『고문신석』(1946),『고시조신석』(1947)과 같은 고전 해제 및 연구서가 아니다. 당시 새로운 문범이 요구되던 상황에 등장한 해방 이후의 독본(讀本) 텍스트, 즉 글쓰기 책인 셈이다. 당시 신영철은 대학 국문과에서 한글 및 고전에 대한 강의는 물론 작문을 담당하고 있었는데, 그가 엮은『신문장강화』는 변변한 독본이나 문범이 부족했던 해방 후의 교육 현실, 특히 대학 수준의 교재나 일반인 대상의 글쓰기 책을 염두에 둔 것으로 보인다.

그간『신문장강화』에 대해서는 저자와 관련된 사항은 물론이거니와 해당 텍스트의 실체조차 거론된 적이 없었다. 전쟁과 남북으로 인해, 그리고 자료의 멸실 때문에 텍스트와 저자 모두 '오랜 침묵' 속에 빠져 있다가 이번에 근대 독본 총서의 형태로 되살아나게 되었는바, 내용과 형식면에서 해방기 문장 이론 및 문범을 연구하는 데 귀중한 자료가 될 줄 안다.

참고로 이번 총서는 국립중앙도서관 소장본을 저본으로 하되, 원본 누락 부분은 고려대학교 소장본을 대조하여 추가하였다.

주지하는 바와 같이 갑작스런 해방과 새롭게 펼쳐진 해방기 교육·문화의 장에서 우리말과 글쓰기에 대한 교육은 제 모습을 갖추기 어려운 형편이었고, 정치적 격변과 혼란 속에서 정규 교과서를 마련하기도 쉽지 않은 상황이었다. 조선어학회가 발간한 한글책이 국어 교과서를 대신하고, 국가 차원에서 검인정 체제가 마련되어가면서 해방 이전의 독본 및 강화류가 다시 재활용되기 시작했다. 이렇게 볼 때, 신영철의『신문장강화』는 해방 이전과 이후, 근대 독본 텍스트의 연속과 불연속을 보여주는 자료이면서, 동시에 해방기 독본 및 강화류가 어떻게, 왜 '귀환'하게 되었는지, 그리고 해방 이후 문장 이론과 문범이 어떻게 재배치되는가를 생생하게 보여준다 하겠다.

먼저 신영철의 『신문장강화』에서 눈에 띄는 것은 당대 자료를 적극적으로 사용하고 있다는 점이다. 문장 이론이나 문범이 되는 제재를 편자의 관점에 따라 재배치하는 것은 독본 및 강화류 텍스트의 전형적 구성이다. 해방 이전 가장 대표적이었던 『시문독본』(1916), 『문예독본』(1931), 『문장강화』(1940)가 그러했던 것처럼 『신문장강화』(1950) 역시 편자가 취사선택한 제재를 단원의 형태로 재구성하고 있는데, 이 책의 제재는 해방 이전의 것에 비해 해방 이후의 비중이 현저히 높다. 이런 특징은 다음 두 가지 사항을 주목하게 하는데, 하나는 제재 가운데 논설류가 많다는 것이고, 다른 하나는 문학작품보다 실용문에 가까운 글이 많다는 사실이다.

『신문장강화』는 『국도신문』, 『태양신문』, 『서울신문』, 『동아일보』, 『조선일보』 등 당시 새롭게 등장하거나 재편된 해방기 언론 자료를 많이 활용하고 있다. 이 책이 문범으로 활용한 해방기 제재들은 당시 신문과 잡지에 수록된 사설, 칼럼, 수필, 기사 등이 대부분이다. 해방 이전에 발표된 글이나 문학 작품이 없는 것은 아니지만 문장 이론에 활용된 예문이나 좋은 글로 제시된 문범의 대다수는 해방 이후 발표된 것들이 상대적으로 많다. 이는 『신문장강화』의 목적과 지향이 '문예적 글쓰기'에 있는 것이 아니라 '실용적 글쓰기'에 있다는 점을 짐작케 한다. 저자가 책의 서문에서 밝히고 있듯이 '문장에 대한 국민적 교양서'를 지향하고 있으며, 주된 독자층과 목적을 '학자나 문필가 아닌 여러 사람들이 읽을 수 있도록 통속적'임을 적시한 것도 같은 맥락에서 이해할 수 있을 것이다.

이 책의 특징은 전체를 관통하고 있는 어문민족주의 관점에서
도 찾을 수 있다. 특히 조선어학회의 활동 및 한글전용론을 강조
하는 제재들이 많은데, 문학 작품이 특정 이데올로기에 치우친 편
은 아니고 논설이나 기사의 논조 또한 일상적인 것에서부터 정치
적 의견에 이르기까지 다양하다. 하지만 그 중에서 표 나게 강조
하는 대목은 주로 국어학 및 민족문화에 대한 것들이다. 예를 들
어, 공문서·성명·지명 따위도 '국문만 쓰도록 하자'는 1948년 10월
6일자 신문의 사설을 한문식 문장을 극복해야 한다는 예문으로
활용하면서 다시 이것을 좋은 문범의 사례로도 제시하고 있다. 또
한 책의 서문과 목차의 앞에 이윤재에 대한 사사(謝辭)를 별도로
넣고 있어, 이 책의 어문민족주의 관점과 이윤재의 『문예독본』
(1931)까지 이어지는 근대 독본문화사의 계통을 어렵지 않게 가늠
할 수 있다.

"삼가 이 책을 민족 혁명과 한글 운동을 위해 평생을 고투하시다가
함흥 적옥(敵獄)에서 순절(殉節)하신 은사 환산(桓山) 이윤재(李允宰) 스
승님 하늘 위의 얼 앞에 올리어 높은 학은(學恩)을 그리나이다."

이 책의 특징과 의미는 근대 독본문화사의 측면에서도 주목해
봐야 한다. 책의 제목에서 드러나는 바와 같이 저자는 이 책의 '새
로움'을 표방하고 있다. 해방기로 압축되는 새로운 시대와 환경을
의미한다는 점에서 상식적으로 받아들일 수 있는 제목이지만, 문
제는 그 뒤의 '문장강화'이다.

널리 알려진 바와 같이 이태준의 『문장강화』는 근대 신문학의

성과를 토대로 쓴, 일제 강점기 문장 이론과 문범을 수록한 대표적인 글쓰기 책이다. 이러한 대표성과 권위는 해방 이전은 물론이고 해방 이후에도 이어지고 있었다. 이태준은 일제 강점기를 대표하던 소설가이자 문장가로서 그가 『문장』지에 연재하던 문장 이론 및 예문을 하나의 단행본으로 묶은 것이 『문장강화』인데, 당시 문장의 교본(敎本)으로 정평이 났던 『문장강화』는 해방기 열악한 교육 환경에서 필요성이 증대되어 해방 이후까지도 그 권위와 상징성이 현존하던 텍스트였다.

신영철은 이태준의 『문장강화』를 의식하며, 그것의 계승과 변용 차원에서, 차별과 새로움의 차원에서 자신의 『신문장강화』를 편찬했던 것이다. 말하자면, 신영철의 『신문장강화』(1950)는 해방 전후 제출된 이태준의 『문장강화』(1940~1947)를 해방 후 교육·언론·문화의 장에서 재배치한 텍스트라 할 수 있다.[1) 그래서일까? 얼핏 보면, 신영철의 『신문장강화』는 이태준의 342쪽 분량 1원 50전짜리 『문장강화』를 385쪽 1원 60전 짜리로 만든 텍스트로 이해되기 쉽다. 제목에서부터 체제와 단원의 배치 전략, 사용되는 개념 및 문체 구분 방법 등이 유사하기 때문이다.

그러나 신영철의 『신문장강화』는 『문장강화』를 이어받으면서도 끊임없이 차별화한다. 앞서 간단히 언급한 '실용적 글쓰기'의 지향이야말로 이태준의 『문장강화』가 지향한 '문예적 글쓰기'와 근본적으로 대별되는 지점이며, 신영철이 표방한 '새로움'의 징표 가운데 하나다. 따라서 이것을 근대 독본문화사적 측면에서 의미화할 경우, 신영철의 『신문장강화』는 기존의 글쓰기책이 강조했

---

1) 신영철의 『신문장강화』(1950)는 이태준의 『신문장강화』(1950, 일본 발행)와는 완전히 다른 텍스트이다. 이태준의 『문장강화』에 대한 서지와 동명의 『신문장강화』에 대해서는 다음을 참조할 것. 이태준 지음, 박진숙 엮음, 『신문장강화』, 현대문학, 2009.

던 미문의식(美文意識), 문예적 글쓰기 위주로 가르치던 전통에서 의사전달능력과 실용적 글쓰기로 갈래를 나누고, 무게 중심을 옮겼다고 할 수 있다. 오늘날 한국 사회에 널리 퍼져 있는 두 가지 글쓰기 관점, 즉 문예적 글쓰기와 실용적 글쓰기의 대립, 미문 위주의 평가와 논리 및 사실 위주의 평가 구도를 사적으로 확인할 수 있는 텍스트인 것이다.

앞으로 세세한 분석이 뒤따라야겠지만, 신영철의 『신문장강화』는 군데군데 오독과 논리적 비약에도 불구하고 이태준의 『문장강화』와 대립각을 세우는 장면을 자주 볼 수 있다. 몇 가지 사례만 들어보면, 아래에서 보는 바와 같이, 신영철은 '퇴고'에 대한 이론과 설명에 있어 이태준을 비판한 김억(金億)의 글을 수록함으로써 간접적으로 이태준의 『문강강화』를 겨냥하고 있으며(①), 이태준이 『문장강화』에서 유력한 전거로 사용했던 중국 평론가 호적(胡適)의 문장론을 설명하면서 동시에 이태준의 한계도 비판하고 있다(②).

① 전력을 기울여 읽으며 고치고 또 읽고 고쳐야한다. 표현은 되도록 거듭되지 않게 하여 처음의 인상과 정서가 퇴고 때문에 시들어버리지 않게 해야 한다. 그런데 문장에는 소리 내어 읽을 문장과 생각하며 읽을 문장이 있으니, 그 문장이 소리 내어 읽을 문장이거든 자꾸 중얼거리며 읽고 또 고치어야 한다.

이태준님은 통틀어 "중얼거리며 고치지 말 것"이라 했으나 찬성할 수 없다. 물론 철학적, 사색적인 눈의 글엔 읽고 또 고치고 해야 한다. 눈의 글은 소리 내지 말고 속으로 읽고 또 고치고 해야 한다. 또 대구(對句)를 일삼지 말라고 한 것은 호적 박사의 소리인데, 대구가 전연 불필요하다는 소리는 아니다. 제 격에 맞는 대구는 문장의 힘과 가락을 돋우는 요소이니 명심할 바다.

다음 김안서님의 이태준님 문장 비평은 퇴고에 대한 좋은 재료가 되니 음미 숙독하기 바란다.[2]

申瑛澈 著

2 읽는 이의 마음에 직통(直通)하는 가장 짧고 가까운 거리(距離)를 발견(發見)해야 한다. 그것이 문장을 배우며 쓰는 이의 가장 힘들여 피나는 고행(苦行)을 겪어야 할 점이다. 옛 사람처럼 꾸미려고 애쓸 필요 없다. 더구나 옛사람의 문귀나 고사숙어(故事熟語) 따위를 함부로 늘어놓을 필요도 없다.

이제 잠깐 중국 호적(胡適) 박사가 주장한 문학개량추의(文學改良芻議)의 8항목(項目)을 참고로 적어 문장 공부의 도움을 삼겠다.

① 문구(문구)만 늘어놓지 말 일. 곧 자기의 감정과 사상이 들어 있어야 한다. 남의 문귀를 아무리 흉내내도 읽는 이를 움직이지 못하면 소용 없다.

② 옛 사람 흉내만 내지 말 일. 곧 옛 사람이 쓴 문귀를 흉내내려면 제 사상에 제한을 받게 된다.

③ 문법(文法)을 연구할 일. 문장을 쓴다는 사람이 문법을 무시하는 수가 많다. 당치도 않은 수작이다. 우리나라에도 말본이나 심지어 맞춤법도 잘 모르고 글을 쓴다는 사람이 있으나 그리 명예로운 일도 아닐 것이다.

④ 병 없이 앓는 소리를 내지 말 일. 쓸데없이 "오오!" "어허!" 이런 소리를 쓰지 말 일. 더구나 요즈음에 "嗚呼!" "痛哉!" 따위 말을

---

2) 신영철, 『신문장강화』, 동방문화사, 1950, 347쪽. 원래 글은 김안서, 「현하 작가와 그 문장」, 『신천지』, 1949.9.

씀은 웃음거리밖에 안 된다.

⑤ 번지르르한 말귀를 늘어놓지 말 일. "세월이 유수같이 흘러서 …… 어언간 춘삼월 호시절이 되었다." 따위 아름다운 말귀를 이어놓아 수다스럽게 늘어놓는 수가 있지만 역시 어울리지 않는다. 자기 생각에 알맞은 문귀를 안 쓰고 남의 쓴 말귀를 섞어 놓으면 남자 옷 입은 여자처럼 꼴불견이다. 호적 박사는 이런 짓은 '게으름뱅이' 수작이라고 욕하고 있다.

⑥ 전고(典故)에 사로잡히지 말 일. 옛 사람이 쓴 문귀라고 당치도 않는 곳에 함부로 울겨 먹지 말 것이다. 이를 테면 옛 사람이 "霜葉紅於二月花"라 읊었다고 우리나라 사람도 그런 문귀를 쓴다면 '二月'달 꽃은 피지도 않는 우리 나라에서는 거짓말이 된다. 또 호적 박사는 "옛날 장한(張翰)이 가을 바람이 불매 고향의 순채(蓴菜)와 노어(鱸魚)를 생각한 옛 일을 끄집어 내다 오나라(吳) 당은 구경도 못한 친구가 '蓴鱸之思'를 막지 못한다 하고 쓰는 따위 엉터리는 실로 저 스스로를 속이고 남도 속이는 짓이라"고 호령하였다.

⑦ 댓귀(對句)를 힘쓰지 말 일. 옛날 글은 귀로 듣기 좋게 하기 위해 일부러 힘써 댓귀를 만들기 고생하였으나 이렇게 하면 쓸데없는 말이 들어가게 되어 천연스럽지 못하다. 문장에 익숙하여진 뒤에 격에 어울리게 댓귀가 이루어져야지 먼저부터 댓귀를 만들고자 하면 벌써 문장은 실패다.

⑧ 속어(俗語) 속자(俗字)를 가리지 말 일.

이태준(李泰俊)님이 그 『문장강화(文章講話)』에서 "속어·속자를 쓰지 말 것"이라고 소개한 것은 큰 실수다. 호적 박사는 속어와 속자를 쓸대로 쓰라 하였지 쓰지 말라고 한 것이 아니다. 「건설적 문학혁명론(建設的 文學革命論)」을 주장하며 백화문(白話文) 운동의 선봉이 된 호적 박사가 속어속자를 쓰지 말라 하겠는가?

말은 바뀌는데 글만 그대로 머물 수 없다. 옛 사람의 제한된 사상을 나타낸 옛 문귀만을 점잖게 보고 오늘날 우리가 입으로 내고 있는 말을 그대로 적으면 무엇이 나쁠 것인가?(현대어 표기 및 행갈이-인용자)3)

申瑛澈 著

결국 『신문장강화』의 새로움은 해방기 글쓰기 장이라는 새로운 시대와 환경을 감안한 것이면서, 동시에 이태준의 『문장강화』가 가지고 있는 대표성과 상징권력을 활용해서 글쓰기의 관점을 새롭게 정향하고자 했던 목적의식을 반영한 것이다. 물론 신영철의 『신문장강화』가 본문 뒤에 '익힘 문제'를 넣고, 부교재로서의 교육적 활용도를 높인 것도 새로움이라면 새로움일 것이다. 또 주된 독자층을 초중등 학생이 아닌 일반인들로 상정하고, 문예적인 글 외에도 다양한 실용문까지 초점을 둔 대학 작문 교재에 알맞게 구성했다는 점도 마찬가지다. 그러나 더 근원적인 지점에서의 새로움은 이태준의 『문장강화』로 이어져온 '문예적 글쓰기'가 해방 이후 한글 전용의 분위기와 어울려 '실용적 글쓰기'로 변모하는 독본 및 강화류 텍스트의 궤적을 지향하고 있다는 점이며, 그러한 사실을 이 책에서 분명하게 확인할 수 있다는 점일 것이다.

---

3) 신영철, 『신문장강화』, 동방문화사, 1950, 29~32쪽.

目 次

신문장강화

문장편

| 신문장강화 | 문리편 |

신문장강화

문범(文範)

신문장강화

  삼가 이 책을 민족 혁명과 한글 운동을 위해 평생을 고투하시다가 함흥 적옥(敵獄)에서 순절(殉節)하신 은사 환산(桓山) 이윤재(李允宰) 스승님 하늘 위의 얼 앞에 올리어 높은 학은(學恩)을 그리나이다.

申
瑛
澈
著

정장··········한 갑수

책을 내며

푸른 하늘에 찬란하게 솟아 비취는 새벽 햇발과 함께 인류는 아침마다 새로운 창조의 슬기를 가다듬어 힘차게 대지 위에 아름다운 역사를 개척 건설한다.

지나간 수천 년의 긴 세월 낡은 시대의 전통에 얽매인 채 구속된 인식 체계 속에서 뭉개던 우리의 지성은 세계사적 지향을 따라 바야흐로 오랜 꿈을 깨기 시작하였다.

의사 표시의 자유, 언론의 해방은 세계인권 선언에 명시된 민주주의 국민의 기본 권리이니 이제론 우리의 생각을 졸라맬 자 있을 수 없으며 이제론 우리의 입과 눈을 가로막을 자 있을 수 없다.

문자와 지식이 전제적 권력자의 지배 수단이었던 어두운 공간은 깨어졌다.

침략자의 쇠발굽이 민족의 얼과 몸을 짓밟고 반역자의 혀와 붓이 이방인의 군문에 조종의 역사를 팔던 수치스런 시간은 사라졌다.

철모른 어린 시절 적국어를 "국어"라 하여 강요받던 가지가지 피어린 통분을 씻고 자유 조국의 국어 문장을 마음껏 소리 높여 배울 수 있는 오늘날 우리 어찌 뜨거운 눈물을 막을 수 있으랴.

이 책은 이러한 감개 속에서 자라가는 젊은 학도들의 문장 표현에 남다른 관심을 기울여 오던 지은이의 가느다란 학문적 성의를 아껴 주는 동방문화사 및 선광인쇄주식회사 동지들 문화애의 덕택으로 나오게 된 것이다.

처음엔 좀 더 재미있게 꾸미어보고자 했으나 총망한 나의 생애는 쫓기는 듯이 원고를 적은 채 출판하게 되매 마음 속 저으기 겸연쩍으나마 우선 급한 대로 이 방면의 요청에 대답하기로 하였다. 이에 특히 구슬 같은 문범을 허락해 주신 각 선생께 감사의 뜻을 올리며 행여 소루한 점 있을까 두려워하는 바이다.

문장의 길은 혀와 펜의 기교를 닦는 것이 결코 아니다. 문장에 뜻 세운 사람은 모름지기 명리와 이기심을 박차고 신념과 담식, 지조와 예의를 기를지니 이미 때는 말을 타고 천하를 얻던 봉건시대가 아니라 원자력이 동서의 풍운을 희롱하는 과학의 세기다.

젊은 제네레이션이여, 탐구의 등불을 높이 밝히라. 그 등불 가물거리던 피와 살을 심지삼아 지펴 피우라.

국문학 개척 이래 수십 년 고난의 속에서도 오히려 그 지조를 지킨 선구자들의 이름 위에 영광 있으라. 새로운 문장의 길을 닦기 위해 심혈을 정주하며 고투하는 학도들 위에 축복 있으라.

1950년 입춘 뒤 이틀인 2월 6일
봄을 재촉하는 이슬비 아름다운 명수대에서

위정 신 영철 적음

申
瑛
澈
著

일러두기

1. 이 책은 우리나라의 문장에 대한 국민적 교양서로 엮은 것임.
2. 이 책은 전문적 수사학(修辭學) 또는 문장 심리학을 서술한 것이 아니라 우리나라의 문장 전반에 걸친 종합적 참고서로 편찬한 것임.
3. 따라서 어떤 국한된 사람들을 상대로 한 것이 아니라 학자나 문필가 아닌 여러 사람들이 읽을 수 있도록 통속적으로 적었음.
4. 이 책에는 되도록 좋은 문범을 많이 넣어 독자가 스스로 체득하기 쉽도록 힘썼음.
5. 이 책은 문리편, 문장편으로 나누어 문리편에는 주장으로 문장에 대한 이론적 방면을 서술하고 문장편에는 각종 작문의 실효적 방법을 서술했음.
6. 지은이의 문장은 문범으로 넣은 것이 아니라 참고로 채운 것인즉 관서를 빌음.
7. 문리편 '익힘'은 특히 조심하여 진실하게 자습하고 그대로 읽어버림이 없기를 바람.
8. 이 책은 속독을 피하고 문장 표현에 유의하여 숙독하기를 바람.
9. 내용은 되도록 애국적 교육적인 것을 추리어 학교 작문 부독본으로도 사용할 수 있게 꾸미었음.
10. 문범 필자의 성함 위에 ☆표를 붙인 것은 이미 작고하신 분임을 표시한 것임.

신문장강화

申瑛澈 著

문리편

국어는 민족의 생명

아름다운 산하와 질펀한 논밭, 봄, 여름, 가을, 겨울, 사철의 풍광 고룬 우리의 조국! 이 풍토 속에 길이 살아 번지는 씩씩한 우리 겨레!

끝없는 마음의 실마리와 노래의 가락 꽃피어 넘치는 우리말, 조상의 숨결이 배어 서린 우리글!

진실로 국어는 민족의 살아 뛰는 핏줄이요, 발전하는 문화의 샘줄이다.

민족의 영광 이로써 노래하며 조국의 주권 이로써 지니며 국민의 자유 이로써 누리나니 어찌 우리 한때인들 국어를 떠나 생활할 수 있으랴.

국어의 흥망은 민족의 흥망이며 국어의 성쇠는 민족의 성쇠이다.

이스라엘 민족의 고난은 국어 없는 고난이며 아이어[1] 민족의 고민은 국어 잃은 고민이며 피립핀의 고통은 국어 분열의 고통이다.

튈크의 신흥은 국어 혁명의 신흥이며 핀란드, 놀웨이, 포오란드의 독립 분투는 국어의 독립 분투다.

우리의 국어는 대륙 한문 문화 침공의 오랜 고질로 말미암아 분화(分化)의 위험성(危險性)이 짙은 채 바다 오랑캐의 침략으로 민족 문화가 거이 쓿은 듯 숨죽어 국어 운동 또한 파멸의 지경에 빠졌

---

1) 牙利語. 아일랜드어. = 애란(愛蘭).

었다.

진보하는 인류 역사의 필연적 결과로 우리의 투쟁은 마침내 조국 해방을 맞이하게 되었고 자유로운 조국어 건설의 중책은 바야흐로 우리 젊은 학도들의 슬기에 매어 있다.

이에 과학적 국어를 건설함이 화급의 요무(要務)이니, 천유여 년 한문화의 남은 그루를 뽑고 일제의 찌꺼기를 씻어 닦아, 다시 새로운 사대주의의 썩어진 병균을 씨조차 말려버리어 우리 국어의 과학적 발전을 기약함이야말로 진실로 현실의 당위(當爲)다.

익 힘

1. 국어와 민족은 어떤 관계[2]가 있는가?
2. 약소 민족의 국어 운동을 살펴보자.
3. 우리 국어의 과거는 어떠하였는가.
4. 어찌하면 국어가 발전할 것인가?

---

2) 원문은 '계관'

사상의 표현과 문장

사람은 생각을 가진 사회적 동물이다. 그러므로 자기의 생각을 나타냄에 가장 정확성이 있는 방법을 바란다.

우리가 글을 쓰는 까닭이 이 사상을 나타내고자 함에 있음은 물론이다.

몸짓이나 얼굴의 표정이나 말은 그 상대자가 시간적으로 공간적으로 국한되어 있으므로 우리는 시간과 공간의 제약을 받지 않는 글로써 생각을 나타내게 된 것이다.

글이 이 같이 사람의 생각을 나타내는 가장 중요한 방법일진대 이에 기술이 필요할 것은 두말할 것 없다.

우리가 작문 공부를 하는 것은 우리의 생각을 과학적으로 나타내기 위한 이론적 기술을 배우고자 함이다.

아무렇게나 말해도 뜻은 통하지만 조직적으로 효과 있게 상대자에게 자기의 사상과 의사를 통하게 하려면 웅변술(雄辯術)이 필요한 것과 같이, 아무렇게나 말하는 대로 글자로 나타내도 뜻은 통하지만 역시 조직적으로 효과 있게 상대자에게 자기의 사상과 의사를 통하게 하려면 문장적(文章的) 기술이 필요한 것이다. 말과 글은 과거 사회의 집단경험(集團經驗)의 산물이므로 그 전통적 특색을 무시해서는 안 된다. 그러나 너무 과거의 표현방식(表現方式)만 따르면 싱싱한 기운이 없어진다. 더구나 쉴 새 없이 변동 진보하는 인류 사회의 복잡한 사상 속에서는 과거의 표현 방식만으로는 어림도 없다. 여기에 더욱 문장적 표현 방식의 언어적 기술이 필요하며 새로운 언어심리학(言語心理學)이 깊이 연구되어야 할 까닭이 있는 것이다.

익 힘

1. 우리가 글은 어째서 쓰는가?
2. 우리는 왜 문장 공부를 하는가?
3. 말과 글은 과거 사회와 어떤 관계가 있는가?
4. 말과 글은 고정적(固定的)인 것인가?

申瑛澈 著

문장적 표현

문장적 표현에는 여러 가지가 있다. 짧은[1] 것에는

"남북 통일, 자유 평등, 시간 엄수."

따위 간단한 것도 있고 긴[2] 것에는 100자 200자의 것이 있다.

짧거나 길거나 우리가 감정이나 의사를 문장적으로 표현하려면 우선 논리적(論理的)으로 얽어져야 한다.

자기의 인식(認識)을 상대자에게 정확하게 통달하고자 할진대 그 표현이 이해되어야 할 것이다.

물론 상대자의 나이, 성별, 지식, 생애 등[3]을 따라서 일정한 표준은 세우기 어렵다 할지라도 그 문장 자체는 격식을 갖추어야 한다.

이 격식에는 여러 가지가 있다.

로맨틱한 문장도 있을 것이며 또는 현실적인 문장도 있을 것이다.

잠깐 다음의 예문[4]을 보라.

---

1) 원문은 '짜른'.
2) 원문은 '길은'.
3) 원문은 '들'.
4) 원문은 '문례'.

장충단(奬忠壇)의 춘흥(春興)

설 의 식

申瑛澈 著

볕 잘 드는 남산 마루에 기어오를 듯이 발돋움하는 장충단 놀이터에도 새봄을 실은 신풍(信風)의 명에가 이른 지 오래였다.

그리하여 생명의 단술로 알맞게 취한 진달래는 바야흐로 붉었다.

벌릴 듯이 담은 벗지의 입술에도 움키면 잡힐 듯한 새봄의 미소가 흘렀다.

찰찰 넘쳐서 졸졸 흐르는 개천가에 빨래하는 방망이 소리, 구름다리의 그늘 밑에서 조는 듯이 지저귀는5) 오리 떼의 합창, 비단 물결에 꼬리치는 금붕어와 푸른 잔디에 나물 캐는 처녀가 한데 어울으는 활화(活畵)의 한 폭은 한 조각 봄이라 하려니와 굽어진 언덕마다 만발한 개나리의 요염한 웃음과 가벼운 바람에 휘느러진 버들의 애교 많은 춤에 소리 없는 노래와 냄새 없는 향기를 탐하여 모여 드는 수천 명 인생의 질탕한 놀음놀이는 진실로 천 년 만 년의 봄을 한 곳에 모은 듯하였다.

솔밭 사이로 들리는 청춘의 속살거림이나 술집과 찻집에 낭자한 술상은 모두 봄을 맞이한 청춘의 자랑이니 방금 죽은 고기를 태워버리는 화장장과 성벽을 사이로 한 장충단 놀이터는 실로 구십춘광의 독무대(獨舞臺)다.

(1925년 3. 19. 동아일보)

과연 대가의 문장이다. 거리낌 없이 술술 내려 쓴 글이지만 한

---

5) 원문은 '조으는 듯이 짖어쥐는'.

획 한 점의 빈 틈 없이 짜였다.

전체적으로 잘 이해할 수 있게 표현되었다.

앞뒤에 모순 없이 연락되어 완연히 한 폭 봄 그림 속에 노니는 듯한 느낌을 받는다.

한 마디로 말하면 문장적 표현에는 설계하고 조직하고 통제하며 건설하는 언어적, 논리적 기술이 필요하다. 이 기술은 무슨 신통력(神通力)이 있어 해득하게 되는 것이 아니다.

오직 피나는 노력 정진으로 체득되는 것이다.

익 힘

1. 문장적 표현을 하려면 어떻게 써야 하나?
2. "장충단 춘흥" 이란 글에서는 어느 점이 가장 인상 깊은가?
3. 다음의 말을 넣어 짧은 글을 지으라.
   ① 바야흐로
   ② 어울으는
   ③ 요염한
   ④ 질탕한

문장의 격식

申瑛澈 著

문장의 격식은 첫째 깨끗해야 한다. 둘째 쉬워야 한다. 셋째 변화가 있어야 한다.

첫째, 문장의 구절이 너무 길면 이해하기 어렵다. 흔히 철학(哲學)이나 윤리(倫理)에 대한 문장에는 너무도 긴 구절이 있어 이해하기 어려운 것이 있는데 이것은 외국어를 번역하는 경우에 국어보다도 외국어에 잡히기 때문에 생기는 폐단이다.

군소리 없게 깨끗하게 써야 한다.

둘째, 쉬워야 한다 함은 가장 중요한 점이니 어려운 글은 그만치 이해하기 힘들며 문장의 목적에 위반하는 것이 된다. 요새는[1] 점점 쉬운 글을 써야 한다는 기풍이 돌고 있으나 아직도 옛날대로 어려운 한문 구절이나 괴벽한 숙어 말마디를 쓰고 스스로 유식한 체하는 사람이 있으나 크게 잘못이다.

되도록 많은 사람이 읽어서 알 수 있도록 쓰는 글이 훌륭한 글이다.

셋째, 변화가 있어야 한다. 독자의 인상을 깊게 하기 위해서는 독자의 눈을 끝까지 끌고 가야 한다. 시골 훈장이 잔소리하는 듯한 글은 아무도 읽을 맛이 없을 것이다.

변화 있게 쓰려면 첫째 쓸데없이 외국어를 많이 섞어 쓰지 말 것이다.

"내가 이런 어려운 외국어 낱말을 안다"

---

1) 원문은 '요세는'.

하는 듯이 섞어 쓰는 사람이 있으나 이것은 천격(賤格)이다. 꼭 써야 할 외국어만 그대로 쓸 것이다.

둘째, 특수어(特殊語)를 쓰지 말 것이다. 학술적 문장에는 물론 그 학술에 관계된 특수어가 나올 것이지만 이것도 역시 꼭 필요한 때에만 쓸 일이다.

넷째, 일본말 투의 표현을 버려야 한다. 우리 어린 학생들은 일본말 교육에 시달려 왔기 때문에 혼히 해방 직후에는 "비가 옵니다"할 것을 "雨가 來합니다", "시내물이 졸졸 흐른다" 할 것을 "小川이 초로초로 流한다" 이런 식으로 쓰는 것을 보았다.

하루바삐 우리 말의 표현 방식을 배우기 위해 힘써야 한다. 심지어 "닭이 꼬꼬오! 울었다" 할 것을

"닭이 고객고오! 울었다"라고 쓴 사람이 많았다. 얼마나 왜놈들이 우리 어린 국민의 정신 속에서 우리 말과 정신을 죽이기 위해 애썼던가를 알 수 있다. 특히 움직씨, 그림씨, 어찌씨 들에 왜말투가 많으니 조심해서 우리 말투의 어귀를 익혀야 한다.

익 힘

1. 문장의 격식은 어때야 하는가?
2. 외국어는 어느 정도로 섞어 쓸 것인가?
3. 특수어는 아무 데나 써도 좋은가?
4. 우리 말투의 표현 방식이란 어떤 것인가?

근대적 문장

문화의 혁신

시대의 진전을 따라 사람의 사상도 발전하고 사상의 발전을 따라 사상 표현의 문장도 달라진다.

오늘날의 문장은 먼 옛날의 문장과는 이미 그 정신이 크게 달라졌다.

문장의 형태(形態)가 바뀐 것은 물론이려니와 단지 문장체(文章體)가 점점 말체(會話體)로 되었다는 것 뿐 아니라 문장 자체(自體)의 정신이 바뀌어진 것이다.

생각하건대 우리나라의 문장 혁명은 이미 한글 창제와 함께 크게 일어났어야 할 것이언만 유교 편중의 교화 정책으로 말미암아 한글 문학은 흙 속에 묻히고 말았던 것이다.

오늘날 새로운 발전기에 닥드린 문장의 새 정신을 이해하려면 우리는 우선 갑오경장(甲午更張) 이래 수십 년 동안 우리나라와 민족 사회가 겪어온 역사적 배경을 인식해야 한다.

그동안 우리의 사상과 학문에 크나 큰 변동이 있었다는 사실을 깊이 헤아려 알아야 한다.

갑오경장은 확실히 우리나라 문장의 위에도 큰 혁신기(革新期)였던 것이다.

수백 년의 묵은 제도(制度)인 의정부(議政府) 육조(六曹)는 폐지되고 내각(內閣)이 생기고 과거(科擧) 제도는 없어지고 인재 등용(人材登用)을 꾀하였다.

관리 임면(官吏任免)의 법령(法令)에도 "五百三年(甲午) 六月二十

八日, 劈破門閥班常等級, 不拘貴賤選用事"라 하였고 동시에 각 방면으로 새 운동이 전개되었으니 국문 운동에도 새 기운이 움직여, "언문(諺文)"을 "국문"으로 고치고 정부에서도 내무대신(內務大臣) 유길준(兪吉濬)등이 주동이 되어 "정부 공문은 일체 국문 또는 국한문(國漢文) 교용(交用) 으로 홈" 이라는 칙령(勅令)을 내리니 이는 한문만으로 써 오던 그때의 큰 개혁이었다.

유길준은 한편 서유견문(西遊見聞)이라는 책을 국한문 교용으로 출판하니 한편에서는 무식(無識)이라고 비난받고 "兪홈" 이라는 별명조차 얻어들었으나 역사의 흐름은 그를 "무식자"라고 놀리던 "유식자"를 "무식자"로 만들고 "무식자"로 놀리키던 이가 "유식자"임을 밝혀 놓았다.

이제 잠깐 그 당시의 신흥 사조를 대표한 문장인 고종황제의 교육 입국의 조서(詔書)를 엿보자.

짐(朕)은 유(惟)하건대 조종(祖宗)의 창업(創業)이 통(統)을 수(垂)한지 전(前)에 五백 四년을 역(歷)하게 되었다.

실(實)로 아(我) 열조(烈祖)의 교화(敎化)와 덕택(德澤)이 인심(人心)에 협흡(浹洽)한 것은 또한 아(我) 신민(臣民)이 잘 그 충애(忠愛)를 탄(彈)함에 유(由)함이라.

시이(是以)로 짐(朕)은 무강(無彊)한 대역복(大歷服)을 사(嗣)하여 숙야지구(夙夜祗俱)하여 조종(祖宗)의 유훈(遺勳)을 승(承)하려 하느니 이(爾) 신민(臣民)은 짐(朕)의 충(衷)을 체(體)하라.

짐(朕)이 정부(政府)에 명(命)하여 학교(學校)를 광(廣)히 설(設)하여 인재(人材)를 양성하며 이(爾) 신민(臣民)의 학식(學識)으로써 국가중흥(國家中興)의 대공(大功)에 찬성(贊成)하게 하려 하느니 이(爾) 신민

(臣民) 덕(德), 이(爾)의 체(體), 이(爾)의 지(智)를 양(養)하라.

왕실(王室)의 안전(安全)은 이(爾) 신민(臣民)의 교육(教育)에 재(在)하며 국가(國歌)의 부강(富强)도 이(爾) 신민(臣民)의 교육(教育)에 재(在)하다.

이(爾) 신민(臣民)이 선미(善美)의 경(境)에 저(抵)하지 아니하면 짐(朕)이 어찌 짐(朕)의 치(治)를 성(成)하였다 하랴.

정부(政府)가 어찌 감(敢)히 그 책(責)을 진(盡)하였다 하랴.

이(爾) 신민(臣民)도 어찌 감(敢)히 교육(教育)의 도(道)에 진심협력(盡心協力)하였다 하랴.

부(父)는 시(是)로써 그 자(子)를 제휴(提携)하며 형(兄)은 시(是)로써 그 제(弟)를 권면(勸勉)할 것이요, 붕우(朋友)는 시(是)로써 보익(輔翼)하고 도(導)하며 분발(奮發)을 말지 아니할 것이다.

국가(國家)의 적개(敵愾)도 이(爾) 신민(臣民) 뿐이요, 국가(국가)의 어모(禦侮)도 이(爾) 신민(臣民) 뿐이다.

국가(國家)의 정치제도(政治制度)를 수술(手術)함도 이(爾) 신민(臣民)이다.

이는 다 이(爾) 신민 당연의 직분이다.

학식(學識)의 등급(等級)으로써 그 공효(功效)의 고하(高下)를 주(奏)하는 차등(此等) 사위(事爲)로서 상(上)에 종(從)하여 사소(些少)의 흠단(欠端)이 있더라도 이(爾) 신민(臣民)은 또한 이르기를 이등(爾等)의 교육(教育)이 불명(不明)한 까닭이라 하라.

상하(上下)가 동심(同心)하여 무(務)하라. 이(爾) 신민(臣民)의 심(心)이 즉(卽) 짐(朕)의 심(心)이라

욱(勖)하라.

약(若) 자(玆)에 윤(允)하면 짐(朕)은 조종(祖宗)의 덕광(德光)을 사

표(四表)에 양(揚)하며 이(爾) 신민(臣民)도 이(爾) 조선(祖先)의 초자효
손(肖子孝孫)이 될 것이다. 욱(勖)하라.

순 한문만 써온 그때 이만한 글도 큰 혁신이었다.

그 당시의 사람에게는 알기 쉽고 따라서 감정을 움직일 수 있었다.

우리 젊은 학생의 쎈스로 말하면 그리 읽기 쉽고 얼른 알아들을
수 있는 문장은 아니다.

더구나 그 내용을 이루고 있는 케케묵은 봉건사상은 벌써 우리
민주주의 국가의 이념과도 맞지 않는다.

시대의 변천을 알 수 있는 문체의 한 예에 지나지 못한다.

그러나 같은 시대인 1897년에 출판된 '국문정리'(國文正理)의 저
자 이 봉운의 서문(序文)은 혁명적 문장체다.

서문

나라 위하기는 여항의 선비나 조정의 공경이나 충심은 한가지
로 진정을 말하나니, 대개 각국 사람은 본국 글을 숭상하여 학교
를 설립하고 학습하여 국정과 민사를 못할 일이 없이 하여 국부
민강하건마는 조선 사람은 남의 나라 글만 숭상하고 본국 글은 아
주 이치를 알지 못하니 절통한지라.

태서 각국 사람과 일, 청, 사람들이 조선에 오면 우선 선생을 구
하여 국문을 배호기로 반절 이치를 물으면 대답지 못한즉 각국 사
람들이 말하대 너희 나라 말이 장단이 있으니 그 구별이 있어야
올을 것인대 글과 말이 같지 못하니 가히 우숩도다 하고 멸시하니

그러한 수치가 어디 있으리요.

독립 권리와 자주 사무에 제일 요긴한 것이니 여러 군자는 깊이 생각하시기를 바라압.

먼저 글과 견줄 때 우선 한문자를 한 자도 안 쓴 것이 눈에 띠며 또 말도 쉬운 말을 쓸려고 애쓴 점을 알 수 있다.

이 글도 물론 오늘날의 문장과는 거리가 멀지만 수백 년 이래 한문자로만 나타내던 문장을 순 한글로 적기 시작했다는 점은 국문학 사상(史上) 큰 혁명이라고 할 만하다.

이 글에 나타난 사상은 봉건사상을 씻고 새로운 시대의 과학적인 학문을 건설하여야 하겠다는 주장임을 엿볼 수 있다.

그러나 순 한글로만 적었다고 반드시 시대의 변천에 관계없이 오랜 생명을 지닌다고 할 수 없다.

이 글만 하여도 끝의 "바라압" 따위는 벌써 오늘날 문장에서는 쓰지 않는다.

이 문장 자체도 또한 낡은 시대의 냄새를 풍긴다.

그 시대에 가장 효과적이며 민중에게 알기 쉬운 문장으로 널리 퍼진 것은 예수교 성경이었다.

이제 잠깐 다음의 문장을 읽어보자.

처녀 같은 이스라엘이 엎더져 다시 일어나지 못하고 자기 이 따에 바린 바 되어 다시 일으킬 자가 없으리라.

(구약, 아모스, 5장, 2절)

이 글은 그때엔 가장 쉽고 알기 편한 글이었으므로 그 종교의 선전 보급에 큰 힘이 되었다. 그러면 이 글은 오늘날도 그대로 새로운가, 아니다. 이미 오늘날엔 새롭지 못하니 같은 번역이라도 다음의 글은 가장 싱싱하다고 할 수 있다.

처녀 같은 이스라엘은 넘어졌다. 넘어진 사람은 다시 일어나지 못할 것이다. 조국의 저버림을 받은 아름다운 이여, 이제 그대를 일으킬 사람이 없구나.

근대적 문장이란 어떤 것인가? 새로운 시대의 감각이 서린 문장이다. 읽는 이에게 늘 싱싱한 느낌을 주는 문장이다.

익 힘

1. 한글로만 적으면 근대적 문장인가?
2. 한문을 많이 섞은 위의 옛 문장을 읽을 때 잘 알 수 있었는가?
3. 요새 읽은 문장 가운데 어떤 글이 가장 근대적 문장이라고 느꼈는가?
4. 오늘날 신문 잡지에 나타나는 문장은 모두 근대적 문장이라고 믿는가?

우리말의 감칠맛

고슴도치도 제 자식은 함함하다고 하며 호랑이도 자식 난 골에는 두남둔다든가. 이것은 짐승의 세상에서만 그러한 것이 아니다. 인간 사회에서도 당하고 보는 일이다. 아무리 호박굴퉁이 같이 못생긴 것이라도 제 자식은 예뻐서 물고 빨고하면서 남의 자식 잘난 것을 볼 때에는 그저 그럴싸하게 여기는 것이 또한 사람의 일이다. 제 것이면 모두보고 남의 것은 깔보려 함이 인간의 숙명적인 성격인가 보다.

그런데 우리나라 사람들은 참 이상도 하다. 이 인간의 저열한 본능을 초탈(超脫)하여서인지 남의 것은 이쑤시개 하나라도 그저 좋다고 날뛰면서 우리 것은 아무리 좋은 물건이라도 덮어놓고 대수롭지 않게 생각한다. 여름 옷감으로는 아마 한산(韓山) 모시에 위덮을 것이 없으련마는 그물처럼 구멍이 숭숭 뚫린 "벨베르"라야 쓰고 구두끈 하나라도 미국 병정의 것이 아니면 사죽을 못쓰니 대체 이것이 무슨 병일까, 심지어 부모의 핏줄을 타고난 까만 머리털까지 노랗게 물들여가면서 효빈(效顰)을 일삼는 판이니 아마 눈동자 파랗게 물들이는 방법을 발명하여 내는 사람이 있다면 담박에 조선 갑부(甲富)가 될 것은 장담하고 보증할 수 있을 것이다. 거부(巨富)될 생각 있는 사람은 한 번 연구해 보지 않으려는가.

이 배외사상(排外思想)이 자기를 낮추고 남을 높이는 겸양(謙讓)의 덕에서 나온 일이라면 우리나라에는 대각통도(大覺通道)한 성자(聖者)가 차재두량(車載斗量)으로 이루 세일 수 없을 것이다. 참으로 경사스러운 일이다.

말에 글에 들어서도 제 나라 것은 다들 훌륭하고 좋다고 떠들어 댄다. 그런데 이 방면에 있어서도 우리나라 사람들은 겸양의 덕이 도저하다.

오늘날까지 우리네 형제들의 입에서 일본말이 술술 흘러나온다. 이것은 다년 일제 압박 밑에서 굴욕의 생활을 하던 타력(惰力)이라 할까. 그러나 타력이란 것은 자주적 제동력(制動力)이 없는 물체에서만 나타나는 현상이다. 우리는 어느 때까지나 타력에 휘둘리기만 하여야 할 것인가, 자주력으로 움직이어야 할 것인가.

그것도 그러려니와 요새 와서는 혀도 잘 돌아가지 않는 꼬부랑말이 왜 그리 유행하는지 우리네 일상 회화에 있어서 장년, 청년, 중학생, 소학생들의 어느 계급을 물론하고 몇 마디씩 영어 씨부렁거리는 것은 항다반(恒茶飯)의 일이니 갓 시집간 새색시까지도 시어머니 말끝에 "오케" "땡큐 베리마취" 하고 응수를 하다니 겸양의 덕도 이만하면 과식의 정도를 지나 위괴양(胃潰瘍)의 중태에 빠진 것이 아닐까. 언어도단도 분수가 있지 참으로 한심한 일이라 아니할 수 없다.

이것이 우리나라 사람의 외국어 구사(驅使) 능력이 그 언어에 대한 그것보다 특별히 탁월한 까닭인가. 그렇지 않으면 이러한 외국말이라야 우리의 사상과 감정을 자유롭게 표현할 수 있고 우리말에는 깨가 쏟아질 듯한 표현력과 정서미가—곧 언어미—가 전연 결여한 탓인가.

외국말을 예찬하기에 사죽을 못쓰는 분네들 시험 삼아 다음 우리말을 외국어로 번역 좀 해 보시라.

⑴ 섭섭하다, 안타깝다, 시들하다, 얄망궂다, 달금쌉쌀하다, 시

금털털하다, 대견하다, 오붓하다, 찐덥지 않다.

(2) 아래 턱은 코를 차고 무르팍은 귀를 넘고,

(3) 떡가루 치랴는지 체머리는 무삼 일고.

(4) 선 수박 씨같은 이가 목탁 속이 되었으며 단사(丹砂) 같이 붉
던 입살 외밭고랑 되었고나.

(5) 층암절벽상(層岩絶壁上)에 폭포수는 콸콸 수정염(水晶簾) 드리
운듯 이 골 물이 주루룩 저 골 물이 쏼쏼 열에 열 골 물이
한데 합수하여 천방져 지방져 소코라지고 펑퍼져 넌출지고
방울져 저 건너 평풍석으로 으르렁 쫠쫠 흐르는 물결이 은
옥(銀玉)같이 흩어지니.

(6) 모시를 이리 저리 삼아 두루 삼아 감삼다가 한가온대 뚝근
쳐지옵거든 호치단순(皓齒丹脣)으로 흠빨고 감빨아 섬섬옥수
(纖纖玉手)로 두 끝 마조 잡아 뱌비쳐 이으리라 저 모시를, 우
리 임 사랑 그쳐갈 제 저 모시 같이 이으리라.

이 얼마나 감칠맛이 있는 말인가.

申
瑛
澈
著

익 힘

1. 우리나라 사람은 국어를 잘 이해한다고 믿는가?

2. 외국어 단어를 자꾸 섞어 쓰면 문명 국민인가?

3. 우리 국어는 과연 표현의 힘이 부족할까?

4. 윗 글을 읽고 무슨 감상이 드는가?

5. 우리 국어에서 어떤 말이 가장 묘하다고 그대는 생각하는가?

무되인 연장과 녹이 쓸은 무기

심 훈

글을 쓰는 사람에게는 문장이 연장이요, 창작이고 평론이고 간에 자기의 의사를 표현하는 말이 문학에 종사하는 사람의 무기인 것은 두말할 것이 없다. 그런데 그 연장이 달아빠진 호미 끝 같이 무되고 그 무기가 흙속에 파묻힌 고대의 석검(石劍)처럼 녹이 쓸어서, 등과 날을 분간할 수가 없는 그러한 문장을 발견할 때 독자의 한 사람으로 눈살을 찌푸리지 않을 수 없다. 부질없이 시각을 어즈러히 하여 현기증을 일으킬 때가 많다.

글을 잘 쓰고 못 쓰는 것은 쓰는 사람의 재분과 수련에 달린 문제다. 문장의 보드럽고 딱딱한 것도 필자의 개성과 습관과 또는 글의 내용과 성질에 따라서 다른 것은 물론이다. 그러나 수많은 독자에게 읽히기 위하여 발표하는 글이면 적어도 필자의 의견이나 주장을 알아볼 수 있는 정도로는 써야만 한다. 아무리 귀둥대둥하는 허튼 수작이라도 어불성설(語不成說)이어서야 될 것인가. 되나 안 되나 끄적거려 던지는 글이라도 문불성장(文不成章)이어서야 그 뉘라서 알아볼 것인가.

과학 서적에나 씨우는 논문에 속하는 글까지 소설과 같이 연문체(軟文體)로 쓰자고 주장하는 것은 아니다. 그러나 한글 연구가가 피할 수 있는데도 한문자를 많이 섞어 쓰는 것은 큰 모순이다. 그보다도 우심(尤甚)한 것은 농민이나 노동자와 같은 독서 수준이 어방없이 얕은 근로 대중을 상대로 써야만할 푸로파에 속하는 논객들의 문장이다. 행문(行文)이 나무때기와 같이 딱딱하고 읽기에 꾀까다롭게만 쓰는 것이 특징인 데는 질색할 노릇이다. 그네들이 신문이나 잡지를 통하여 보여주는 이론이란 (내용은 말하고도 싶지 않으나 한 소리를 되씹고 같은 내용을 가지고도 두 번 세 번 곱삶아 놓는 데다가 팜프레트 직역식 술어만을 연결시켜 놓으니 도대체 누구더러 알아보라고 발표하는지 그 진의를 이해할 수 없다.) 그것은 무잡(蕪雜)한 상형 문자의 도열(堵列)에 불과한 것으로 편집자와 교정원조차 읽으면서도 그 뜻을 모르고 다만 여백을 채우기 위하여 넘기는 것이다.

결국은 죄 없는 문선원(文選員)의 수고만 시키고 귀중한 지면에 먹칠을 하는 효과밖에 없지 않을까. 생경한 글을 쉽도록 풀어쓰기란 참으로 어려운 일이니 장위가 튼튼한 소도 반추(反芻)를 해서 식물을 소화시키지 않는가.

이 점에 대하여는 피차간에 맹성할 필요가 있을 줄로 생각한다. "알기 쉽도록 쓰자. 읽으면 말과 같이 뜻이 환하도록 쓰자." 하는 것이 문필가의 모토여야만 한다. 우리 문장의 선배들이 한학의 소양이 없고 외래어의 조예가 얕아서 논문이나 소설에 그만치 평이(平易)한 글을 쓰는 것은 아닐 것이다. 그들은 "우리 지식 계급을 표준하지 말고 무지한 독자층에서도 읽고 뜻을 알만한 정도로 글을 써야 한다. 될 수 있는 대로 한 사람이라도 많이 읽히는 것이 상책이다."

이러한 주장과 실천으로 나가야 할 것을 역설했던 것이다. 사상이나 주의에 공명하고 아니하는 것은 별개 문제로 만인이 이해할 수 있도록 붓을 놀리는 것이 가장 현명한 방책이다. 그것은 연설가가 될 수 있는 대로 많은 청중을 모아가지고 웅변을 토하고 싶어 하는 것과 마찬가지다.

녹이 쓸은 연장을 닦자! 무되인 무기를 가지고는 적병의 목 하나도 자르지 못한다. 시퍼렇게 벼른 필봉을 들고 적의 논진(論陣)

으로 달려들어 쾌도난마적(快刀亂麻的)으로 자아의 주장을 세워보는 것도 남아의 쾌사가 아닐까.

써갈수록 써갈수록 어려운 것은 말이요, 글이다.

(1934. 8월 동아일보)

익 힘

1. 글 쓰는 사람은 무엇이 연장인가?

2. 윗 글의 필자는 어떤 점을 힘써 주장했는가?

3. 알기 쉽게 쓰려면?

4. 윗 글 가운데 문장적 표현이 잘된 곳은 어떤 곳들인가?

한문식 문장

申
瑛
澈
著

위에서 설명한 바와 같이 우리나라 오늘날의 문장에 이르는 동안의 문필가의 고행(苦行)은 여간한 것이 아니었다.

갑오경장 뒤로 나날이 진보한 새 문장은 여러 문학자의 손으로 더욱 자라갔으나 봉건적 문장 한문학의 영향을 받은 문물제도 아래서 나고 자란 민중의 머리는 하루아침에 그 생각하는 방식(方式)을 고치기 힘들었다.

더구나 파시스트 일제의 침략 압박은 우리 국문학의 발전을 여지없이 짓밟았으므로 우리 문장의 운동은 가시길을 헤매지 않을 수 없었다.

다음에 싣는 기미년 독립 선언서를 한 번 읽어 보자.

독립선언서

오등(吾等)은 자(玆)에 아(我) 조선의 독립국(獨立國)임과 조선인의 자주민(自主民)임을 선언(宣言)하노라.

차(此)로써 세계만방(世界萬邦)에 고(告)하여 인류평등(人類平等)의 대의(大義)를 극복(克服)하며 차(此)로써 자손만대(子孫萬代)에 고(誥)하여 민족(民族) 자존(自存)의 정권(正權)을 영유(永有)ㅎ게 하노라.

반만년 역사의 권위(權威)를 장(仗)하여 차(此)를 포명(佈明)함이며 민족의 항구여일(恒久如一)한 자유 발전(自由發展)을 위하여 차(此)를 주장(主張)함이며 인류적 양심의 발로(發露)에 기인(基因)한 세계개조(世界改造)의 대기운(大機運)에 순응병진(順應幷進)하기 위하여 차(此)를 제기(提起)함이다.

시(是)는 천(天)의 명명(明命)이며 시대(時代)의 대세(大勢)며 인류 공존(共存) 동생권(同生權)의 정당한 발동(發動)이라. 천하(天下) 하물(何物)이든지 차(此)를 저지억제(沮止抑制)하지 못할지니라.

구시대(舊時代)의 유물(遺物)인 침략주의(侵略主義) 강권주의(強權主義)의 희생(犧牲)을 작(作)하여 유사이래(有史以來) 누천 년(累千年)에 처음으로 이민족(異民族) 압제(壓制)의 통고(痛苦)를 상(嘗)한지 금(今)에 십 년(十年)을 과(過)한지라.

아(我) 생존권(生存權)의 박상(剝喪)됨이 무릇 기하(幾何)며 심령상(心靈上) 발전(發展)의 장애(障碍)됨이 무릇 기하(幾何)며 신예독창(新銳獨創)으로 세계문화(世界文化)의 대조류(大潮流)에 기여보비(寄與補裨)할 기연(機緣)을 유실(遺失)함이 무릇 기하(幾何)뇨.

희(噫)라! 구래(舊來)의 억울(抑鬱)을 선양(宣揚)하려 하면, 시하(時下)의 고통(苦痛)을 파탈(擺脫)하려 하면, 장래(將來)의 협위(脅威)를 삼제(芟除)하려 하면, 민족적과 국가적(國家的) 염의(廉義)의 압축쇄잔(壓縮銷殘)을 흥분신장(興奮伸張)하려 하면, 각개(各個) 인격(人格)의 정당(正當)한 발달(發達)을 수(遂)하려 하면, 가련(可憐)한 자제(子弟)에게 고치적(苦恥的) 재산(財産)을 유여(遺與)ㅎ지 아니하려 하면, 자자손손(子子孫孫)의 영구완전(永久完全)한 경복(慶福)을 도영(導迎)하려 하면, 최대 급무(最大急務)가 민족적 독립을 확실하게 함이니 이천 만 각개(各個)가 方寸(방촌)의 인(刃)을 회(懷)하고 인류통성(人類通性)과 시대 양심(時代良心)이 정의(正義)의 군(軍)과 인도(人道)의 간과(干戈)로써 청원(請援)하는 금일(今日) 오인(吾人)은 진(進)하야 취(取)함에 하강(何強)을 좌(挫)하지 못하며, 퇴(退)하여 작(作)함에 하지(何志)를 전(展)하지 못하랴.

병자수호조규(丙子修好條規) 이래(以來) 시시종종(時時種種)의 금석맹약(金石盟約)을 식(食)하였다 하여 일본(日本)의 무신(無信)을 죄(罪)하려 아니하노라.

학자(學者)는 강단(講壇)에서, 정치가(政治家)는 실제(實際)에서, 아(我) 조종세업(祖宗世業)을 식민지시(植民地視)하고 아(我) 문화 민족을 토매인우(土昧人遇)하여 한갓 정복자(征服者)의 쾌(快)를 탐(貪)할 뿐이요, 아(我)의 구원(久遠)한 사회기초(社會基礎)와 탁락(卓犖)한 민족심리(心理)를 무시(無視)한다 하여 일본(日本)의 소의(少義)함을 책(責)하려 아니하노라. 자기(自己)를 책려(策勵)하기에 급(急)한 오인(吾人)은 원우(怨尤)를 가(暇)하지 못하노라.

현재(現在)를 주무(綢繆)하기에 급(急)한 오인(吾人)은 숙석(宿昔)의 징변(懲辨)을 가(暇)하지 못하노라.

금일(今日) 오인(吾人)의 소임(所任)은 다만 자기(自己)의 건설(建設)이 유(有)할 뿐이요, 결코 타(他)의 파괴(破壞)에 재(在)하지 아니하도다.

엄숙(嚴肅)한 양심(良心)의 명령(命令)으로써 자기의 신운명(新運命)을 개척(開拓)함이요, 결코 구원(舊怨)과 일시적(一時的) 감정(感情)으로써 타(他)를 질축 배척(嫉逐排斥)함이 아니로다.

구사상(舊思想) 구세력(舊勢力)에 패미(覇縻)된 일본 위정가(爲政家)의 공명적(功名的) 희생(犧牲)이 된 부자연(不自然) 우(又) 불합리(不合理)한 착오 상태(錯誤狀態)를 개선광정(改善匡正)하여 자연(自然) 우(又) 합리(合理)한 정경대원(正經大原)으로 귀환(歸還)하게 함이로다.

당초(當初)에 민족적 요구(要求)로서 출(出)하지 아니한 양국 병합

(兩國併合)의 결과(結果)가 필경(畢竟) 고식적(姑息的) 위압(威壓)과 차별적(差別的) 불평(不平)과 통계 수자상(統計數字上) 허식(虛飾)의 하(下)에서 이해상반(利害相反)한 양민족간(兩民族間)에 영원(永遠)히 화동(和同)할 수 없는 원구(怨溝)를 거익심조(去益深造)하는 금래(今來) 실적(實績)을 관(觀)하라. 용명과감(勇明果敢)으로써 구오(舊誤)를 곽정(廓正)하고 진정(眞正)한 이해(理解)와 동정(同情)에 기본(基本)한 우호적(友好的) 신국면(新局面)을 타개(打開)함이 피차간(彼此間) 원화소복(遠禍召福)하는 첩경(捷徑)임을 명지(明知)할 것 아닌가.

또 이천 만 함분축원(含憤蓄怨)의 민(民)을 위력(威力)으로써 구속(拘束)함은 다만 동양(東洋)의 영구(永久)한 평화(平和)를 보장(保障)하는 소이(所以)가 아닐 뿐 아니라 차(此)로 인(因)하여 동양안위(東洋安危)의 주축(主軸)인 사억 만(四億萬) 중국인(中國人)의 일본에 대한 위구(危懼)와 적의(積疑)를 농후(濃厚)하게 하여 그 결과(結果)로 동양 전국(全局)이 공도동망(共倒同亡)의 비운(悲運)을 초치(招致)할 것이라 하니 금일(今日) 오인(吾人)의 조선 독립은 조선인으로 하여금 정당한 생영(生榮)을 수(遂)하게 하는 동시에 일본으로 하여금 사로(邪路)로서 출(出)하여 동양 지지자(支持者)인 중책(重責)을 전(全)하게 하는 것이며, 중국(中國)으로 하여금 몽매(夢寐)에도 면(免)하지 못하는 불안 공포(不安 恐怖)로서 탈출(脫出)케하게 하는 것이며 또 동양 평화로 중요한 일부(一部)를 삼는 세계 평화 인류 행복에 필요한 계단(階段)이 되게 하는 것이라. 이 어찌 구구(區區)한 감정상 문제리요, 아아! 신천지(新天地)가 안전(眼前)에 전개(展開)되도다, 위력(威力)의 시대가 거(去)하고 도의(道義)의 시대가 내(來)하도다, 과거(過去) 전세기(全世紀)에 연마장양(鍊磨長養)된 인도적(人道的) 정신이 바야흐로 신문명(新文明)의 서광(曙光)을 인류의 역사에 투사(投

射)하기 시(始)하도다.

신춘(新春)이 세계에 내(來)하여 만물(萬物)의 회소(回蘇)를 최촉(催促)하는도다.

동빙한설(凍氷寒雪)에 호흡(呼吸)이 폐칩(閉蟄)한 것이 피일시(彼一時)의 세(勢)라 하면 화기 난양(和風暖陽)에 기맥(氣脈)을 진서(振舒)함은 차일시(此一時)의 세력(勢力)이니 천지(天地)의 부운(復運)에 제(際)하고 세계의 변조(變潮)를 승(乘)한 오인(吾人)은 아무 주저(躊躇)할 것 없으며 아무 기탄(忌憚)할 것 없도다.

아(我)의 고유(固有)한 자유권(自由權)을 호전(護全)하여 생왕(生旺)의 낙(樂)을 포향(飽享)할 것이며 아(我)의 자족(自足)한 독창력(獨創力)을 발휘(發揮)하여 춘만(春滿)한 대계(大界)에 민족적 정화(精華)를 결뉴(結紐)할지로다. 오등(吾等)이 자(玆)에 분기(奮起)하도다. 양심(良心)이 아(我)와 동존(同存)하며 진리(眞理)가 아(我)와 병진(幷進)하는도다.

남녀노소(男女老少) 없이 음울(陰鬱)한 고소(古巢)로서 활발(活潑)히 기래(起來)하여 만휘 군상(萬彙群象)으로 더불어 흔쾌(欣快)한 부활(復活)을 성수(成遂)하게 하도다.

천백세(千百世) 조령(祖靈)이 오등(吾等)을 음우(陰佑)하며 전세계(全世界) 기운(氣運)이 오등(吾等)을 외호(外護)하나니 착수(着手)가 곧 성공(成功)이라.

다만 내두(來頭)의 광명(光明)으로 맥진(驀進)할 따름인저.

이 글은 물론 그 당시는 당당한 명문이었으나 오늘날에는 이미 맞지 못한다.

이런 종류의 문장은 흔히 한문학자라는 옛 사람들이 몹시 찬탄

하며 즐기는 것인데 심지어 어떤 한문학자는 일부러 자기의 "유식"을 자랑삼아 어려운 한문 낱말을 적는데 문장은 어려운 낱말 전람회나 "유식" 자랑의 광고판도 아닌 것이다.

이런 글은 이미 옛글로 들어갈 것이므로 학생들이 본뜰 필요도 없고 또 본떠도 어울리게 쓰지도 못할 것이니 흉내 내지 말 일이다.

새로운 사상가들이 많이 나와서 좋은 글을 많이 쓰게 되어 옛날 한문식[1] 글은 날로 없어지고 유로파식 문장을 쓰게 되었다.

한문식 문장은 기골(氣骨)이 엿보이고 여운(餘韻)이 좋은 듯하지만 잘못하면 상투 짜고 양복 입은 사람처럼 문장 전체의 균형(均衡)을 잃기 쉽고 독자에게 귀찮은 느낌을 주기 쉽다. 해방 전 "총독부" 기관 신문인 매일신보(每日新報) 사설(社說)엔 그런 문장이 노냥 나왔었다.

더구나 "자못"을 "頗히"로, "아주"를 "極히"로, '한갓'을 "徒히"로, "도리어"를 "却히"로, "모두"를 '總히'로, ……………쓰는 일이 매일같이 계속되었었다.

이 따위들은 지금 세상에 내놓을 문장 용어로서의 자격이 없으며, 그런 문구(文句)[2]가 한 마디라도 들어 있는 문장은 벌써 낙제(落弟)다.

젊은 세대(世代)는 젊은 감각(感覺)과 젊은 공기를 바란다.

시들고 또 이울은 문장은 젊은 마음을 움직일 수 없다.

이미 오늘날 시대는 상투 짜고 도포 입는 시대는 아니다.

한문은 봉건 시대의 학문으로 봉건 시대의 멸망과 함께 당연히 그 숨줄은 끊어졌어야 할 것이다.

민주주의 새 시대는 새로운 문장의 발전을 촉진한다.

---

1) 원문은 '학문식'.
2) 원문은 '문귀'(文句).

읽는 이의 마음에 직통(直通)하는 가장 짧고 가까운 거리(距離)를 발견(發見)해야 한다.

그것이 문장을 배우며 쓰는 이의 가장 힘들여 피나는 고행(苦行)을 겪어야 할 점이다.

옛 사람처럼 꾸미려고[3] 애쓸 필요 없다. 더구나 옛사람의 문구나 고사숙어(故事熟語)따위를 함부로 늘어놓을 필요도 없다.

이제 잠깐 중국(中國) 호적(胡適) 박사가 주장한 "문학개량추의(文學改良芻議)"의 8항목(項目)을 참고로 적어 문장 공부의 도움을 삼겠다.

① 문구(文句)만 늘어놓지 말 일.

곧 자기의 감정과 사상이 들어 있어야 한다. 남의 문구를 아무리 흉내 내도 읽는 이를 움직이지 못하면 소용없다.

② 옛 사람 흉내만 내지 말 일.

곧 옛 사람이 쓴 문구를 흉내내려 하면 제 사상에 제한을 받게 된다.

③ 문법(文法)을 연구할 일.

문장을 쓴다는 사람이 문법을 무시하는 수가 많다. 당치도 않은 수작이다. 우리나라에도 말본이나 심지어 맞춤법도 잘 모르고 글을 쓴다는 사람이 있으나 그리 명예로운 일도 아닐 것이다.

④ 병 없이 앓는 소리를 내지 말 일.

쓸 데 없이 "오오!" "어허!" 이런 소리를 쓰지 말 일. 더구나 요즈음에 "嗚呼!" "痛哉!" 따위 말을 씀은 웃음거리밖에 안 된다.

---

3) 원문은 '꾸밀려고'.

⑤ 번지르르한 말귀를 늘어놓지 말 일.

"세월이 유수 같이 흘러서…………어언간 춘삼월 호시절이
되었다."

따위 아름다운 말귀를 이어놓아 수다스럽게 늘어놓는 수가 있
지만 역시 어울리지 않는다. 자기 생각에 알맞은 문구를 안 쓰
고 남의 쓴 말귀를 섞어 놓으면 남자 옷 입는 여자처럼 꼴불견
이다.

호적 박사는 이런 짓은 "게으름뱅이"의 수작이라고 욕하고 있다.

⑥ 전고(典故)에 사로잡히지 말 일.

옛 사람이 쓴 문구라고 당치도 않은 곳에 함부로 울겨 먹지
말 것이다.

이를테면 옛 사람이 "霜葉紅於二月花"라 읊었다고 우리나라
사람도 그런 문구를 쓴다면 "二月" 달 꽃은 피지도 않는 우리
나라에서는 거짓말이 된다.

또 호적박사는 "옛날 장한(張翰)이 가을바람이 불매 고향의 순
채(蓴菜)와 농어(鱸魚)를 생각한 옛 일을 끄집어내다 오나라(吳)
땅은 구경도 못한 친구가 "蓴鱸之思"를 막지 못한다 하고 쓰
는 따위 엉터리는 실로 저 스스로를 속이고 남도 속이는 짓이
라"고 호령하였다.

⑦ 대구(對句)4)를 힘쓰지 말 일.

옛날 글은 귀로 듣기 좋게 하기 위해 일부러5) 힘써 대구를 만
들기 고생하였으나 이렇게 하면 쓸데없는 말이 들어가게 되어
천연스럽지 못하다.

---

4) 원문은 '댓귀'(對句).
5) 원문은 '일불어'.

문장에 익숙하여진 뒤에 격에 어울리게 대구가 이루어져야지 먼저부터 대구를 만들고자 하면 벌써 문장은 실패다.

⑧ 속어(俗語) 속자(俗字)를 가리지 말 일.

이태준(李泰俊)님이 그 "문장강화(文章講話)"에서 "俗語·俗字를 쓰지 말 것"이라고 소개한 것은 큰 실수다.

호적 박사는 속어와 속자를 쓸 대로 쓰라 하였지 쓰지 말라고 한 것이 아니다.

"건설적 문학 혁명론(建設的文學革命論)"을 주장하며 백화문(白話文) 운동의 선봉이 된 호적 박사가 속어·속자를 쓰지 말라 하겠는가?

말은 바뀌는데 글만 그대로 머물을 수 없다. 옛 사람의 제한된 사상을 나타낸 옛 문구만을 점잖게 보고 오늘날 우리가 입으로 내고 있는 말을 그대로 적으면 무엇이 나쁠 것인가.

호적 박사는 다음 같이 부르짖었다.

"나는 오늘날 작문 작시(作詩)에는 속어와 속자를 채용하라고 주장한다.

3천 년 전의 죽은 말을 쓰느니보다는 20세기의 산 말을 쓸 일이다.

오래 쓰이지 못하고 또 보급(普及)되기 어려운 진한(秦漢)의 글을 짓느니 차라리 집집마다 읽힐 수 있는 수호지(水湖志), 서유기(西遊記)의 글을 지을 일이다." 하였으며 또 "근대 역사 진행(進行)의 눈으로 볼 때 백화(白話) 문학이 중국 문학의 마루며 또 장래 문학의 이기(利器)임을 단언(斷言)하여 꺼리지 않는다." 하였다.

오늘날 우리나라의 문장은 다시 새로운 비약(飛躍)의 단계에 닥
드려 있다.

8.15와 함께 우리말과 글도 해방되었다. 자유로운 의사 표시와
언론의 발전이야말로 민주주의 국가 건설의 동력이다.

이제로 우리는 수천 년의 낡은 옛 먼지를 털고 새로운 사상을
새로운 싱싱한 문장으로 마음껏 나타내기 위하여 속어를 더욱 갈
고 닦아 좋은 말의 고누기를 배워야 하겠다.

익 힘

1. "독립선언서"를 한문자만 보고 바로 읽을 사람의 수효가 삼천만
   의 몇 %나 될까?
2. 한문 숙어가 많으면 유식한 문장이 될 수 있을까?
3. 호적 박사의 8항목은 어째서 주장하게 되었을까?
4. 우리가 건설해야 할 새 문장은 어떤 방식으로 자라가야 할까?

국문만 쓰도록 하자
— 공문서, 성명, 지명 따위도 —

한글이 우리나라 글로서 제정된 지도 벌써 5백여 년이나 되었
다. 그러면서도 우리나라 글로 뻐젓한 행세를 못하였을 뿐 아니라
항상 다른 민족의 중압 속에 천대를 받아 왔던 것을 생각하면 생
각할수록 뼈저린 일이 아닐 수 없다.

제 나라 말을 쓸 수 있었던 한말(韓末)까지 사대사상(事大思想)에

사로잡힌 무리들 때문에 안방으로 쫓겨 들었고 일제(日帝) 삼십육 년 동안의 수난기(受難期)에는 그나마 입으로 하는 우리말까지도 빼앗길 뻔했다. 4천 년의 유구한 역사가 찬란한 우리 문화의 앞날을 위하여 참으로 아슬아슬한 일이 아닐 수 없었다. 그러나 이제 나라를 도로 찾으면서 잃었던 우리말과 글을 마음 놓고 쓸 수 있는 기쁨을 갖게 되었으니 이 얼마나 반가운 일이냐. 우리는 무엇보다도 널리 우리글을 펴서 온 국민이 다 같이 우리글로써 서로의 뜻을 전하고 마음먹은 바를 거리낌 없이 써서 나타낼 수 있어야 하겠다. 그래서 한문 글자를 없애고 우리 "한글"로만 쓰자는 의견이 나왔으나 그와 반대로 한글로만 쓰면 우리의 지난날의 역사를 알 수 없으니 또는 그러면 이름은 어떻게 하고 지명(地名)은 어떻게 하느냐고 옳으니 그르니 서로 맞씨름을 한 적도 많았다. 그러나 우리 민족이 생명이요 호흡인 우리글을 쓰는 날이 빠르면 빠를수록 민족 문화의 건설을 위하여 좋은 일이었다. 그래서 지난 번 헌법이 제정되면서 그 원본을 한글로 쓰기로 되었고 또 지난 1일 국회 제79차 본회의에서는 "한글 전용에 관한 법률"을 통과시켜 일체 공용 문서와 성명, 지명까지도 국문으로 적게 되었으니 참으로 우리 문화 사상 일대 혁명이 아닐 수 없다.

　이제 우선 선결 문제는 이 글을 하루라도 빨리 온 나라 안에 펴서 한글 모르는 국민이 하나도 없도록 할 것 뿐이다. 아직도 한문에 미련을 가지고 그것을 쓸 것을 주장하는 사람이 있다면 그 사람의 뜻하는 바는 아니겠지만 우리 문화의 발전을 적잖이 억누르는 결과를 가져올 것이다. 해방되면서 국민 학교에서는 재빠르게 한문을 전부 없애고 우리 "한글"로만 배웠던 까닭에 오늘날 와서는 대학생보다도 "한글"을 더 잘 안다고들 한다. 그러나 중학교에 들어가면서부터 한문 글자가 쏟아져 나와 또다시 한문 공부를 해야 글을 알게 되었던 것이다. 그 폐해는 누구나 생각해 보면 알 일이다. 또한 사회 각지에서 시시때때로 일어나는 새로운 소식을 모든 국민에게 전해서 온 국민이 세계의 움직임을 알 수 있게 하는 신문이나 새로운 지식을 얻을 수 있는 잡지 같은 것도 그것이 어떤 일부의 사람을 위한 것이 아니고 국민 전체를 위한 것이라면 마땅히 한글로 써야 옳을 일이다.

뿐만 아니라 이 기회에 성명 지명 그리고 거리의 간판까지도 모두 갈아 붙여서 우리글만 배우면 우리나라에서는 못 읽는 것이 없도록 해야 마땅할 것이다.

"한글"의 대중화, 이 얼마나 싱그럽고 급한 문제냐. 이 나라 구석구석까지 널리 펴서 지식 있는 사람은 물론이거니와 노동자 농민 부인들까지 책을 읽고 신문을 보고 들어 글과 친할 수 있게 하여야 할 것이다. 이에 우리는 국문 전용의 거족적인 계몽 운동을 일으켜야 할 단계에 이르렀다. 다시 말하면 어느 일부에서만 한문자를 쓰기 때문에 문화의 혜택이 편재되는 것과 마찬가지로 또한 국문자 전용으로 말미암아 온 문화 발전의 일시적인 정체(停滯)도 있어서는 아니 될 것이다.

그러므로 원칙적인 한글 전용을 추진하는 한편 사회의 모든 면에서 협력 촉진하기 위하여 국문 전용의 일대 사회 운동을 일으켜야 할 것이다. 즉 우리나라의 옛 문헌을 하루바삐 국문으로 바꿔 놔야 하며 현재의 출판물과 그 밖의 모든 문자 행동을 순 국문으로 바꿔 놓지 않으면 아니 될 것이다. 그리하여 우리 말, 우리 문화를 쌓아서 세계 각국과 어깨를 겨누고 세계 문화 건설의 큰 임무를 다하여야 할 것이다.

(1948. 10. 6. 서울신문)

익 힘

1. 한문자를 폐지하자는 이유는 어디 있는가?
2. 한글 전용을 하면 한문학은 없어지는가?
3. 한글 전용을 하면 문장의 뜻을 잘 모른다는 사람이 있는데 과연 그럴까?
4. 한글 전용을 반대하는 것은 어떤 부류의 인물들일까?
5. 윗 글에서 가장 잘 표현된 곳은 어떤 대목인가?

申瑛澈 著

글을 잘 쓰려면

① 삼다(三多)

의사 표시(意思表示)의 자유는 민주주의 국민의 권리인 것이다.

누구나 하고 싶은 말과 글을 제대로 나타내게 되어야 비로소 민주주의의 발전을 기대할 수 있다.

글을 잘 쓰려면 어찌하면 될까? 누구나 고심하는 문제다.

흔히 삼다(三多)의 교훈을 든다. 삼다란 옛 중국 송나라(宋)의 문장가 구양수(歐陽修)가 글공부에는 다독(多讀), 다상량(多商量), 다서(多書) 이 세 가지를 힘써야 한다고 말한 데서 나온 소리다.

첫째, 다독은 많이 읽으란 말이다. 많이 읽어서 남이 어떠한 글투로 어떻게 제 생각을 나타내고 있는가를 살피라는 뜻이다.

제 아무리 천재라도 글을 글자로 나타내는 이상 예전[1] 사람들의 표현법을 배우지 않고서는 글을 쓸 수 없는 것이다. 다만 남의 글을 읽되 자기 개성(個性)을 잊어서는 안 된다. 가슴 속 만권(萬卷)의 책을 간직하지 않고서는 글다운 글을 지을 수 없다.

깊은 산에 나무가 우거지고 넓은[2] 바다에 고기가 많다. 책 몇 권을 읽고 곧 글을 다 알은 체하면 글공부는 다 한 셈이다. 읽되 "눈알이 종이 뒤를 뚫도록 긴장하여 읽으라."

둘째, 다상량이란 많이 생각하고 궁구하라는 말이다.

아무리 남의 글을 많이 읽어도 얼치기로 읽어버리면 아무 소용

---

1) 원문은 '먼젓'.
2) 원문은 '널른'.

없다. 늘 생각하며 읽고 비판하며 자기 사상의 양식으로 소화시켜야 한다.

참된 글, 훌륭한 글은 큰 사상가의 머리 속에서 나오는 것이다.

글을 잘 쓰려면 사상을 키우라. 상을 키우려면 남의 사상을 자기 지식으로 우선 배워 지니고 항상 사물(事物)에 대한 예리(銳利)한 관찰과 생각을 계속하라.

셋째, 다서라는 말은 많이 써 보라는 뜻이다.

아무리 많이 읽고 생각만 해도 정말 써 보지 않으면 글공부에는 효력이 없다. 자꾸 써 보어야 한다. 명문(名文)을 손수 베끼는 연습을 해야 한다.

맨 처음부터 명문을 써 보려고 마음만 크게 먹어서는 못 쓴다. 적어도 글다운 글을 쓴다는 이들은 그 일생을 글공부에 바쳐온 이들이다.

그러나 문학자는 그렇다 해도 보통 웬만한 사람으로 자기 생각을 잘 나타내려 할진대 그리 어렵게 생각할 것 없다.

우선 일기(日記)를 늘 적어두는 버릇을 지니면 좋다. 또 때때로 감상문을 적어 보며 선배에게 스승에게 비평을 받아야 한다.

혼자 쓰고 혼자 생각하는 것도 좋지만 크게 되려면 좋은 지도자를 따라 모셔야 한다.

물론 대문장가는 천품이 있어야 한다. 곧 소질이 있어야 한다. 다만 웬만한 정도에 이르기는 노력으로 되는 것이다.

申
瑛
澈
著

1. "삼다" 란 무슨 말인가?
2. 문장은 꼭 소질이 있어야 쓸 수 있나?

② 문장은 사람인가?

프랑스의 사상가 뷰폰(Buffon, 1707~1788)은 "문체는 사람이라"(Le style, c'est l'homme) 고 했다.

일본의 명치(明治) 문단의 미문가(美文家)로 유명한 고산(高山樗牛) 도 "문장은 사람이라"고 흉내 내었다.

우리나라의 여러 작문 교본이나 문장 강화 책에도 같은 말이 적혔다.

그러나 뷰폰이 아카데미 입회 때 말한 이 낱말은 언어적인 것이요, 작가의 개성을 뜻함이 아니었다. 미학(美學)에선 "양식(樣式)이라고 불리니 이는 표현형식(表現形式)을 가리킴이 틀림없다. 뷰폰의 말은 흔히 그의 본뜻과는 다르게 인용되고 있는 듯하다. "문장은 사람"이 말에는 '문체-개성-인격'이 연상될 수 있으니 우리는 뷰폰의 본뜻과는 다른 각도로 문장과 인격의 관계를 고찰하기로 하자.

문장은 진심(眞心)의 유로(流露)라야 한다. 거짓과 속임이 앞서 마음에 딴 배포를 두고 쓰는 문장은 그 인격과 정반대(正反對)의 문장이니 이 따위는 글자의 도둑이라 할 것이다.

나라를 팔고 역사를 흥정하여 민족의 원수에게 아첨한 무리의 문장은 말할 나위 없거니와 인류의 이상에 배반한 부도덕적(不道德的)인 문장도 그 생명은 순간뿐이다. 나폴레옹(Napoleon)은 이르기를 "펜은 칼보다도 무섭다." 했거니와 과연 문장의 칼은 총검(銃劍)보다도 무서운 연장이다.

언론인(言論人)을 세상에서 "무관(無冠)의 제왕(帝王)"이라, "사회의 목탁(木鐸)"이라 함은 정의(正義)의 무서운 펜을 가졌기 때문이다. 언론인이라 할지라도 부정의(不正義)의 펜을 휘두르면 그는 벌써 그 자격을 잃은 자이다. 그러나 "문장은 곧 사람"이 아니다. 문장은 마땅히 사람이라야 한다. 그러기에 문장가가 되려면 사상가(思想家)가 되어야 한다.

펜은 과연 칼보다 무서운 것이다. 그 무서운 칼은 잘못하면 남을 상하고 제 몸을 망치는 연장이 된다. 어찌 그뿐이랴. 민족과 나라 인류에게 크나 큰 죄악조차 저지르게 되는 것이다. "애국"이라 하여 "매국"한 자 얼마며, "평화"라 하여 "전쟁"을 꾸민 자 일마인가? 문장의 바른 길 진실로 어려움을 깨달을 때 한 개의 펜 바로 스스로와 인류의 염통에 이었음을 느낄 것이다.

익 힘

1. "글은 사람"이라 함은 무슨 뜻인가?
2. "펜은 칼보다 무섭다."함은 무슨 뜻인가?
3. "무관의 제왕, 사회의 목탁"이란 말의 참뜻은 무엇일까?
4. 친일파(親日派)의 문학은 그 "사람"과 별개일까?

申瑛澈 著

③ 신문, 잡지와 친하라

　전문적(專門的) 저서는 그 취미와 연구를 따라 읽는 것이므로 그 범위가 제한되어 있으나 신문, 잡지는 대중을 상대로 한 출판물인 만치 늘 손쉽게 읽을 수 있다. 더구나 신문, 잡지는 나날이 바뀌어 가는 모든 현상을 가장 빠른 시간에 가장 날카롭게 나타내 알려주는 여러 가지 문장이니 문장 공부하는 데는 가장 가까운 친구다. 다만 속히 만드느라고 날림으로 나오는 수가 많지만 그래도 학생들에게는 이보다 가까운 것은 없다.

　신문과 잡지는 되도록 선배와 부형의 의견을 들어보고 넓은 범위로 읽어야 한다. 흔히 한 계통의 신문 잡지만 탐독하는 수가 많은데 이는 사상이 한 쪽으로 치우치고 오그라드는 편협(偏狹)한 견해(見解)를 저도 모르게 지니게 될 걱정이 크다.

　신문과 잡지는 읽을 것이다. 읽되 문장, 조직, 표현력에 대해 늘 세밀한 관찰을 하라. 읽는 사이 지식을 얻을 것이요, 그 지식은 비판의 기본이 될 수 있다.

　문장 공부를 위해 신문, 잡지를 읽을 뿐 아니라 훌륭한 교양인(敎養人)이 되기 위해서도 신문, 잡지를 많이 읽어야 한다.

익 힘

1. 그대는 어떤 신문 잡지를 애독하는가?
2 신문, 잡지는 왜 여러 개를 보는 것이 좋은가?
3. 요새 본 신문 잡지 가운데서 좋은 글이 발견되었는가?

인격과 절조

申
瑛
澈
著

　백이(伯夷), 숙제(叔齊)를 소극적이라 하여 비웃는 청년을 본 일이 있다. 물론 소극적인 것은 숨길 수 없는 사실이다. 그러나 세상에 그 소극적인 절조나마 온전히 지키는 사람이 희귀한 시대에 있어서는 그 소극적 절조만이라도 지극히 고귀하고 거룩한 것이라고 말하지 않을 수 없다.

　종교 운동도 좋다. 문화 운동도 좋다. 과학 운동도 좋다. 그러나 이 모든 운동의 뿌리를 이루어야할 요소는 곧 그 사람 사람의 절조 그것이다. 백절불굴(百折不屈)하는 절조, 그 뿌리 위에 자라나는 나무이면 그 가지가 비록 약한 것이며 그 잎새가 비록 시들은 것일지라도 거기에는 영원히 빛나는 광휘(光輝)가 있을 것이나 만일에 그 뿌리 한 번 썩고 말면 그 위에 접목된 나무는 그 가지가 아무리 굵고 그 잎새가 아무리 무성해진다 하더라도 그 나무는 내 것이 아니라 남의 것인 것이다. 그 뿌리 한 번 썩어버리면 그 위에 접목된 나무 제 아무리 천하를 덮는다 하더라도 그것은 남의 뿌리 위에 자란 것이니 본목(本木)으로서의 아무런 영예(榮譽)될 것도 없는 것이다. 아니 본목은 이미 죽은 것이다.

　아아! 가지와 잎새가 다 꺾기고 짓밟혔더라도 그 뿌리만을 살려 두면 때가 이를 때 다시 가지를 뻗고 잎새를 피우는 대자연의 원칙을 명심하는 자 그 몇몇인고!

　암흑! 온갖 도깨비가 꾸물거리는 시대이다. 흑백을 구별하기 어렵고 목전의 소리(小利)를 탐하여는 영혼까지를 팔아버리는 자 그 얼마인고!

　이 영혼을 빼돌린 허수아비들을 목자로 알고 모여 드는 길 잃은 어린 양이 그 얼마런고?

암흑 속에서 정관(靜觀)하는 자, 오직 그 영혼만이라도 끝까지 깨끗하게 지켜오는 자에게라야 최후의 승리는 돌아올 것이다.

영혼을 팔아버린 허수아비는 그 육체가 아무리 아름답고 편하고 귀하게 된다 할지라도 그것은 사람의 몸뚱이가 아니요, 쓸데없는 허수아비이다.

비록 그 살이 깎기고 뼈가 부러지는 한이 있더라도 그 영혼만을 사수(死守)하는 자이면 설사 그 육체는 없어진다 하더라도 그의 산 영혼은 천추만대에 전하여 끊임없이 인류의 등대가 되는 것이다.

아아! 이 진리를 믿는 자 이 세상에 그 몇몇이런고!

그러므로 예로부터 지사(志士)는 절조를 굽힐진댄 차라리 주검으로써 대하였으며 또 혹시 타약(惰弱)하여 절조를 파는 자 있을 때에는 그의 동지들은 그에게 주검을 주는 것을 원칙으로 삼았다. 이것은 곧 동서고금을 통하여 인류는 그 절조로써 생명보다 더 값있게 본 증거이다.

우리는 오늘날 그 시세(時勢)의 불리(不利)를 원망하는 영웅을 많이 본다.

그러나 시세가 불리하다 하여 그 절조를 팔고 마는 것은 참된 영웅의 취할 바 태도가 아니다. 인류 역사 페이지를 샅샅이 뒤져 보더라도 절조를 팔아버렸다가 중래(重來)한 영웅이라고는 없었다.

시세는 이(利)하건 불리(不利)하건 성공이건 실패건 그 어느 때에나 끝까지 그 절조를 고수(固守)하는 자라야만 인류의 지도자 될 수 있고 권토중래(捲土重來)의 기회 또한 찾아 올 것이다.

차라리 소극적일지언정 냄새는 피우지 말아야 할 것이다. 차라리 소극적일지언정 뿌리까지 썩어버리지는 말아야 할 것이다. 차라리 소극적일지언정 영혼만이라도 살려야 할 것이다.

(1934. 4. 14. 동아일보)

익 힘

1. 윗 글에서는 몇 가지 조목으로 인격과 절조를 논하고 있는가?
2. 인격의 요소는 무엇에 있는가?
3. 윗 글은 어떤 시절에 왜 썼을까?
4. 윗 글의 어려운 말귀를 넣어서 짧은 글을 지어 보자.

申瑛澈 著

문장의 연습

① 제목과 문장

문장을 쓰는 데 두 가지로 생각할 점이 있다.

첫째는 자유로 제목을 부치는 경우.

둘째는 학교 작문 시간이나 무슨 시험 때 제목을 받아 가지고
쓰는 경우.

첫째, 자유로 제목을 부칠 때는 가장 임자되는 사상의 표현이
될 수 있는 제목을 부쳐야 한다. 매력이 있게 보는 이가 내용을 읽
을 마음이 생기도록 생각해서 부쳐야 한다.

다음, 제목을 받아서 쓸 경우에는 그 제목에 맞는 글을 써야 한
다. 이를테면 "학교를 사랑하자."하는 제목이 나왔을 경우, 학교는
"교장이 누구고, 선생은 누가 무섭고, 유리창 수효는 몇 개……"
이따위 말만 늘어놓아도 소용없다, 제목과 내용이 일치하도록 힘
써 조심해야 한다.

그리고 평상시에 연습을 할 일이다. 신문이나 라디오를 통해서
생각나는 일이 한두 가지 아닐 것이다. 이런 경우, 이를테면 "시간
을 엄수하자."하는 제목이면 우선 같은 제목으로 서너 번 써 볼 것
이다.

세 번쯤 쓴 것이 문장은 달라도 그 내용과 사상은 같을 것이다.

곧 표현의 기술은 다르지만 한 가지 일을 한 가지 주견으로 세
번 쓰는 것이다.

물론 문장 표현에 고생도 있을 것이요, 중복되는 경우도 있겠지

만 그래도 문장을 연습하려면 한 제목으로 서너 가지씩 써 보는 것이 크게 연마가 되는 것이다.

그러는 동안에는 먼저 쓴 글보다 좀 더 달라지며 문장의 구조나 표현에 대한 스스로의 체험이 생겨서 차차 잘 쓰게 될 것이다.

이 점 문장 연습의 첫째로 중요한 점이다.

◇ 다음의 글을 읽어 보라. 그 제목과 내용이 잘 어울린다. 재미있게 끝까지 독자를 끌고 간다. 긴 글이지만 싫증나지 않게 글 마디마디가 적당하게 겨누어졌다.[1]

이발과 괵수(馘首)

필 승 학 인

이발은 머리를 깎는 것이고 괵수(馘首)는 목아지를 베는 것이다. 물론 이 두 개의 단어(單語)를 행여 모를 사람이 있을까 염려해서 구별해 본 것이 아니라 전자(前者)는 말에서부터 오는 감정이 우선[2] 문화적인데 후자(後者)는 반드시 그렇지 않다는 것을 강조하기 위함이다.

사실 나는 이발소에서 이따금 사람은 참 문명했구나 하구 새삼스럽게 느끼는 때가 있다. 한 번도 대면(對面)해 본 일이 없는 사람이 시퍼렇게 칼날이 선 면도(面刀)를 가지고 온통 얼굴 전체를 싹싹 밀었다가 목과 숨통을 노리고 해도 손님은 절대 안심, 그 사람

---

1) 원문은 '고누어졌다.'
2) 원문은 '위선'.

을 완전히 신뢰(信賴)하고 누어있기 때문이다.

한 사람의 생명이 한 사람의 손아귀에 이렇게 꼭 잡히고 있는 장면(場面)도 드물 것이다. 누가 아느냐, 손목에 조금만 힘이 가고 칼날이 틀어져도 목아지가 달아나고 영원(永遠)히 세상을 모르게 될 것이다.

신문에서 언젠가 읽었지만 손님이 이발을 하며 주문이 하도 까다롭고 잔소리가 과심(過甚)해서 격분(激奮)한 면도쟁이가 고만 비누칠을 하던 콧등을 잘라 버리고 만 일이 있다.

아아! 나도 그때 머리를 깎으러 갔다가 이발소 주인 영감에게 함부로 야단을 쳤었는데 하마터면[3] 고야니 언청이가 될 뻔한 것이 아니었던가. 스릴을 느끼는 사람도 있을 것이다. 누구의 희곡(戲曲) 작품을 읽으면 이발소 면도쟁이끼리 이야기를 주고받고 하는 장면이 있는데 내용이 모두 건방진 손님은 화가 치밀어서 그저 칼로다 푹 포를 하나씩 떠 주든지 그렇지 않으면 아주 망할 자식 목아지를 썩 잘라 버리든지 하고 싶다는 자기네의 직업(職業)을 너무 압박하는 것에의 불평불만이다. 사람은 어디 가서든지 점잖고 조심해야 하는 법이다.

그런데 요새 사람들은 고야니 목 베는 흉내를 내기 좋아 한다. 손바닥을 쩍 펴서 숨통에다 갔다 대고는 썩썩 비비며 "이거야 이거" 하고 떠들며 낄낄 웃는다.

참 나쁜 습관이다. 은행이나 회사나 어느 기관(機關)에서 봉급(俸給)을 받으며 생활하다 해고(解雇)가 되어도 괵수(馘首)라는 문자를 쓰고야 마는데 모두 사회의 사람이 함께 천박(淺薄)하여진 소치일

---

3) 원문은 '하마하면'.

것이다. 한 개 사무를 그만두는 것하고 목아지를 잘라서 대롱대롱 하게 하는 것하고 어째서 똑같다는[4] 말이냐 말이다.

그런 것이 사실상 목아지를 베는 것과 결과가 같을진대 이 직업 난 시대(職業難時代)에는 참 괵수(馘首)의 참변(慘變)이 많을 것이다. 이발소에 가서 떡하니 안락의자에 걸터 편안히 누워있는 사람들 속에는 중역이나 이런 지위에 있어 남의 목을 짤르기 상습적(常習 的)으로 수없이 한 이도 있을 게며 반대로 제 목아지가 밤낮 간드 렁간드렁하는 하급(下級) 샐러리맨[5]과 엊그저께[6] 실제로 짤리워 진 실직자(失職者)도 있을 것이다.

아니 제일 생각해야 할 문제는 손님을 일일이 이발하여 주는 면 도쟁이 또한 실직(失職)을 당할 수 있는 사람이란 것이다. 분명히 괵수겠다!

그것은 위험한 일이 아니냐? 나는 이러한 의미에서 실직(失職)이 나 해고(解雇)가 결단코 괵수와 똑같은 것이 아니기를 희망한다. 그 증거로 사람들은 이발소의 안락의자(安樂椅子) 안에서 다 함께 목을 나열(羅列)하고 너나없이 칼날이 부드럽고 유쾌(愉快)하지 않 으냐. 괵수가 아니라 이발, 실적(失跡)과 해고(解雇)를 앞으로는 머 리를 깎는 따위의 이발 정도로 돌릴 수 있게 되었으면 하는 것이 누구나 다 같은 이상일 것이다.

익 힘

---

4) 원문은 '꼭같다는'.
5) 원문은 '싸라리맨'.
6) 원문은 '엊그적에'.

1. 윗 글에서는 어느 대목이 가장 잘 표현되었는가?
2. 윗 글에 나온 어려운 말을 골라 짧은 글을 지어 보자.
3. "이발과 나"라는 제목으로 글을 지어 보자.

② 문장의 세련(洗練)

문장을 배우는 사람이 가장 빠지기 쉬운 것은 잘 쓴 문장의 문구를 그대로 흉내 내는 버릇이다. 잘 쓴 글을 자주 읽는 것은 좋다. 그렇다고 남의 글마디를 그대로 흉내 낸다고 제 글이 생기는 것은 아니다.

제 글을 써야 한다. 제 글을 쓰려면 제 체계를 세워야 한다.

체계도 서지 않은 채 남의 글마디를 흉내 내면 전체의 연락이나 말귀의 배열(排列)이 엉성하게 또는 빽빽하게 되고 또 두 가지 세 가지의 글투가 섞여서 대바람 서투른 문장임이 폭로(暴露)되고 만다.

문장을 세련하려면 여러 사람의 좋은 글을 읽되 가장 존경하며 훌륭하다고 생각하는 글을 자꾸 읽어야 한다. 그렇다고 한두 사람의 글만 읽으면 글투가 제한되는 영향을 면하기 어려우니 조심해야 한다.

선배 대가의 문장에서 배우는 것은 물론 그 문장도 배우지만 중요한 것은 그 쓰는 방법을 배워야 한다. 이런 데는 이렇게 썼구나, 이런 경우에는 이렇게 썼구나……하고 느끼는 곳이 반드시 있을 것이니 그 중요한 방식을 흉내 내서 써 볼 것이다.

한마디 덧붙여 일러 둘 일은 문장을 쓸 때는 생각나는 대로 조리 있게 써 나가면 좋다. 한 줄 쓰고 지우고, 두 줄 쓰고 생각하고,

어떤 사람은 원고 종이를 찢고 또 쓰다 버리고 꾸기고 하는데 이런 버릇은 아주 나쁘다.

선배 대가의 문장은 되도록 자기 실력에 맞는 책을 골라서 쉬운 글에서 어려운 글로 향상하며 배워야 한다.

이상 말한 것을 종합하여 맺으면, 우선 문장을 배울 때는 한 가지 제목으로 서너 개의 글을 써볼 것, 그리고 좋은 글을 쓰는 사람, 자기가 크게 흥미를 느끼는 부문(部門)의 글을 베낄 것, 원고 종이에 펜을 댈 때 무섭게 생각 말 것, 끝으로 문장의 세련은 하루 이틀에 어떤 이론으로 모두 알아지는 것이 아니요, 쓰고 쓰며 익어가는 중에 향상되는 것이매 초조(焦燥)해서는 안 된다.

침착하게 꾸준하게 끈기 있고 성실하게 노력의 공을 쌓으면 반드시 성공한다.

◇ 다음의 글은 가장 대표적 명문이니 그 말의 차례, 마디의 연락, 글 속에 흐르는 일관한, 신념과 정서들이 읽는 이의 가슴 속속들이 배어든다.

순국 소녀 유관순 추념사(殉國 少女 柳寬順 追念辭)

설의식

성은 유요, 이름은 관순이니 이 나라의 딸이다.

도적의 사슬에 얽매인 이 고장에 태어나서, 총과 칼에 시달린 채 비와 바람에 부대끼기 열이요 여섯, 천생으로 타고난 맵고도 붉은 맘에 잦아든 겨레의 설음을 그대로 품고, 기미년(己未年) 삼월 일일에 천안(天安)도 아내를 뒤흔든 자유군(自由軍)의 선두(先頭)를 가루맡았으니 이 곧 "순국의 처녀" 샛별 같이 빛나는 우리의 꽃이었다.

신명(神明)도 두려울사, 청혈(淸血)을 빨고 생육(生肉)을 뜯는 귀축(鬼畜)의 무리들은 우리 아기의 아버지를 총살하였고, 우리 아기의 어머니를 총살하였고, 그리고 다시 우리 아기가 자라나던 오막에 불까지 질렀다.

하늘이 무너지고 땅이 꺼질 때, 우리의 관순 아기는 한고비 단단하게 "민족"을 부둥켜안았고, 더 한층 든든하게 "조국"을 짊어졌다. 그리하여 영욕(榮辱)을 벗어난 초인(超人)이 되었고 물불이 범하지 못하는 생신(生神)이 되었던 것이다.

칠 년(七年)의 형기(刑期)를 받았으나 그는 오히려 백 년(百年)의 생명에 자약(自若)하였고, 철옥(鐵獄)에 갇힌 배 되었으나 그는 저대로 자유를 일컬어 날마다 밤마다 "독립"을 부르짖고 "만세"를 불렀다. 소리 한 번에 악형(惡刑)이 두 번이요, 소리 두 번에 난장(亂杖)이 열 번이라. 이리하여 우리의 거룩한 "나라의 딸"은 필경 오랑캐의 갈퀴에 찢히어 "육시(六屍)"로 갈래되니 원통하여라.

열 일곱의 봉오리! 피와 살과 뼈가 송두리째 아귀(餓鬼)의 밥이 되고 말았다.

"일본은 망한다. 반드시 반드시 망하고야 만다." ………… 피 묻은 한 마디를 남기고 눈을 감은 우리의 유관순, 그렇게 순국한 지, 삼십 년, 오늘에 일본은 자지러지고[7] 조국은 일어섰다.

무수한 선열의 무덤 위에 조국은 일어섰다. 일어선 조국은 이제

---

7) 원문은 '자즈러지고'.

그때를 생각하고, 그날을 생각하고 그리고 우리의 "그 님"을 생각하면서 이렇게 모였다. 이렇게 모여서 마음에 새기어 느끼고, 다시금 느끼어 그리운 진정을 남기고자 보람 있는 "기념사업"을 마련하는 것이다.

짧은 일생을, 나라에 바친 한 떨기의 무궁화! 사나운 된서리에 피지도 못하였던 봉오리는 이제 자유에 느꺼운 삼천만 개의 가슴에서 피어날 것이다.

오늘을 즐기는 형제여! 오늘의 광영(光榮)을 기리는 자매여!

재천(在天)의 영령(英靈)들과 함께 길이 영겁에 뚜렷한 관순 아기의 충혼(忠魂)을 위하여 다 같이 머리 숙여 합장하시라. 그리고 그 거룩한 방향(芳香)이 이 고장의 굽이굽이에 풍기게 하시라.

기미 후 이십구 년 팔월
순국 처녀 유관순 기념회 발기인 일동

익 힘

1. 윗 글의 어느 대목에 가장 감격하였는가?
2. 윗 글의 어려운 새말을 넣어 짧은 글을 지어 보자.
3. "순국 의사" "순국 소녀"를 추모하는 글을 지어 보자.

③ 문장의 내용

문장을 쓸 때 흔히 "그럴 듯하게" "뻐기고" "잘 난 체하고" 쓰는 사람이 많다. "내가, 제가" 이렇게 써도 좋을 것을 일부러 "여(余)가" 하는 따위는 마치 봉건 시대의 군왕이 "짐(朕)이" 하는 식이다.

근대 문화의 건실한 실질적(實質的) 육성(育成) 발전(發展)을 따라 생활하는 우리는 이 실질적 터전 위에 문장을 다루어야 할 것이다. 공연히 흰소리 하는 것이 문장의 길이 아니다. 한 가지 내용을 어려운 문자로 나타내는 버릇은 실질적 지식을 아주 조금 밖엔 지니지 못했던 낡은 시대의 사람들이 하던 버릇이다. 지식의 바다로 진리를 찾아 나날이 새로워가는 실질적 문화의 건설자인 현대인은 모름지기 내용이 충실한 문장을 써야 할 것이다.

우리나라 과거 천여 년의 문장은 이천 년 전 중국의 한문투만 배워서 문구를 흉내만 내고 독창적(獨創的) 문장의 연구에는 별로 힘을 쓰지 않았다. 겨우 시조라고 불리는 천여 수의 단가와 고려 때의 노래 몇 편, 송강가사(松江歌辭), 고산별집(孤山別集), 노계가집(蘆溪歌集) 등의 노래 수십 편이 으뜸가는 것이다.

이미 중국 자신이 한문 시대를 지나고 "송사(宋詞), 원곡(元曲)"의 시대로 바뀌어도 여전히 우리나라의 문장은 한문식 옛투만 되풀이하며 한껏 육조풍(六朝風)이니, 사륙변려체(四六騈麗體)니 하는 대귀(對句) 문장이나 또는 음률(音律) 중심의 형식적, 감각적 아름다움을 서로 다투었던 것이다.

서포(西浦) (1637~1692)같은 국문학자가 "앵무새의 흉내"라고 비꼰8) 것이 사실인 것이다.

단지 한글이 반포(頒布)되고 몇몇 규수(閨秀) 문학과 아울러 먼저 적은 몇 가지의 한글 문학이 폐허(廢墟)의 풀꽃처럼 남아났다.

그러면 옛날 우리 조상들은 어째서 그렇게 미사여구(美辭麗句)의 장난으로 문장 공부의 본을 삼았던가?

이 점 우리는 잠깐 서양 문예 부흥 시대의 문장에 대한 비판을 한 프랑스의 사회학자 에미르·들켐(Emile Durkhem, 1858~1917)의 이론을 따르면, 문예 부흥 초기에는, ① 헬라 로오마의 고전(古典)을 중시(重視)하며, ② 그 스타일을 본뜨되 내용은 흉내 내지 말 것을 주장하였다 한다.

따라서 내용보다도 스타일만 세련하기에 애쓴 것이니 마치 우리나라의 한문 중시와 비슷한 짓이었다.

점잖기 위해서, 임금을 중심한 특권 계급의 말버릇을 닮아 문화적으로 뒤진 민중에게 "위엄!"을 보이기 위해서, "선진국 대국"인 중국 문화에 동화(同化)함을 명예로 알기 때문에, 민중이 잘 모르게 하여 스스로의 학문 도덕의 높이를 자랑하기 위해서………등이었다.

오직 흉내 잘 내는 사람이 과거(科擧)에 오르고 입신양명(立身揚名)하였다. 그러나 베이컨(Baccon)의 귀납법(歸納法)이 발명되어 실질적 문화가 일어난 것과 같이 봉건 시대의 몰락과 함께 일어난 신문화 운동의 발전을 따라 우리나라의 문장도 새길을 해치게 되었던 것이다.

문학사적(史的)으로는 한 개의 재료가 되지만 스타일 중시의 버릇은 버려야 한다. 과학의 시대 현대인은 우선 내용을 풍부하게 하며 그 내용과 사상을 "자기 스타일"로 표현하기를 세련해야 한다.

---

8) 원문은 '비꼬운'.

익 힘

1. 근대 문화는 무엇을 내용으로 삼는가?
2. 우리나라 과거의 문장들은 바로 발달되었던가?
3. 스타일과 내용의 관계를 생각해 보자.
4. 그대는 누구의 스타일을 본받고자 하는가?

(퐁트) 아내

오 성 근

일요일이라 K는 아침에 느지막하게[9] 일어나 조반을 마친 다음 담배를 피워 물고 두 발을 쭈욱 뻗고 등을 벽에 의지하여 한가스러히 앉아 있었다.

설거지[10]를 다하고 난 K의 아내는 방으로 들어와 머리를 빗으며 남편의 기분을 살피다가 언제나 하는 버릇인 그 "영화 구경" 타령을 또 꺼냈다[11]. 번번이[12] 거절만 당해 본 아내여서 그런지 이날은 눈물 어린 눈방울을 굴리며 어리광에 가까운 음조로 "응! 응" 졸라대는 것이 끝장을 보고야 말 것 같아 K는 전과 같이 뚝꺽 잘라 거절하기가 어려웠다.

그래서 남편은 영화 구경 자금(資金) 유무(有無)를 상산(想算)해 보고 사흘 전에 받은 월급으로 빚 갚고 쌀 한 말, 나무 열 단을 사

---

9) 원문은 '늦으막하게'.
10) 원문은 '설걷이'.
11) 원문은 '끄냈다'.
12) 원문은 '번번히'.

고 3백 30원만이 남아 있음을 계산하자 차마[13] "갑시다."라고 응답할 기운이 나질 않았다.

그러나 연달아 졸라대는 바람에 남편은 얼결에 "갑시다." 하고 일어섰다. 이 말에 아내는 참새처럼 기뻐 뛰었다.

그러자 두 아이도 어느 결에 눈치를 채렸든지 "나두" "나두"하면서 나섰다. 이것을 본 남편은 당황했다. 부담이 점점 커지기 때문이었다. "너희들 집 잘 보구 있으면 아버지가 좋은 것 많이 사다 줄테다. 그리구 다음 일요일에는 내가 너희들을 데리고 산보 갈테야!" 이런 말을 하고 애들을 간신히 떼어 놓은 남편은 아내를 데리고 오래간만에 참으로 오래간만에 동부인을 해서 문전을 나섰다.

전차를 타려고 돈암동 종점까지 나간 부부가 전차 기다리는 사람들의 일렬종대로 미아리 고개 마루터기까지 뻗어 올라가고 있는 것을 보았을 때 K의 아내는 한 줄기 실망이 가슴 속에 스미어 듦을 느끼었다. 그것은 남편이 "여보 저거 보. 사람이 저렇게 많이 느러섰는데 언제 전차를 타고 간단말요, 도루 집으로 들어갑시다." 하면 어쩌나 하는 공포감에서였다. 아내는 남편 눈치를 힐긋 보면서 그를 잡아단기어 꼬리를 물고 느리선 대열 속에 끼이면서도 어쩐지 불안한 마음이 가시지 않았다.

다행하게도 남편은 아무 불평 없이 줄에 서 있었다. 그러나 전차를 기다리고 섰은 지 15분이 지나도록 열은 꼼짝도 하질 않았다. 아무래도 전차 때문에 구경을 못하고야 말 것 같았다. 그때 아내의 눈에는 전차 종점을 휘도는 여러 대의 자동차가 돈 깨나 있어 보이는 손님들을 태우고 프르르 먼지와 깨쏠링 연기를 휘날리

申瑛澈 著

---

13) 원문은 '참아'

며 앞으로 달아 가는 것이 보였을 때 또 바로 자기 앞에 전차를 기다리고 섰던 부부 두 사람이 지나가는 "택시"를 "스톱" 시키드니 늠름한 기상으로 올라타고 가는 것이 보였을 때 아내는 한편 그런 사람들이 부러웁기도 했으나 그 순간 자기 뒤에 넋 없이 서 있는 남편의 심사를 굽어보게 되자 별안간 마음이 처량해짐을 억제하기 어려웠다.

네 식구의 생활 보장을 하느라고 혼자 애쓰는 자기 남편이 한없이 불쌍14)해 보였다. 그리고 오늘 모처럼 따라 나서기는 했지만 가벼울 남편의 주머니를 톡톡 털게 한 자기 자신이 얼마나 철부지 사람인가 하고 느낄 수가 있었다. 아내가 남편에게 걸어가기를 청했을 때 남편도 두말없이 따랐다. 그래 두 사람이 돈암교를 거쳐 삼선교, 그리고 창경원 앞을 휘돌아 내려갔다. 이 도중에 그들은 결혼하기 전 연애 시대의 "로맨틱"한 추억과 지금의 넉넉지는 못하나마 행복스럽게 살아오는 현재의 이야기에 시간 가는 줄을 모르고 걸었다. 어느덧 종로 4가에 이르렀을 때 아내는 걸음을 멈추고 미소를 남편 얼굴 위에 던지며 "이제 고만 집으로 돌아가지요." 말하는 아내의 얼굴은 구경 가자고 조르던 때에 비하여 몹시15) 부드러웠다. 그러나 이 말을 들은 남편은 놀라지 않을 수 없었다. "아아 웬 일이우! 구경시켜 달라기에 오래간만에 모처럼 나왔는데 그저 집으로 돌아가!" 이 돌변적인 아내의 태도에 남편은 다소 순간적인 불안을 느꼈다. 그러나 "저걸 보세요 저걸." 하며 앞으로 걸어가는 여자를 손으로 가리키는 아내의 흥분은 우연적인 것만도 아닌 것 같았다. 망칙한 색깔16)과 계절에 이른 엷은 옷, 그러고

---

14) 원문은 '불상'.
15) 원문은 '몹씨'.

는 개구리 잡아먹은 뱀 아가리처럼 새빨간 입술을 한 그 여자에게서 받은 타격이 컸던 셈인지 "빨리 돌아갑시다." 하는 것이 마치 자기도 오해나 받을 것을 두려워하는 것 같았었다. 그때 K는 아내의 마음을 안 듯하여 재빠르게 기분을 돌려 혼연스러히 "자 그러면 오던 길루 도루 가면 재수가 없대지. 우리 공과 대학 앞으로 걸어볼까?" 두 사람은 종로 5가를 향해 다시 걸었다. "그런데 저…" 하고 아내는 무슨 말을 또 하려 했다.

"응!"

남편은 아내 얼굴 위에 시선을 던지며 귀를 기우렸다.

"저…오늘 영화 구경한 셈치구 그 돈으로 당신 양말이나 삽시다." 하고 길가 노점 옆으로 닥아섰다. 사실 새 양말 신어본 지도 오랬지만 아내의 마음씨에 남편의 눈에서는 눈물이 핑! 돌았다. 역시 아내였고 또 아름다운 아내였다는 것을 결혼 후 처음으로 느껴지는 것 같았다.

(1948. 6. 새한민보)

익 힘

1. 윗 글에서 가장 느낌 깊은 곳은 몇 군데인가?
2. 어떤 구절이 잘 표현되어 있는가?
3. 가족에 대한 글을 하나씩 지어 보자.

---

16) 원문은 '색갈'.

④ 영감(靈感)

문장이 잘 써질 때가 있고 아무리 쓰려 해도 잘 안 될 때가 있다. 문득 좋은 글이 생각날 때가 있다. 어두운 밤에 돌연 밝은 햇발이 마음속에 비춰듯 큰 힘이 솟는 경우--이것을 흔히 영감이라고 한다.

언제든지 아무 때나 문장을 쓸 수 있는 사람이 있고, 한편 잘 될 때가 있고, 잘 안 될 때가 있는 사람이 있다.

반드시 어느 편이 훌륭하다고 할 것 없이 그 작품은 각 우열이 있다.

다만 영감은 돌연히 하늘에서 나타나는 것이 아니라 스스로의 고심과 문제에 대한 연구의 연속이 한때 쉬었다가 다시 나타나는 해결이다.

포엥카레(Poincare, 854~1912)같은 학자는 영감을 세 가지로 나누어 말했다.

① 유의 작용(有意作用)의 시기

책상17) 앞에 앉아 문제를 검사하고 생각하며 계산하며 일체의 조심을 기울여 일을 진행한다. 그러나 자꾸 어려운 문제가 생기고 더 생각에 진도가 안 보인다. 고단하고 실망하여 그 일을 그친다.

② 영감 작용의 시기

먼젓번 일에 대한 고생을 잊고 며칠이나 몇 달 또는 몇 해가 지

---

17) 원문은 '채상'.

난다. 길을 걷다가 목욕통에 들어갔거나 또는 하늘을 쳐다본다. 그리다가 문득 문제 해결 추진의 새 생각이 환하게 나타난다. 힘 들여 생각하고자 한 생각이 힘 안들이고 나타나는 것이다. 따로 증명할 필요 없이 확실한 진리의 관념을 파악하는 것이다.

③ 의식적 작업 시기

먼저 나타난 영감을 다시 검토(檢討)하고 내용을 분석(分析)하고 그 증명을 한다.

이상과 같이 영감이 나타난다고 문제가 완전히 해결되는 것이 아니다.

"유의 작용의 시기"와 같이 "의식적 작업시기"의 일이 뒤따르는 것이다.

영감은 자신의 고행(苦行)에서 나오는 에네르기이요, 결코 다른 데서 노력 없이 나온 신통력(神通力)도 아니다.

영감이 나타나거든 아무 때나 펜을 들라. 흔히 유명한 문학자들은 영감이 나타나면 밥도 굶고, 차나 과자, 사과만 먹으며 연방 써 내려가서 밤을 새우는 수도 많다.

영감이 나타난 것을 다음에 쓰겠다 생각하고 그저 지내면 벌써 그 영감은 식어버리므로 좋은 문장은 되지 않는다.

밥 먹지 말고라도 종이에 쓰기 시작해야 한다.

어떤 문학자는 이발소에서 머리 깎다 말고 뛰어 나가 명문을 썼으며, 또 어떤 작가는 목욕하다 말고 뛰어 나가 명작을 완성하였다 한다.

적어도 이만한 정도로 문장에 대한 열성이 평소부터의 노력 속에서 자라가야 글다운 글을 쓸 수 있는 것이다.

그렇다고 영감이 나올 때를 언제까지 기다리고 있어도 별 수 없다. 자꾸 쓰고 연습하고 세련되어 가는 새엔 때때로 영감이 나타날 것이다. 결코 영감이란 타고날 때부터 숙명적으로 지니고 있다가 나타나는 간헐천(間歇川)이 아니요, 또는 땅속 깊이 들었다가 나타나는 "다이아몬드"도 아니다.

익 힘

1. 영감이란 어떤 것인가?
2. 영감은 저절로[18] 생기는가?
3. 그대는 영감의 경험이 있는가?

◇ 다음의 글은 좀 어려운 글이다. 그러나 넘치는 영감이 필자의 온 정신을 휩싼 듯한 숨결이 들리는 명문이다.

<기행>

나무 국토 대자연(南無 國土 大自然)

이 은 상

저 일석(一石) 일목(一木)에 바치는 정례심(頂禮心) 나무 국토 대자연! 시간의 무한한 수레바퀴는 오늘도 저 해를 서산 위에 굴려다 놓

---

18) 원문은 '제절로'.

왔다.

현실 홍로(紅爐)의 맹렬(猛烈)한 화염(火焰)은 간단없이 타고 있다.

단공(短筇)을 짚고 잠깐 물러나 이제 홀로 묵념(黙念)하노니,

"진실로 괴로워라, 어느 곳에 위무(慰撫)의 그늘이 나를 부르나."

찾아 갈 곳은 오직 저기—저기는 우리의 전설이 얽힌 삼림(森林), 저기는 우리의 노랫가락이 흘러내리는 장강(長江), 그리고 저기는 우리의 피와 땀이 방울방울 배이고, 배인 야원(野原)과 촌락(村落)— 그렇다. 저기 내 국토 대자연으로 밖에 나의 갈 곳이 어디랴.

내가 이런 생각으로 자기만은 누구에게도 지고 싶지 않도록 열의(熱意)와 성력(誠力)을 가지고, 전에도 남선북마(南船北馬)로 대자연(大自然) 순례(巡禮)를 수행(修行)하여 방심(放心)한 적이 없었던 것이요, 장차로는 오히려 이것이 내 생활의 전부가 될 날이 와 주기를 바라도록, 나는 대자연에 귀의(歸依)하는 자이다.

조선의 대자연 앞에 나는 한 신도(信徒)되기를 바라는 것이니, 나의 초이론적(超理論的) 정례심(頂禮心)은 나 자신도 어찌할 수가 없을 뿐더러, 또한 나 같은 박눌(朴訥)한 범부(凡夫)로도 그 앞에 가서만은 법열(法悅)을 느끼고 감격을 얻는 만큼, 그의 거룩함을 찬송(讚頌)하는 수밖에 없다.

진실로 사랑하는지라, 그 사랑은 곧 종교요 진실로 믿는지라, 그 믿음은 곧 사랑이다. 사랑과 종교가 결코 둘이 아님을 나는 다시금 깨닫는다.

이 같이 나는 자연을 신봉(信奉)하여 의심하지 아니하고, 또한 사랑하여 주저(躊躇)하지 아니하거늘, 누가 저 산하(山河)를 일러 무의서(無意緒)하다 이르느뇨. 산하는 분명 내 기원(祈願)을 들을 줄 알고 산하는 정녕 언소(言笑)로써 자애(自愛)의 포옹(抱擁)을 주는 것

이다.

대자연은 진실로 엄숙하다. 그러나 그 속에 비민(悲憫)의 꿀젖이 솜솜이 괴었고, 또한 섬묘(纖妙)한 무늬가 알른알른 반짝이는 것이다.

한 번 높이 솟고 한 번 구비쳐 흐름이 심상(尋常) 과객(過客)에겐 아무 것도 아닌 법하되, 모르쾌라 저처럼 다심(多心)하고 저처럼 유정(有情)한 것이 어디 있으랴. 풍우(風雨)의 찍은 나무가 산상(山上)에 쓰러진 것이 그 밑에서도 행인(行人)의 버린 돌이 노방(路傍)에 굴러진 거기 그 속에도 장엄(莊嚴) 그리고 현란(絢爛)한 조선의 정신을 거두어 질 수가 있는 것이다. 생명의 샘줄기에 매마른 잎술을 신선(新鮮)히 하고, 광명의 불기둥에 내 진(盡)한 각력(脚力)을 강장(强壯)하게 할 그 샘줄기에, 그 불기둥이 오직 저 국토 대자연에서만 얻을 수 있는 정신 그것이매 저를 떠나서 혼자로서는 살 길이 없고, 저를 버리고서 다시는 아무 데도 믿을 곳이 없다.

혹 서(西)으로 뻗친 산맥(山脈)을 타고 내리며, 거기서 저 한 번 끼친 후엔 움직이지 못하는 진정(眞正)한 역사의 장절(章節)을 읽는 때-또 혹은 동(東)으로 흐른 강하(江河)를 끼고 밟으며, 거기서 저 아무런 수식(修飾)도 없이 영원ㅎ도록 신묘(神妙)한 시운(詩韻)의 음곡(音曲)을 들을 때, 그리고 또 혹은 연돌(烟突)의 행진(行進)을 볼 때, 나는 그제라야, 자기의 갈 길을 바라볼 수가 있고, 인생과 우주(宇宙)의 지극히 작은 한 조각이나마 해독(解讀)할 수가 있는 것이다.

그러므로 나는 저 국토 대자연의 신엄(神嚴)한 대원광(大圓光) 속에 내 목을 잠그고서, 그 감화(感化)의 위력(威力)을 체득(體得)하여 내 생명의 활력소(活力素)를 삼으려는 것이다.

거기서 운화(運化)를 입고, 거기서 보시(布施)를 받고, 거기서 소윤(蘇潤)을 얻어, 그로 말미암아 온갖 사색(思索)의 영능(靈能)이 내게서 울어나고, 온갖 실행의 대용(大勇)마저 내게서 솟아날 것을 나는 믿는다.

그러나 나의 단상(斷想)은 저 크나 큰 대자연의 권화(權化)를 다 머금지 못할 것이요, 나의 졸문(拙文)은 내 적은 생각을 그거나마 다 뿜기지 못할 것이매, 이제 나서 만상(灣上) 제역(諸域)을 답파(踏破)하여, 저 녹음(綠陰)의 꿀젖 세상에서 도취(陶醉)하고, 저 고적(古蹟)의 슬픈 꿈속에서 탄식(歎息)하되, 진실로 만분의 일도 전하지 못하리니, 혹은 산상(山上)에서 노래를 부르고 혹은 촌가(村家)에서 글자를 기적임도 다만 한 가지 국토 대자연에 바치는 나의 정례심일 뿐이다.

한양(漢陽)을 떠나 먼저 선주(宣州)로 향하며 막대 머리에 턱을 괴고 차창(車窓)밖을 내다보며 노래하노니

나의 힘이시여!

나의 생명이시여!

나의 사랑이시여!

나의 종교시여!

미쁘다 나무 대자연!

이는 나의 임이니이다.

(만상 답청기=灣上踏靑記의 첫머리)

申瑛澈 著

익 힘

1. 윗글의 필자는 국토를 단순한 물질로 보았는가?

2. 윗글은 몇 단으로 나누어 구성되었는가?

3. 필자는 왜 이런 글을 썼을까?

4. 이 글이 나오던 시대는 어떤 때였을까?

5. 어려운 어귀를 넣어서 짧은 글을 지어 보자.

6. 우리 조국에 대해서 글을 지어 보자.

문장의 계획

① 문장의 배포[1]

제목이 결정되고 쓰기 시작하려면 우선 그 문장의 배포가 짜져야 한다. 어떠한 차례로 어떻게 써 내려 간다는 속셈을 차리라는 말이다. 만약에 순서 없이 횡설수설(橫說竪說)하면 그 문장은 끝까지 읽히지 않을 것이다. 이를테면 어떤 사람의 전기(傳記)를 쓰려면 어렸을 때부터의 특수한 이야기로부터 차례로 나이를 좇아[2] 적는 것이 가장 순탄한 방법이다.

또 어떤 경치를 그릴 때라도 가까운 데서부터 먼 곳으로 펜을 움직여야 가장 합리적이다. 곧 시간적인 문장은 과거에서 현재, 미래로, 공간적인 문장은 자기 위치에서 중심을 잡아 그 목적하는 방향으로 기술(記述)의 궤도를 옮겨야 한다.

② 재료 모으기와 가려뽑기

한 가지 제목을 중심하여 어떤 문장을 구경하려면 여러 가지 재료가 필요하다. 그런데 그 여러 가지 재료는 모아야 하며 각 방면으로 틈없이 짜혀야 한다.

그런데 일단 모인 재료는 그대로 다 쓸 필요는 없다. 가장 합당

---

1) 배포(排布): 머리를 써서 일을 조리 있게 계획함.
2) 원문은 '조차'.

한 재료, 꼭 필요한 재료만으로 효과적으로 가려뽑아야 한다.

마치 건축업자가 콘크리트, 쇠줄기, 벽돌, 더일 등을 잘 가려서 집을 짓듯 치밀한 계획과 주도한 고찰 아래 전체적인 구상을 이룩해야 한다.

건축을 하려면 위의 여러 재료를 모아야 하는 것 같이 문장 구성의 재료도 평소부터 노트에 적어 두는 것이 좋다.

그리하여 직접 제목과 관련성 없는 군소리나 말하고자 하는 줄거리에 도움이 되지 않는 객담은 넣지 말아야 한다.

③ 문장의 짜임

문장의 짜임을 보통 세 계층으로 나누니 첫째 글머리요, 둘째 글줄기요, 셋째 글맺음이다.

① 글머리

글머리는 서론(序論), 곧 그 글의 대강을 말하는 첫 구절이다.

우선 문장의 첫 마디가 그 제목과 내용의 중요한 정신을 알리기 위한 글 전체를 읽고 나가게 하는 중요한 열쇠가 된다.

첫머리 글이 김이 빠지고 기운 없고 또는 너무 지나치게 호통을 치면 글이 끝나도록 어울리게 그를 짤 수 없을 것이다.

읽는 이의 마음을 잡을 수 있게 간결 적절하며, 매력적이며, 인상적이라야 한다. 빛깔3)이 선명해야 한다.

---

3) 원문은 '빛갈'.

② 글줄기

글줄기는 글머리를 이어 받아 그 글의 내용을 이루는 부분이니 짧을 때는 한두 계단으로, 길 때는 여러 계단으로 나누어 적되 항상 산, 들, 물, 나무, 숲이 있는 자연계처럼 변화와 함축(含蓄)이 있어야 한다. 들판이나 모래밭처럼 싱거워서는 안 된다. 조심할 점은 글머리와의 연락, 글맺음과의 관계이니 일관성(一貫性)이 있어야 한다.

③ 글맺음

전문의 정신을 한창 힘세게 환기하는 마디이니 가장 심리적 영향이 오래 남도록 전력을 기울여야 한다.

아무리 글머리와 글줄기에서 좋은 글을 늘어놓았다 해도 글맺음에서 기운이 빠지거나 어물어물해 버리면 그야말로 "용두사미(龍頭蛇尾)"다.

문구는 짧게, 뜻은 깊게, 리듬은 아름답게 진심을 쏟아 부어 맺어야 한다.

익 힘

1. 문장의 계획이란 무슨 말인가?
2. 문장의 배포는 어떻게 할 것인가?
3. 문장의 짜임에 조심할 점은 어떤 것인가?

문장과 용어(用語)

① 사투리와 표준말

나라와 겨레의 말은 통일됨으로 말미암아 문화적 발전의 속도를 빨리하는 것이다.

야만인이라고 모욕받는 원시적 종족의 언어는 통일이 없으므로 그 문화의 향상이 거북이[1]의 걸음과 같다.

세계의 문명국은 거의[2] 표준되는 말을 그 나라 서울말로 으뜸을 삼고 있다.

우리나라의 국어도 서울의 중류 계급(中流 階級) 이상이 쓰는 말로 사정(査定)된 표준말을 쓰기로 결정되었다.

한글 학회가 중심이 되어 왜정 압박 아래 여러 문화인이 여러 번 회의를 거듭하여 사정한 것으로 "조선어 표준말 모음"이란 이것이다.

표준말이 사정되어 이같이 잘 실행되는 나라는 아마 우리나라가 일등일지도 모른다.

새 시대에 맞는 어감(語感)을 문장을 쓸 때는 물론 말할 때라도 표준말로 나타내야 한다.

제 시골의 말은 한정된 시골 사람만이 알아들을 수 있으니 여러 사람을 상대로 할 때는 반드시 표준말을 써야 한다.

다만 창작할 때 시골 정서(情緒)를 나타내기 위하여서는 사투리

---

1) 원문은 '거부기'.
2) 원문은 '거이'.

를 그대로 써야만 그 참맛을 보일 수 있으니 그때는 사투리를 이용할 것이다.

서울 중류 계급 이상이라 함은 문화적으로 중류 계급 이상을 일컬음이다. 표준말을 익히려면 표준말로 적힌 문장을 일상 친해야 한다.

② 한문자와 문장

먼저도 말한 바와 같이 문장에 너무 한문자가 많은 것은 벌써 시대에 뒤진 문장이다.

흔히 "비가 옵니다."를 "雨가 來한다." "사람이 간다."를 "人이 行한다."로 중학생들이 쓰는 것을 보았다.

되도록 귀로 들어서 알아듣기 쉽게 써야 한다.

어떤 사람은 '그 동안'을 "其同安" "아모쪼록"을 '阿某條綠' —이렇게 쓰고서 유식한 체하나 큰 무식이다.

　甚至於, 瞥眼間, 左右間, 都大體, 大關節, 何如間, 當身, 木手, 豆腐, 生覺, 洗手, 方今, 卽時, 門牌, 大槪, 未安, 安寧, 元來

이런 따위 말은 모두 한글로만 적을 일이다. 한글 전용을 혁명적으로 실행해야 할 오늘날 한문자를 섞어서 자랑을 삼는 문장은 결코 칭찬할 수 없다.

학술이나 무엇이나 하루 바삐 한글로 적어야 된다. 다만 과도기의 형편으로 괄호 안에 한문자를 넣을 필요 있을 때만 사용할 일이다.

흔히 "한글 전용"을 "한문 숙어 전폐"인 줄 오해한다.

"학교"를 "배움집", "비행기"를 "날틀", "전기"를 "번개", "전차"를 "번개수레" 이렇게 쓰는 것인 줄 곡해한다.

당치도 않은 무식쟁이의 헛소리들이다.

"學校"라고 쓰지 말고 "학교"로, "飛行機"라고 쓰지 말고 "비행기"라고 쓰자는 것이 한글 전용이다.

한글 전용에 불쾌를 느끼는 무리는 이 나라에서 살아 갈 자격이 없다. 한글 전용에 반대하는 완고한 한문광(漢文狂)은 낡은 역사와 함께 과거의 먼지 속에 묻힐[3] 것이다.

한문 숙어라 할지라도 너무 어려운 말은 풀어서 알기 쉽게 써야 한다.

"아까"를 "선각(先覺)", "어제"를 "작일(昨日)", "팔 것"을 "매물(賣物)", "가랑비"를 "세우(細雨)" 이렇게 쓸 필요가 어디 있는가.

혹시 개인적으로 "동물(動物)"을 "옮살이"라고 주장하는 사람이 있을지 모르나 그는 개인 학설이요 한글 학회나 문교부의 주장이 아닌 것이다.

③ 새말과 외래어

역사의 진전과 함께 새말과 외래어가 많아진다.

낡은 말이 표시하던 관념은 시간과 함께 살아지고 좁은 글이 간

---

3) 원문은 '묻칠'.

직하던 지식은 공간과 함께 널려진다.

새말과 외래어는 시대의 감각이요, 생활의 계절(季節)이다.

"라디오, 트렁크, 택시[4], 호텔, 커피……"라든지

"민주주의, 인민의 권리, 직접 선거, 입후보, 정견연설……"

이런 새말이 역사의 진전을 따라 자꾸 생기는 것이니 우리는 이런 말을 알맞게 쓸 줄 알아야 한다.

그러나 오랫동안 우리는 일본말의 교육 아래 시달려 왔으므로 오늘날 학생들은 그 말의 고누기가 일본말 투에 그대로 사로잡혀 있는 수가 많다.

우리말과 글의 격식에 맞도록 쓰려면 앞서 말한 대로 좋은 글을 많이 읽어야 한다.

④ 높임말과 예사말

"하느냐?" "하는가?" "하오?"

"하시오?" "하시는지?" "하십니까?"

이렇게 여러 가지로 쓸 수 있는데 그 글에 알맞게 써야 한다.

정서적(情緒的)인 글엔 높임말이 좋고, 논설적(論說的)인 글엔 예사말 또는 낮춤말이 어울린다.

그러나 반드시 꼭 그런 것은 아니니 글의 내용이 으뜸이 되는 것은 말할 것도 없다.

---

4) 원문은 '택씨'.

여기 또 조심할 일은 글의 맺음말을 한결같이 통일해야 한다는
점이다.

"학교로 갑니다. 길가에서 개가 짖었소, 돌멩이로 때리려 하니
까 개는 도망쳤다."

이런 식으로 "한다, 하오, 합니다"가 한 글 속에 섞여 나오는 수
가 있으니 조심해서 그런 실수가 없도록 해야 한다.

⑤ 오직 한 마디로

문장의 용어는 오직 한 마디로 골라 써야 한다. 표준말은 물론
비슷한 말도 골라 써야 한다. 하고 많은 말 가운데 가장 알맞은 문
구를 자유롭게 부리도록 수련해야 한다.
이제 잠깐 비슷한 말들을 살펴보자.

벙긋벙긋, 벙실벙실, 벙글벙글, 빙긋빙긋,
빙글빙글, 뼁긋뼁긋, 뼁실뼁실, 뼁글뼁글,
뼁긋뼁긋, 뼁글뼁글, 방긋방긋, 방실방실,
방글방글, 뱅글뱅글, 뱅긋뱅긋, 빵긋빵긋,
빵실빵실, 빵글빵글, 뺑긋뺑긋, 뺑글뺑글,
싱긋싱긋, 싱글싱글, 씽긋씽긋, 씽글씽글,
생긋생긋, 생글생글, 쌩긋쌩긋, 쌩글쌩글,
싱글벙글, 생글방글,

까불까불, 깝죽깝죽, 깝작깝작, 깝신깝신,
꺼불꺼불, 껍죽껍죽, 껍적껍적, 껍신껍신,
물렁물렁, 물씬물씬, 물큰물큰, 물컹물컹,
물쩡물쩡, 말랑말랑, 말씬말씬, 말큰말큰,
말컹말컹, 말짱말짱,

미지근하다, 미적지근하다, 매지근하다,
빙그르르, 뱅그르르, 뺑그르르, 핑그르르, 팽그르르,

수군수군, 쑤군쑤군, 숙덕숙덕, 쑥덕쑥덕,
숙덜숙덜, 쑥덜쑥덜, 숙설숙설, 쑥설쑥설,
소곤소곤, 쏘곤쏘곤, 속닥속닥, 쏙닥쏙닥,
속달속달, 쏙달쏙달, 속살속살, 쏙살쏙살,

줄줄, 쭐쭐, 죽죽, 쭉쭉, 졸졸, 쫄쫄,
족족, 쪽쪽, 좔좔, 쫠쫠, 좍좍,

폭신폭신, 푹신푹신, 팍신팍신, 푸근푸근,
포근포근, 파근파근,

허전하다, 하전하다, 허수하다,

애타다(焦心), 애끊다(斷腸), 애닳다(心慮)
애통터지다(心裂), 애절하다(焦慮)

아가씨(少女), 아기씨(未婚), 아씨(旣婚)
새악씨(婚前, 婚時), 새아씨(婚後), 각씨(人形)

어름어름, 아름아름(不明確), 어물어물(言語不明確)
어물쩍어물쩍, 어물쩡어물쩡(同術策的),

여러번(屢回), 여러차례(同次序的),
누누이(同重複的),

여무지다(堅實), 오달지다(盛實),

요망부리다(輕率行動), 요망떨다(同浮躁),
오망부리다(怪行動), 오망떨다(同輕躁),

이슬비(極細雨), 가랑비(細雨),

제물로(自體로), 제풀로(自然으로), 제출물로(自力으로),
제대로(自樣으로),

　이런 모양으로 말마다 다 뜻과 어감이 다르다. 이런 것을 깨치
려면 "조선어 표준말 모음"(한글 학회 발행) 을 읽어야 한다. 또 낱
말을 많이 알기 위해서는 국어사전을 때때로 펼치고 낱말의 뜻을
외워야[5] 한다. 사전은 권위 있는 것을 사야지 함부로 만든 양두구

---

5) 원문은 '오여야'.

육(羊頭狗肉) 식의 사전은 도리어 해를 입으니 보지 말 것이다.

한글 학회의 회원이나 또는 그곳에서 출판한 책이면 가장 훌륭하다.

익 힘

1. 사투리는 어떤 때에 쓸 것인가?
2. 표준말을 익히려면 어떤 책을 보아야 하나?
3. 한문자는 문장을 아름답게 하는 것인가?
4. 새말과 외래어는 모두 배척만 할 것인가?
5. 높임말과 예사말은 어떤 글에 적당할까.
6. "해라, 하오, 합시다" 세 가지 식으로 글을 지어 보자.
7. 사전은 어떤 것이 좋은가?

문장의 기교(技巧)

과거의 모든 문장 연구는 생각하면 너무도 기교에만 치우친 연구였다.

문장 자체(自體)의 이론적 실제적 연구로 나아가지 않고 이른바 수사학(修辭學)에만 사로잡혔던 것이 큰 폐단이다. 문장의 연구는 그 기교를 위한 것이 되어서는 거꾸로[1] 된 일이다.

기교에 치우치는 연구는 사상은 그대로 두고 그저 겉으로 나타내는 "말주변" "문자쓰기"에만 힘쓰고자 하는 약바른 버릇을 길러 게으른 경향을 도와주게 된다.

이런 짓이 습관이 되어 과학을 무시하는 추상적(抽象的) 글자의 농간으로 그치게 되는 것이니 모든 일에 과학을 찾으며 사상을 중요하게 여기는 현대의 마음에 알맞을 수는 아예 없다고 할 것이다.

대체 그런 기교의 연구는 꾸미는 방법과 이치를 어느 정도 늘어 놓을[2] 수는 있으나 사상을 줄 수는 없다. 따지고 보면 이른바 수사학이란 것은 이미 아리스토텔레스(Aristoteles)의 수사학에 거의 완전하다 하리만치 기술되어 있다. 형식 논리학(論理學)과 함께 더 말할 여지없다.

우리는 심리서술(心理敍述)에 힘써야 한다.

여기 잠깐 흔히 분류되는 몇 가지 기교를 참고로 적어 둘까 한다.

---

1) 원문은 '꺼꾸로'.
2) 원문은 '눌어놓을'.

① 힘주는 기교

힘주는 기교에는 과장(誇張), 반복(反覆), 영탄(咏嘆), 미화(美化), 점충(漸層), 대조(對照)의 여러 법이 있다.

과장법

잘 알게 하기 위해서 이른바 풍을 떠는 것이다.

그렇다고 "백발삼천장(白髮三千丈)"이니 "협태산이초북해(挾泰以超北海)"니 하는 식은 이미 낡았다.

시대의 취미와 감각에 알맞게 써야 한다. 이를테면 "무척 기뻐했어요." 하는 것보다 "밥 먹는 것도 잊어버리고 기뻐했어요." 한다든지, "당신은 아름답소."하는 것보다는 "당신은 공주(公主)같이 아름답소."하는 투다.

반복법

반복은 되풀이하는 것이다. 인상을 깊게 하기 위해서다.

"좋다! 좋다!", "우리나라 만세! 만만세!"

"애국자는 누구냐! 누구냐!" 하는 투다.

영탄법

감정의 깊이를 나타내어 읽는 이에게 하소연하고자 함이다.

"아아! 사랑하는 나의 조국이야!"

"오오! 못 잊는 나의 사랑이여!" 하는 투다.

영탄은 가장 중요한 곳에서 써야 한다. 한 개의 글에 자꾸 나오는 것이 있으나 첫 번의 흥분이 뒤로 갈수록 식을 염려가 있으니 함부로 늘어놓지 말 것이다. 또 "오호통재(嗚呼痛哉)"라 "희(噫)라" 하는 한문식도 흉내 내지 말 것이다.

공연히 이런 말을 자꾸 쓰면 웃음거리[3]밖에 안 된다.

미화법

아름답게 꾸미고자 함이다. 그림씨(形容詞), 어찌씨(副詞)를 잘 고누어야지 그림씨 같은 것을 너무 늘어놓아 겹치면 약장수의 수다가 되기 쉽다. 이를테면 "동정의 눈물을 흘렸다." 할 곳에 "따스하고 부드럽고 순진하고 애틋한 동정의 눈물을……" 하면 도리어 야단스럽기만 하고 싫증을 내게 된다.

점층법

문장을 차례로 층층으로 쌓아 올리듯 함이다. 맨 나중 소리를 하기 위해 앞에다 비슷한 소리를 적어 점점 긴장(緊張)을 돋워[4]가는 것이다.

"토지를 **빼앗**기는 것은 슬픈 일이다. 집을 **빼앗**기는 것은 더 큰 슬픔이다. 생명을 **빼앗**기는 것은 인생의 마지막이다."

---

3) 원문은 '우슴거리'.
4) 원문은 '도두어'.

申
瑛
澈
著

대조법

서로 비겨가면서 효과 있게 나타내고자 함이다.

"여자와 남자, 어른과 아이, 산과 강, 쌀과 모래, 빵과 돌……."

대조는 가장 알맞은 강렬(强烈), 선명(鮮明)한 것을 골라서 쓰지 않으면 실패하기 쉽다.

② 비유(比喩)의 기교

비유하는 기교에는 직유(直喩), 은유(隱喩), 대유(代喩) 등이 있다.

직유법

옛날부터 가장 많이 써 온 직접적인 비유법이니

"앵두 같은 입술, 샛별 같은 눈, 백옥처럼 흰쌀, 사과처럼 붉은……." 그러나 이미 "같이" "처럼"의 비유는 낡았다. 되도록 피해야 한다.

은유법

간접적 비유법이다.

"바다는 청춘의 체육장!"

"고적(古蹟)은 역사의 대변자(代辯者)"

"남풍(南風)은 녹음(綠陰)의 선구자(先驅者)"

이런 투다.

대유법

말하고자 하는 생각이나 현상을 잘 나타낼 수 있는 다른 말로 대신 비유함이다.

"독도(獨島)는 울었다. 동해(東海)는 부르짖었다! 우리의 비분(悲憤)은 폭발하였다."

이상과 같은 비유 밖에 의인법(擬人法)이나 의성법(擬聲法)이 있으니, 이는 "꽃이 웃는다. 바람이 운다." "꽥꽥 소리를 지른다." "쾅쾅 울린다." 이런 식으로 쓰는 방법이다.

이상의 기교는 대강을 말함이니 대저 문장은 이런 기교를 미리 알아서 쓰게 되는 것보다 문장 자체를 배우므로 스스로 체득(體得)되어야 한다.

문장을 배우는 이는 이런 기교보다도 많은 명문을 읽어서 몸에 자유롭게 이 모든 기교가 배어들어야 한다.

기교에 앞서는 것은 사상이요, 인격이니 서투른 기교부터 부리려 한다면 도리어 기교를 배우는 것이 해로울 것이다.

그러므로 나는 사실 문장 공부에는 우선 사상의 연마와 인격의 수양이 앞서야 된다고 부르짖는다. 기교는 형식이요, 사상은 내용이다. 내용 없는 형식은 허수아비의 외면치레다.

원고(原稿)

① 원고 종이

1. 종이는 되도록 잉크가 번지지 않는 좋은 것을 쓸 것.
2. 너무 잘 쓰려고 덤비지 말고 실력대로 써내려 갈 것.
3. 글자는 한 칸에 한 자씩 구두점(句讀點)과 부호는 한 칸씩 차지하여 쓸 것.
4. 문장 부호와 맞춤법, 띄어쓰기에 조심할 것.
5. 첫머리와 말뜻이 바뀔 때는 한 자 내려서 쓸 것.

② 검독(檢督)

1. 제목과 내용이 맞는가?
2. 문장이 한 줄기로 연락되어 모순이 없는가?
3. 말본에 어긋나는 곳은 없나?
4. 글의 중심은 잘 나타났는가?
5. 보탤 곳이 없나?
6. 군소리 군더더기가 없나?
7. 문장 부호, 맞춤법, 띄어쓰기는?
8. 표준말과 사투리는 쓸 곳에 썼는가?
9. 글체(體)는 한결같은가?
10. 우리말다운 글이 되었나?

申瑛澈 著

위의 여러 가지를 다시 헤아려 보면 글을 다듬고 보태어 완성되면 다시 정결하게 써야 한다.

문장의 대가는 정서를 안 하지만 그렇게 되려면 반생의 수행이 필요하다.

자꾸 쓰고, 자꾸 고치고, 자꾸 정서하라. 문장은 그대와 가까운 벗이 될 것이다.

문체(文體)

申瑛澈 著

문체라 함은 문장의 체통을 가리킴이다. 씩씩한 사람, 얌전한 사람, 멋진 사람, 이렇게 사람도 그 인격과 체통을 따라서 여러 가지로 불리든 것 같이 문장도 그 꾸밈새를 따라서 ① 간결(簡潔) ② 만연(蔓衍) ③ 강건(剛健) ④ 청초(淸楚) ⑤ 평명(平明) ⑥ 우아(優雅) ⑦ 화려(華麗)의 일곱쯤으로 나눈다.

① 간결체(簡潔體)

간결체는 또렷한 인상(印象)을 주기 위해 군소리 없이 명쾌(明快)한 필치(筆致)로 깨끗이 적은 글이다.

그러나 잘못하면 내용이 빈약한 요령 없는 글이 되기 쉬우니 조심해야 한다.

눈! 눈!

김 태 오

나는 흰 눈을 좋아합니다. 그래 그런지는 몰라도 나는 어쩐지 겨울철이 되면 안타깝게 흰 눈이 그리워집니다. 그리고 겨울철이 될 때는 눈이 와야 좋지 그렇잖으면 겨울 기분이 별로 없기 때문입니다. 만일 겨울에 눈이 없다면 그야말로 봄에 꽃이 없는 거나 다름없을 것입니다.

과연 그렇습니다. 눈! 눈! 어린 아이 마음 같은 순결한 눈! 그 목화송이 같은 하얀 눈이 펑펑 쏟아져서 산과 들을 하얗게 덮을 때 내 마음은 흐뭇하게 기뻐집니다.

오늘도 하늘이 젖빛 같이 보얘지니 아마 눈이 또 내릴까봅니다. 탐스러운 함박눈이 사뿐 내리어 나의 마음을 즐겁게 해 주려는 것 같아서 아침부터 마음이 서성거려집니다. 어서 눈이 내리면 오늘도 눈을 하얗게 맞아 가며 이 생각 저 생각 시끄러운 머리를 깨끗하게 씻어 버려야 하겠습니다.

아! 눈이 내립니다. 하늘 끝에서 하늘 끝까지 송이송이 흰 눈이 춤을 추며 내립니다. 나무가지에는 하얀 배꽃이 곱게 피어나고 산과 들은 깨끗하게 단장하여 온 세계를 이룹니다. 이 위로 거니는 사람이나 이 위로 날아다니는 새조차 모두가 거룩하게 보입니다. 흰 눈의 깨끗한 세례를 받는 것 같습니다.

그리울손 나는 눈이 오면 어렸을 적 생각이 활동사진처럼 아물아물 떠오르다가 그만 사라지면 나는 얼마나 애타는지 모릅니다. 학교에 가서 눈싸움하던 일 꽁꽁 언 손을 혹혹 불어 가며 얼음지치던 일이 모든 것이 다시금 그리워집니다.

생각하면 그때가 퍽 좋은 때던가봐요.

눈! 눈! 하얀 눈이 내립니다. 사뿐사뿐 내립니다.

(1930. 1. 어린이)

◇ 윗글은 소년에게 읽히기 위해 쓴 글이다.
우리말의 아름다운 가락에 맞는 모범적인 간결체다.

익 힘

1. 윗글의 필자는 눈을 왜 좋아하는가?
2. 어려운 말, 좋은 말을 골라서 짧은 글을 지어보자.

헐려 짓는 광화문

설 의 식

헐린다 헐린다 하던 광화문은 마침내 헐리기 시작한다. "총독
부" 청사(廳舍) 까닭으로 헐리고, 총독부 정책(政策) 덕택(德澤)으로
다시 짓게 된다.

○

원래 광화문은 물건이다. 울 줄도 알고 웃을 줄도 알며 노할 줄도
알고 기뻐할 줄도 아는 "사람"이 아니다. 밟히면 꾸물거리고 죽이
면 소리치는 생물이 아니라 돌과 나무로 만들어진 건물(建物)이다.

○

의식(意識)없는 물건이요 말 못하는 건물이라, 헐고, 부수고, 끌
고, 옮기고 하되, 반항(反抗)도, 회피(回避)도, 기뻐도, 설워도 아니
한다. 다만 조선의 하늘과 조선의 땅을 같이한 조선의 백성들이
그를 위하여 아까워하고 못 잊어할 뿐이다. 오랜 동안 풍우(風雨)
를 같이 겪은 조선의 자손들이 그를 위하여 울어도 보고 설워도

할 뿐이다.

○

석공(石工)의 망치[1]가 네 가슴을 두드릴 때 너는 알음이 없으리라마는 뚜닥닥하는 소리를 듣는 사람이 가슴 아파하며, 역군(役軍)의 문장이 네 허리를 들출 때에 너는 괴로움이 없으리라마는 우지끈 하는 소리를 듣는 사람이 허리 질려할 것을 네가 과연 아느냐? 모르느냐?

○

팔도강산의 석재(石材)와 목재(木材) 인재의 정수(精粹)를 뽑아 지은 광화문아! 돌덩이 한 개 옮기기에 억만 줄기의 눈물이 흘렀던 광화문아! 청태(靑苔) 끼인 돌 틈에 이 흔적(痕迹)이 남아있고 풍우 맞은 기둥에 그 자취가 어렸다 하면 너는 옛 모양 그대로 있어야 네 생명이 있으며 너는 그 신세(身勢) 그대로 무너져야 네 일생을 마친 것이다.

○

풍우 몇백 년 동안에 충신도 드나들고 역적(逆賊)도 드나들며 수구당(守舊黨)도 드나들고 개화당(開化黨)도 드나들던 광화문아! 평화의 사자도 지나고 살벌(殺伐)의 총검(銃劍)도 지나며, 일로(日露)의 사절(使節)도 지나고 청국의 국빈(國賓)도 지나던 광화문아! 그들을 맞고 그들을 보냄이 너의 타고난 천직(天職)이며, 그 길을 인도(引導)하고 그 길을 가리킴이 너의 타고난 천명(天命)이었다 하면 너는 그 자리 그곳을 떠나지 말아야 네 생명이 있으며 그 방향(方向) 그 터전을 옮기지 말아야 네 일생을 마친 것이다.

---

1) 원문은 '마치'

○

너의 천명과 너의 천직은 이미 없어진 지 오래었거니와 너의 생명과 너의 일생은 헐리는 그 순간에, 옮기는 그 찰나(利那)에 마지막으로 없어지고 말았다. 너의 마지막 운명을 우리는 알되 너는 모르니 모르는 너는 모르고 지내려니와 아는 우리는 어떻게 지내랴?

○

"총독부"에서 헐기는 헐되, "총독부"에서 다시 지어 놓는다 한다. 그러나 다시 짓는 그 사람은 상투 짠 옛날 그 사람이 아니며 다시 짓는 그 솜씨는 웅건(雄建)한 옛날의 그 솜씨가 아니다. 하물며 이때 이 사람의 감정과, 기분과 이상(理想)이야 말하여 무엇하랴? 다시 옮기는 그곳은 북악(北岳)을 등진 옛날의 그곳이 아니며, 다시 옮기는 그 방향은 경복궁(景福宮)을 정면으로 한 옛날의 그 방향이 아니다.

○

서로 보지도 못한 지가 벌써 수년이나 된 경복궁 옛 대궐(大闕)에는 장림(長霖)에 남은 궂은비가 오락가락한다. 광화문 지붕에서 뚝딱하는 망치소리는 장안(長安)을 거쳐 북악에 부딪친다. 남산에도 부딪친다. 그리고 애달파하는[2] 백의인(白衣人)의 가슴에도 부딪친다……

(1925년 8월 11일 동아일보)

---

2) 원문은 '애닯아하는'.

익힘

1. 윗글에서 가장 느낌 깊은 곳을 지적하라.
2. 윗글에서 가장 표현이 잘된 곳은 어떤 마디인가?
3. 고향의 고적에 대해 글을 지어 보자.
4. 윗글은 필자가 왜 썼을까?

② 만연체(蔓衍體)

만연체는 간결체와는 반대의 문체이다. 자기의 하고 싶은 말은 모조리 늘어놓는 글이니 내용이 풍부해서 좋다. 그러나 잘못하면 중언부언(重言復言) 군소리가 많아서 읽는 이가 싫증을 내기 쉬우니 조심해야 한다.

◇ 다음 글은 우리 국어학계의 선구자이신 고(故) 환산(桓山) 이윤재 스승님께서 수양동우회(修養同友會) 사건으로 서울, 서대문 형무소 구치감에 계셨을 때의 일을 쓰신 귀중한 기록이다.

어떤 사형수

☆　이 윤 재

작년 이때인가 생각된다. ×××형무소 구치감 일동 ×방에 있던 나는 어느 날 뜻밖에 불리어 나가 바로 그 이웃방인 ××방으로

112

전방(轉房)이 되었다. 한 방에서 지루하게 일곱 달 동안이나 눌러 박혀 있던 몸이므로, 잠시라도 자리를 옮기게 되는 것은 다소 시원함을 느끼게 된다. 방안으로 썩 들어서니, 낯모를 사람 십여 명(十餘名)이 줄 맞혀 앉았는데 그 중에 허리를 쇠사슬로 동이고 두 손에 수갑을 채운 나이 이십 사오 세 되어 보이는 청년이 방 한가운데 자리를 잡고 앉은 것이 제일 먼저 눈에 띠웠다. 나는 마음이 으썩하여 "오! 이 방에도 사형수(死刑囚)가 있구나." 이렇게 직각적(直覺的)으로 생각되었다. 다른 죄수와 달라 사형수에게는 특별히 쇠사슬과 수갑을 채워두는 것은, 그에게 무슨 심한 고통을 주려는 것이 아니라 극형(極刑)이 확정(確定)되고 보면, 그 전도(前途)의 절망(絶望)을 비관(悲觀)하고 왕왕(往往)이 자살(自殺)을 하는 일이 있거나, 혹은 심신(心身)이 상태(常態)에 벗어나 남에게 대하여 난폭(亂暴)한 행동(行動)을 주는 일이 있는 고로 이러한 것을 방지(防止)하기 위하여 그와 같이 신체를 구속(拘束)하여 두는 것이다. 그러므로 누구든지 사형수하고 같이 있기를 반갑잖게 여기는 것이다.

그러나 그는 내가 생각하던 것과 딴판으로 매우 침착(沈着)하고 온순(溫順)하고 활기(活氣)있고 근면(勤勉)하여, 저가 과연 그런 범죄(犯罪)를 하였을까 의심하게까지 되었다. 두어 달이 지났다. 하루는 그가 내 앞으로 다가앉더니, "선생님, 저는 요새 어머님이 몹시 보고 싶어요." 하고 눈가에 눈물이 글썽글썽한다. 알지 못한[3] 결에 그와 나는 무한히 친근(親近)하여졌으므로 그가 자기의 사정을 내게 이렇게 말하는 것이다. 그가 또 말을 이어,

"상고(上告)에 기각(棄却)된 지가 이미 반 년(半年)이 넘건만 여태

---

3) 원문은 '아지못한'.

아무 소식(消息)이 없으니 무슨 까닭일까요?

"혹시 전생지론(傳生之論)이 있을는지 알 수 있소?"

"무얼요. 선생님 같이 아무 죄도 없이 이렇게 들어 와서 고생을 하시는데, 저 같은 놈이야 백 번 죽은들, 아까울 게 있겠습니까? 오늘이라도 불려 내다가 죽여주었으면, 그런 고마울 데가 없겠습니다."

"사람이 죽고 사는 것이란 명(命)이 있는 것이라고 하지 않았소? 다만 천명(天命)만 기다릴 뿐이지요."

"그렇지만, 저 같은 놈이 산들 무엇합니까? 평생에 사람 노릇 못하고, 또 흉악한 죄를 짓고."

이렇게 그는 자기의 죄를 뉘우치고 죽을 것을 각오(覺悟)한 것이다. 그리고 그가 불타(佛陀)에 귀의(歸依)하여 매주 두 번씩 불당(佛堂)에 참배(參拜)하러 갔던 것이다. 나는 종교가(宗敎家)가 무슨 설교(說敎)나 하는 듯이 그에게 대하여 여러 가지 위안(慰安)됨 직한 이야기를 하여 주었다. 그는 내 말을 경청(傾聽)하며 매우 기쁜 낯빛으로 "참 고맙습니다." 하고 만족하다는 표정(表情)을 나타낸다. 나는 이렇게 생각하였다. "그는 분명히 전비(前非)를 깨닫고 참회(懺悔)의 길로 들었다. 그가 만일 방면(放免)되어 사회(社會)에 나가게 되면, 그러한 범행(犯行)을 다시 할 이가 만무(萬無)할 것이요, 조그마한 의(義)라도 할 것이 아닌가. 그러나 한 번 엎지른 물을 주어 담을 수 없다. 한 번 범죄(犯罪)한 것은 도저히 모면할 수가 없는 것이다. 죄악(罪惡)의 보상(報償)은 사망(死亡)이다. 아아! 죄란 무서운 것이다."

사흘이 지났다. 간수 부장이 와서, 그 사형수에게 "부처님께 참배(參拜)하러 가자." 한다. 그는 만면희색(滿面喜色)으로 기뻐 뛰어

나갔다.

그는 그 뒤로 다시 돌아오지 아니하고 말았다.

파초

☆ 차 상 찬

나는 화초를 매우 좋아한다. 봄이나 여름철이 되면 바깥 볼일을 보고 집에 들어가서는 으레[4] 화초에 물주기와 손질하는 것으로 일을 삼고 산이나 들에 산책을 가도 좋은 화초를 보면 캐다 심으며 또 거리에서 화초장수를 보든지 어떤 백화점 화초 파는 곳을 가도 마음에 드는 화초가 있고 주머니 예산이 들어맞으면 한두 분씩은 사들인다. 그러므로 집이 비록 왜소하고 뜰이 좁으나마 늦은 가을과 겨울철을 제하고는 언제나 화초가 한 삼사십 종 있어서 옛 사람의 시(詩)에 이른바,

만원 화개 불사빈(滿院花開不似貧)이란 말과 같이 집이 제법 번화한 것 같고 부요한 듯도 하며 문밖으로 지나가는 사람들도 가끔 드려다 보며 "아이구 그 집은 작아도 화초는 꽤 많다." 하고 동네 어린 사람들은 우리 집을 가리켜 화초 많은 집이라고 한다.

×

그런데 그 여러 가지 화초 중에는 가장 공력 들인 것이 둘이 있으니 하나는 쌍감수(雙柑樹=귤나무의 쌍으로 된 것)요, 또 하나는 파초(芭蕉)다. 쌍감수는 지금 심상소학 육학년 다니는 어린 딸애가 심

---

4) 원문은 '의레'.

은 것으로 지금 일곱 해나 되어 오 척 이 촌밖에 아니 되는 내 키보다는 훨씬 크고, 파초는 삼년 전에 내가 이웃 친구 집에서 얻어다 심은 것으로 그것도 키가 제법 나보다 크다.

그런데 공교하게도 그 두 물건은 모두 더운 지방의 산물로 추위가 금물인 까닭에 겨울철이 되면 방안에다 들여놓지 않으면 안 되게 되었다. 작년에는 그것을 좀 더 잘 자라게 하느라고 전과 같이 분에다 심지 않고 특별히 땅에다 심고 비료를 주었더니 엄청나게 잘 자랐다. 그 중에도 파초는 키가 한 자나 더 자라고 통이 매우 굵으며 곁에서 새싹이 셋이나 나서 아주 탐스럽게 되었다.

×

그러나 급기야 겨울철이 닥쳐오니 그것을 보관할 일이 큰 걱정이었다. 남과 같이 온실의 설비도 없고 그전처럼 방에다 들여놓자니 이마받이를 하는 낮은 방에 들여놓을 수도 없고 화초집에다 맡기자니 거리도 멀고 돈이 또 든다. 이리 생각 저리 생각하다가 최후에는 할 수 없이 웃순을 잘라서 방에다 들여놓기로 작정하였다. 그러나 칼을 가지고 그 탐스러운 순을 자르자니 마치 사랑하는 애인의 목을 자르는 것 같이 애처로워서[5] 차마 손을 대기 어려웠다. 칼을 들고 한참 있다가 파초를 향하여

"이애, 너는 왜-고대광실의 그 좋은 집을 다 버리고 하필 좁고도 얕은 우리 집으로 와가지고 이 고생을 하느냐!"

하고 한탄을 하고 또 나를 스스로 책망하되,

"너는 무슨 팔자를 타고 나서 오십 고개를 훨씬 넘도록 변변한 집 한 채도 가지지 못하고 그 꼴에다 파초는 좋아할 줄 알

---

5) 원문은 '애처러워서'.

아 남산골 샌님의 옥관자 걱정하듯이 공연한 걱정을 하느냐!"
하며 일비 일소를 하다가 다시 또 파초를 향하여,
　"파초야 내가 네 순을 자르는 것은 너를 해치려고 그러는 것
이 아니요, 너를 살리기 위하여 그러는 것이니 부디 섭섭히
여기지 말아라. 새해에라도 내 집에 커진다면 너는 털 하나
건드리지[6] 않고 잘 위하여 주리라."
하고 위안의 말을 하고 또 나에게도 스스로 위안의 말을 하되,
　"너의 동포 중에는 지금 이 동절에 옷이 없고 집이 없어 울울
떨고 우는 사람이 몇 천 몇 만 명이 있는데 너는 호강스럽게
도리어[7] 파초 보관할 수 없는 것을 한탄하느냐. 아무리 방이
좁고 얕더라도 너의 양심에 부끄럼이 없다면 너의 키는 클 대
로 크고 너의 마음은 펼 대로 펴고, 너의 발은 뻗을 대로 뻗을
것이니 구태여[8] 집의 작은 것을 한탄할 것이 무엇 있느냐."
하고 이렇게 여러 번을 혼자서 중얼거리다가 결국 들었던 칼로 그
파초의 상순을 선뜻 잘라서 방에다 들여놓았다. 그런데 또 한 가
지 걱정되는 것은 그 파초를 살리기 위하여 상순을 자르지마는 소
위 꼬부라진 쇠뿔을 바로잡으려다가 소를 죽인다는 격으로 만일
저 파초의 순을 잘못 잘라서 죽게 된다면 어찌하누 하는 그것이었
다. 그러나 며칠 뒤에 보니 그 파초는 순을 짜른 데도 오히려 새순
이 파랗게 자라 나온다. 그것을 볼 때에 나의 마음은 여간 기쁘지
않았다. 지금 나의 침실 중에는 그 파초와 또 쌍감수가 홀로 봄을
만난 듯이 서로 바라보며 청청하게 자라고 있다. 오! 금년 새해에

申
瑛
澈
著

----
6) 원문은 '근드리지'.
7) 원문은 '도로혀'.
8) 원문은 '구태어'.

는 나에게도 행복이 돌아오고 파초에게도 또 행복이 돌아와서 오는 겨울철에 그 애처롭게[9] 순을 자르고 순을 잘리는[10] 살풍경의 일이 없기를 바란다.

익 힘

1. 윗글의 필자는 "파초"를 단순한 식물로 보는가?
2. 윗글의 어떤 곳에서 감명을 받는가?
3. 사랑하는 화초나 나무에 대해 글을 써 보자.

③ 강건체(剛健體)

강건체는 굳세고 씩씩하여 엄연(嚴然)한 권위(權威)에 눌리는 듯한 느낌을 주는 문장이다.

이 문체는 논문에 가장 적당하다. 다만 잘못하면 개념(槪食)과 추상(抽象)에 흐르기 쉬우니 조심해야한다.

강건체라 하면 흔히 한문 숙어를 많이 쓴 글체인 줄 잘못 알며, 또는 일부러 한문 숙어를 많이 섞어서 강건체를 만들고자 하는 사람이 있다.

강건체는 문장의 내용을 이룬 사상 표현이 강건하게 나타난 것이다.

---

9) 원문은 '애처럽게'.
10) 원문은 '잘리키는'.

문학 청년에게

― 각고 자중(刻苦自重)하라 ―

申
瑛
澈
著

　현재의 우리 문단을 돌아보면 그 독자적 성격(獨自的 性格)과 품위를 구유(具有)하지 못하고 겨우 저널리즘[11]에 의존하여 애오라지 명맥을 보유(保有)하고 있을 따름이다. 二三의 신문 소설을 제하고는 창작단의 수확은 거의 전무라 하리만치 되어있고, 가끔 단행본으로 나오는 문예 작품이 있다 할지라도 이 또한 신문 연재물(連載物)의 재활자화일 뿐이다.

　게다가 소위 문예 전문 잡지란 것도 나고 죽고하여 부질없이 문단 현상만 혼란하게 할 뿐이요, 우리의 진정한 문학 및 문학 운동에 기여(寄與)하는 바는 극히 적다. 이러한 현상 밑에서 문단의 침체(沈滯)가 자주 논의되거니와 우리는 이에 문단의 금일을 논하여 한줄기 희망을 명일의 문학청년 제군에게 부치려 한다.

　어느 방면을 물론하고 다 위미부진(萎靡不振)의 상태에 빠져 있는 이 땅에서 오직 문단만이 홀로[12] 번영할 수는 없는 일이라 하겠지마는 그러나 문예란 그 존재의의(存在意義)의 일면을 사회와 시대와 환경의 반영에 두는 것인 이상 이 사회 이 민족의 현상을 문예화하여 우리의 심흉(心胸)에 커다란 충격을 줄 만한 二三의 대문자쯤은 나옴직도 한 일인데 양(量)으로도 적고 질(質)로도 보잘 것 없는 것만 가물에 콩나기로 생산되어 가니 이는 문예 당사자 각개(各個)의 이 현실에 대한 유의와 관심과 열성의 부족으로 밖에 볼 수 없는 일이다.

---

11) 원문은 '쩌날리즘'.
12) 원문은 '호을로'.

보라! 문단의 기성인(旣成人)들은 각각 신문의 연재소설이나 써서 속 취미에 뇌동(雷同)하고 독자층에 아유(阿諛)함으로써 그날그날의 색책(塞責)이나 되면 능사필의(能事畢矣)인 듯이 생각하고 헛된 자부(自負)와 자만(自慢)으로써 현재에 안연(晏然)하고 다시 명일을 위하여 준비하는 일이 없지 않은가.

그러므로 우리는 문단의 현재에 대하여 실망한지 이미 오래다. 그리하여 혹시나 혜성과 같은 신인의 출현이나 있을까 하여 고대하는 지가 이 또한 오래다.

그 동안에 찬연(燦然)한 광망(光芒)을 띠고 나온 소위 신인이 한두 사람이 아니었다. 그러나 그들은 신인으로부터 대가연(大家然)하기에 이르기까지에 너무나 단시일을 요하였다. 작일 신인이 금일 대가로 자처하되 스스로 아무 괴이함이 없는 듯이 생각하는 것은 문단의 무권위(無權威)에도 일인(一因)이 있거니와 신인 자신의 문예도에 대한 외경(畏敬)의 념이 부족한 것이 더 큰 일인(一因)이다. 그러할 새 한 번 신인으로 출세하면 곧 명리에 눈이 끌린다. 다시 정진(精進)에 생각이 없이 미구(未久)에 상(想)의 고갈(枯渴)을 초래하여 쓸쓸히도 기성인의 전철(前轍)을 밟고 마는 것이다.

그러므로 우리는 이제 명일의 신인인 문학청년들에게만 오로지 촉망(嘱望)하려 한다. 그리고 이에 수언(數言)을 보낸다. 문학은 결코 쉬운 길이 아니다. 우선 천부(天賦)의 재질을 요함은 물론이요 꾸준한 노력과 많은 수련이 있고서야 비로소 이 길에서의 성공을 기할 수 있는 것이다. 더구나 한 번 이 길을 택한 이상 "죽은 뒤에야 말겠다." 하는 굳은 결의로써 일보 일보에 더욱 정진하여 세인이 대가로서 지칭(指稱)하는 때에도 오히려 스스로 노력의 부족을 느끼어 더욱더욱 현실에 직면하여 쉼[13] 없이 공부하는 정진불이

(精進不己)의 사람이 아니면 안 된다. 제군은 지금 구소(九霄)에 뜻 둔 지중(池中)의 용이다. 타일 풍운자재(風雲自在)한 신통력을 얻기 위하여 이중(泥中)의 금일을 가장 충실히 또 성실히 보내는 자이어야 한다. 그러한 제군을 기다리어 맞이하기 위하여 우리는 공허(空虛)한 몇 해를 보낸다할지라도 오히려 이는 참을지언정 경박한 등장으로 다시금 현재의 신인이나 기성인의 후진(後塵)을 (拜)함으로써 만족하다 한다면 우리 문단 및 문학을 위하여 통탄할 일이다. 문학청년 제군은 우선 각고 자중하는 사람이 되라.

(1934. 4. 30. 동아일보)

익 힘

1. 윗글의 필자는 무엇을 가장 주장하는가?
2. 문학은 하루 이틀에 이룰 수 있을까?
3. 어려운 말, 새말을 넣어 짧은 글을 지어 보자.
4. "나의 문장 공부"란 제목으로 글을 지어 보자.

④ 청초체(淸楚體)

청초체란 거센 의지적(意志的)인 기품(氣品)이 없고 말쑥하고 얌전한 숨결이 감도는 문장이다.

단지 잘못하면 식은 밥이 되기 쉬우니 조심해야 한다.

---

13) 원문은 '쉬임'.

이 글에는 맑되 가을 호수 같이 깊어야 하며 고요하되 산과 같
이 무게가 있어야 한다.

너무 기교에 치우치면 경박한 문장이 되기 쉽고 속이 들여다보
이는 결과를 가져오기 십상팔구다.

서리 속에 웃는 국화처럼 향기롭고 의젓하여[14] 필자의 지조와
심정이 순결 고상하게 나타나야 한다.

가을꽃

이 상 심

미닫이에 불버레 와 부딪는 소리가 쩌릉쩌릉 울린다. 장마 치른
창호지(窓戶紙)가 요즘 며칠 새 팽팽히 켕겨진 것이다. 이제 틈나는
대로 미닫이 새로 바를 것이 즐겁다.

미닫이를 아이 때는 종이로만 바르지 않았다. 녹비(鹿皮)끈 손잡
이 옆에 과꽃과 국화(菊花)와 맨드래미 잎을 뜯어다 꽃 모양으로
둘러놓고 될 수 있는 대로 투명(透明)한 백지(白紙)로 바르던 생각
이 난다. 달이나 썩 밝은 밤이면 밤에도 우련히 붉어지는 미닫이
의 꽃을 바라보면서 그것으로 긴 가을밤 꿈의 실마리를 삼는 수도
없지 않았다.

과꽃은 가을이 올 때 피고, 국화(菊花)는 가을이 갈 때 이운다. 피
고 지는 데는 선후(先後)가 있되 다 마찬가지 가을꽃이다.

가을 꽃, 남들은 이미 황금(黃金) 열매에 머리를 숙여 영화(榮華)

---

14) 원문은 '으젓하여'.

로울 때 이제 뒷산 머리에 서릿발을 쳐다보면서 겨우 봉오리가 트는 것은 처녀(處女)로 치면 혼기(婚期)가 훨씬 늦은 셈이다. 한되는 표정(表情) 그래서 건강(健康)한 때도 이윽히 드려다 보면 한 가닥 감상(感傷)이 사르르 피어오른다.

감상(感傷)이긴 코스모스가 더하다. 외래화(外來花)여서 그런지 늘 먼 곳을 발돋움하며 그리움에 피고 진다. 그의 앞에 서면 언제든지 영녀취미(令女趣味)의 슬픈 로맨스가 쓰고 싶어진다.

과꽃은 흔히 마당에 피고 키가 낮아 아이들이 잘 꺾는다. 단추 구멍에도 꽂고 입에도 물고 "달아 달아" 부르던 생각은, 밤이 긴데 못 이겨서만 나는 생각은 아니리라. 차차 나이에 무게를 느낄수록 다시 보이곤[15] 하는 것은 그래도 국화다. 국화라면 으레 진처사(晉處士)를 쳐드는 것도 싫다. 고완품(古翫品)이 아닌 것을 문헌(文獻)치레만 시키는 것은 그의 이슬 머금은[16] 생기(生氣)를 빼앗는 것이 된다.

요즘 전발(電髮)처럼 너무 인공적(人工的)으로 피인 전람회용(展覽會用) 국화(菊花)도 싫다. 장독대나 울타리에 피는 재래종(在來種)의 황국(黃麴)이 좋고 분(盆)에 피었더라도 서투른 선비의 손에서 핀 떡잎이 좀 붙은 것이라야 가을다워 자연스러 좋다.

국화는 사군자(四君子)의 하나다. 그 맑은 향기를 찬 가을 공기를 기다려 우리에게 주는 것이 고맙고, 그 수묵필(水墨筆)로 주욱쭉 그을 수 있는 가지와, 수묵(水墨) 그대로든지, 고작 누른 물감 한 점으로도 종이 위에 생운(生韻)을 떨치는 간소(簡素)한 색채의 꽃이니 빗물 어룽진 가난한 서재(書齋)에도 놓아 을리어서 더욱 고맙다.

---

15) 원문은 '보이군'.
16) 원문은 '먹음은'.

국화를 위해서는 가을밤도 길지 못하다. 꽃이 이울기를 못 기다려 물이 언다.

웃목에 들여 놓고 덧문을 닫으면 방안은 더욱 향기롭고, 품지는 못하되 꽃과 더불어 누울 수 있는 것, 가을밤의 호사다. 나와 국화뿐이려니 하면 귀또리란 놈이 화분(花盆)에 묻어 들어왔다가 울어내는 것도 싫지는 않다.

가을꽃들은 아지랑이와 새소리를 모른다. 찬 달빛과 늙은 벌레 소리에 피고 지는 것이 그들의 슬픔이요, 또한 명예(名譽)다.

익 힘

1. 윗글의 필자는 가을꽃 가운데 어떤 꽃을 어떻게 보았는가?
2. 윗글은 어느 대목이 좋은가?
3. 우리나라 꽃 이름을 아는 대로 적어 보자.
4. 좋아하는 꽃에 대해 써 보자.

심중 영상(心中 影像)

김 환 태

그는 유순(柔順)하기 양과 같다. 억척스런 여인에게 존경하는 마음을 가지는 때도 있으나, 나는 그에게서 아름답다는 느낌을 얻지 못한다.

그는 상냥하기 비둘기 같다. 고집 센 여인은 나는 딱 싫다.

그는 다람쥐와 같이 영리(怜悧)하다. 미련한 여인은 곰보다 더 큰 비극(悲劇)이다. 그의 애정은 호수보다도 그윽하다. 그러나 그는 칼멘적 정열은 갖지 않았다. 칼멘적 정열은 일종의 야성이다.

그는 이지(理智)가 날카롭기 칼날 같으나 얼음처럼 차지도 북쪽 바람처럼 매섭지도 않다. 그의 목소리는 종달새 같이 영롱하나 참새처럼 재잘거리지 않는다. 참새 소리는 이른[17] 아침 이외는 우리에게 기쁨을 주지 못한다.

그는 인조견 치마보다도 삼베 치마를 즐긴다. 사치는 일종의 추파(秋波)다. 그는 병이 무엇인지를 모른다. 그는 일종의 퇴폐적(頹廢的) 취미다.

그의 머리카락에는 청춘이 깃들였다.

그의 눈에는 지혜가 빛난다.

그의 코에는 보드라운 이지가 섰다.

그의 귀에는 복이 탐스럽게 담겼다.

그의 입 가장자리에는 애정이 서리었다.

그의 손은 모나리자의 손이다.

그의 발은 결코 크지 않다.

익 힘

1. 윗글에 나오는 그림씨(形容詞)와 어찌씨(副詞)를 골라 보자.
2. 윗글에는 움직씨(動詞)가 많은가? 또는 그림씨, 어찌씨가 많은가?
3. "내가 존경하는 이"란 제목으로 글을 써 보자.

---

17) 원문은 '일은'.

⑤ 평명체(平明體)

평명체란 기사(記事), 학술문(學術文), 규칙(規則)들과 같이 꾸미는 말이 적은 실용적(實用的)인 문장이다.

따라서 이런 체는 문예적(文藝的)인 문장으로는 합당하지 못하다. 자칫하면 모래밭 같이 되기 쉬우니 조심해야 한다.

평명체를 잘 쓰는 사람은 대개 두뇌 명석하고 치밀하며, 철학적이며 이지적인 분이 많다.

감정에 치우치지 않고 끝내 침착 냉정한 것이 이 글체의 특색이다.

한글날을 맞이한 우리의 각오

최 현 배

올해는 훈민정음 발표한 지 찬 502 년이다. 해마다 맞는 한글날이언만 올해 한글날은 특별한 뜻을 우리에게 준다. 다름이 아니라 이달 초하룻날 대한민국 국회에서 한글 전용법이 통과되어 불원간에 대통령의 서명을 거쳐 공포하게 된 것이다. 이법은 우리 겨레 삼천만의 대표자들이 모여서 제정한 것이니 곧 우리들 자신이 지은 것이다. 우리 삼천만이 스스로 지은 것인 만큼 이 법은 완전히 행하여 십분의 효과를 거두는 것도 우리의 의무인 동시에 또 우리의 권리이다. 이 법을 제정한 우리로서 이 법을 완전히 시행하기 위하여 여러 방면으로 여러 가지로 노력을 아껴서는18) 아니

---

18) 원문은 '애껴서는',

될 것이다.

　다시 생각하건대 이 "한글 전용법"은 해방된 우리나라의 민족의식의 돌아섬과 문화 의욕의 새로 살아남과 시대 의식의 각성의 당연한 결과이니 우리에게 이러한 정신이 왕성해 감을 따라 이 법의 시행도 또한 철저해 가야 할 것이다. 만약 이 법의 정신에 거역하는 자가 있다면 그는 우리의 앙양된 민족의식의 반역자이요, 전진하는 시대 의식의 반동자이요, 새로운 문화 의욕의 방해자이니 반드시 현재 그렇지 않으면 미래의 자손의 민족적 양심의 벌줌을 면하지 못할 것이다.

　우리는 깊은 각오에서 다음의 일을 용맹스럽게 꾸준하게 확신을 가지고 투쟁하여 이루어 내지 아니하면 아니 된다.

　첫째, 해방 이후로 한자 폐지주의 아래에 실시된 국어 교육의 방향을 그대로 지켜 가야 할 것이다. 만약 이 방향을 돌이켜서 전진한 바퀴를 후퇴 시켜서 한자를 도로 살려 국민을 괴롭히어 새 교육의 활기 있는 전진을 방해한다면 이는 사십 년 동안의 망국의 설움을 겪어나서도 깨지 못한 낡은 조상의 묵은 사상의 노예성을 아직 벗어나지 못할 것이니 그 미련하고 그 고루한 죄를 면하지 못할 것이다.

　둘째, 신문, 잡지를 꾸미는 사람들은 누구보다도 앞서서 한글 전용의 깃발을 높이 들고서 나아갈 것이니 이리하여야만 진정한 민중의 보도 기관이며 여론의 지도자인 책임을 다할 것이다. 오십여 년 전 갑오경장 때에도 순 국문으로 된 신문이 나왔거늘 하물며 19세기가 20세기로 바뀌고 또 반세기가 지나간 오늘날에 있어서 아직 순 한글의 신문이 나오지 아니함은 이 어쩐 신식 완고의 탓인고?

셋째, 상점의 보람판, 집집의 문패, 사람 사람의 명함, 관청의 문패도 다 한글로 할 것이니 이리하여야만 우리 겨레가 문화 속에 살게 되고 또 외국 사람이 우리나라에 오면 첫눈에 얼른 우리 민족의 독특한 문화 있음을 인식하게 될 것이다.

넷째, 우리의 편지는 한자를 섞지 말고 한글만 씀으로 말미암아서 허식이 없는 진정을 나타내는 통신이 되도록 하여야 한다. 끝으로 이상과 같이 "한글 전용법"이 규정된 공문서 이외의 부면에 있어서도 한글을 전용함에 따라서 우리의 말도 일제의 잔재를 깨끗이 씻어 버리고 순전한 조선말을 쓰도록 힘써야 할 것이니 대개 글과 말은 한 가지로 민족정신의 표현이며 민족 문화의 보람이기 때문이다. 그런데 한자음으로 된 말이라도 우리에게 익어 쉽고 친근한 것은 역시 우리의 말이니 이런 것은 구태여 버리려 할 것이 없는 것임은 물론이다.

나는 오늘날까지 한글을 이론적으로 연구하기에 힘써 왔지마는 "한글 전용법"이 제정된 이제는 그 충분한 기능을 다하도록 한자 폐지와 한글 전용의 취지를 전파하기를 나의 최대의 민족 봉사로 생각하여 나아가고자 한다. 이것이 나의 이날의 결심이다.

(1948. 10. 9. 자유신문)

익 힘

1. 윗글의 필자는 한글날에 무엇을 느끼었는가?
2. "한글 전용법"은 어찌하면 잘 실행되겠는가?
3. 윗글에서 어느 대목이 가장 잘된 곳이라고 생각하는가?

⑥ 우아체(優雅體)

우아체는 아담하고 숭굴숭굴한 문체다.
누구나 곱고 부드러운 감촉(感觸)을 느낄 수 있는 문장이다.
다만 잘못하면 무기력(無氣力)한 글이 되기 쉬우니 조심해야 한다.

종달새 곡보(曲譜)

☆ 백 신 애

비비 삐삐 비 조글조글

이윽고 원고지를 내려다보니, 전판 "비"자, "빠"자, "조"자, "글"
자만 수백 자 순서 없이 늘여 쓰여있다. 아마 종달새의 노래 소리
를 그대로 받아 쓴 것인가 보다.

"에라 집어치어라. 어떻게 그대로 그려낼 수 있나?" 하고
펜을 집어던지고 잘 할 줄도 모르는 "만도링"을 내려 안고 창 옆
에 가 덜커덕하고 비스듬하게[19] 앉았다.

창밖은 화창(和暢)한 햇빛에, 야들야들한 보리밭, 광야는 아지랑
이가 아질아질 아롱아롱 고물고물 눈이 어지럽게 알랑거리고, 바
람은 남의 목덜미를 가만히 부드러운 나래 같이 살짝[20] 스쳐주기
도 하고, 들판의 이곳저곳으로 둥지 어린 계집애들의 나물 캐는
무리가 앉았다 섰다 버들강아지는 소리 없는 작란을 하고, 동리
집 살구꽃은, 웃을락말락… 이 중에서 종달새는 푸른 공중 높이높

---

19) 원문은 '비스덤이'.
20) 원문은 '살작'.

이, 혹은 나즈막하게 팔르락팔르락 나래를 까불어 아가씨처럼 팔락거리며 형형 각성으로

"비비 쪽조글 쪽조글………"

이라고 야단들이다.

나는 부시는 두 눈을 쪼그려 공중만 노려보며 "만도링"의 줄을 골라 "튕" 한 번 울어본 후 "자 한 곡조 울려 볼까!" 하였으나 이때 내 심금(心琴)은 알지 못할 음곡을 울리고 있었다.

"따르르, 딸알 딸알 딸르르," 내 손가락은 심금에 맞추어 제멋대로 줄을 짚는다.

아무리 박식(博識)한 음악가가 듣더라도 알지 못할 내 심금에서 흘러나오는 음곡이다.

"비비비, 삐 삐"

이것은 어린애기 종달새가 노래를 배우는 소리다.

"삐삐 조글조글……"

아마 어른 종달새의 열심히 가르치는 소리인가 한다. 나의 '만도링'도 점점 흥에 겨워한다. 나는 작곡가의 작곡의 삼매경을 스스로 느끼며, 줄 없는 거문고를 소리 없이 짚는 것과 대구(對句)가 되어 혼자 즐기며 우지지는 종달새 노래에 반주를 하듯

"따르르 딸알 딸르르" 자꾸 긁는다.

"내가 작곡법이나 배웠다면 종달새 곡이나 하나 지었을 것을," 나는 한탄하며 종달새 우지지는 봄의 야경을 조금이라도 그럴 듯한 묘사(描寫)를 할 줄 모르는 나의 둔필(鈍筆)을 안타까워하였다.

새벽 자리 속에서부터 저녁 해질 때까지 몸에 배우도록 명랑 그대로의 종달새의 노래를 듣고 있는 나인지라, 처음 종달새를 쓰라고 명령을 받고 만만스럽게 생각하던 것과는 반대로 한 마디의 미

문도 나오지 않는 것이 우습다면 우습다. 그러나 다만

"비비 쪽조글 조글조글 쪼옥……"

이 노래 소리 들으면 내 마음 즐겁고 즐거웁기만 하다.

익 힘

1. 윗글 속에 있는 움직씨, 그림씨, 어찌씨를 세어 보자.
2. 윗글 어떤 대목이 가장 잘 표현된 곳이라고 생각하는가?
3. "나의 좋아하는 새"란 제목으로 글을 지어 보자.

춘우송(春雨頌)

김 광 주

봄비는 역시 포근하고 아름답다. 변변치 않은 옷자락을 그대로 촉촉히 적시울지언정, 우산을 펴들어 막아버리기에는 너무나 아까우리만치 조용조용히 얌전히 내리는 품이 더욱 사랑스럽다.

한 방울 또 한 방울 실발 같은 빗줄기를 손바닥 위에 받아 본다. 그 방울방울이 모두 피가 되어 혈관(血管) 속으로 오붓하게 숨어들 듯 말 듯한 지내온 겨울날의 몸서리쳐지는 생활의 부대낌을 단숨에 녹여 버릴 듯한 싱싱하고 새뜻한 감촉(感觸)이다. 개에게 주어도 좀체로 먹으려 들지 않을 그릇된 영웅심만이 보기 싫게 굴러다니고 "양담배"를 외치는 가엾은 소년 소녀들의 쓸쓸한 아우성 소리가 봄 하늘을 무찌르는 서울 너른 거리 좁은 골목들은, 모처럼, 출렁대는 세파의 내음새가 그리워 따스한 봄날, 명랑한 햇빛의 유혹(誘惑)을 받아 거리로 나온 사람을, 두어 걸음도 못 가서 진저리 치고 다시 게딱지같은 오막살이 한간방으로, 몸을 감추게 하리만 치 마음 부칠 데 없는 딱한 운명의 소지자(所知者)이지만, 그대로, 거기 내리는 봄비만은, 아름답고 사랑스럽다. 뜻하지 않은 사람이 찾아와서 엉뚱한 소리를 하여 피곤한 우리 넋을 뒤흔들어 놓은 것 보다는, 기다리고 기다리던 사람이 말없이 퍼붓는 소낙비가 대단 하고 용감스럽게 소리치며 천지를 뒤흔들 듯이 잔약한 사람을 위 협(威脅)하는 것보다는, 줄기찬, 장맛비가 심술 사나운 아가씨의 까 닭 없는 "투정" 같이 지긋지긋하게 우리를 성화먹이는 것보다는, 온갖 풍진(風塵)을 조용조용히 어루만지듯, 얌전하게, 보슬보슬 내 리는 봄비는 역시 자연의 애교인양, 쓰다듬어 주고 싶으리만치 귀 엽고 사랑스럽다. 그러기 때문에, 봄비만은 팍팍하고 메마르고, 다 까먹고 껍데기만 남은 것 같은 얄팍얄팍하고 마음 붙일 곳 없는 서울, 빼앗기고 할키우고, 매맞고, 짓밟힌, 하잘것없는 거리거리에 내려도 역시 귀엽고, 아름답고 사랑스럽다.

이 가로수(街路樹)들은 무엇하러 여태 죽지 아니하고 군데군데 청승맞게 서서는 조선 사람과 함께 서울 사람과 함께 얄궂은 운명 을 바라보고 서 있는 것인가? 그래도 거기 내리는 봄비만은 역시 아름답고 아늑하고 포근하다.[21]

말 한 마디 제대로 못해 보고 언제 누구의 손에 뿌리를 뽑히우 고 가지를 잘리우고 죽어 넘어갈지 모르는 저 가로수들이 봄비의 촉촉한 어루만짐을 모르는 저 가로수들이 봄비의 촉촉한 어루만 짐을 받아 푸릇푸릇 새싹을 내 뿜으려고 괴로운 입김을 우리 얼굴

---

21) 원문은 '포곤하다'.

에 퍼붓고 있는 것은 역시 생의 무한한 환희가 거기 움트고 있는 양 아름답고 귀여운 일이다. 이렇게 봄비가 포근히[22] 우리의 마음을 적시우고 세파의 거친[23] 먼지와 티검불들을 조용조용히 어루만져 잠재우려는 날만은 허잘 것 없는 서울 거리 가로수들의 또다시 살고자 하는 푸른 속삭임도 우리 민족의 안타까운 마음의 호소인양 쓸쓸하고 서글프면서도 역시 아름답고 귀엽고 아늑하다.[24]

그러기 때문에 이렇게 봄비가 소곤소곤히 내리는 날, 우산 하나 없이 가로수의 싹트는[25] 푸른 속삭임에 귀를 기울이며 거리를 지향 없이 걷노라면 불현듯이 인생이 아름다워지고 먼 데 있는 벗을 찾아가 좁은 들창 밖으로 봄비의 포근한 속삭임을 들으며 도란도란 눈물을 모르는 푸르고 싱싱하고 생기 있는 인생을 의논해 보고 싶다.

좁은 방에 친한 벗과 나란히 엎드려[26] 문을 활짝 열어 제치고 아무 거리끼는 생각 없이 생철지붕에 그리고 장독대에 보슬보슬 떨어지는 봄비의 속삭임을 가만가만히 들어 보고 싶다. 아름다운 순간을 갖고 싶다. 봄비가 조용조용히 내리는 날만은 인생의 아름다운 순간을 갖고 싶다. 모든 복잡한 사념(思念)의 엉클어진 실마리를 깨끗이 끊어버리고 봄비의 얌전한 속삭임에 귀를 기울이는 아름다운 순간을 갖고 싶다. 이렇게 친한 벗과 좁은 방에 나란히 엎드려 봄비의 속삭임에 귀를 기울이는 날은 인생이 얼마나 괴로운 것이며 슬픈 것이며 우스운 것이라는 그런 이야기는 그만두자!

---

22) 원문은 '포곤히'.
23) 원문은 '거칠은'.
24) 원문은 '안윽하다'.
25) 원문은 '쌌트는'.
26) 원문은 '엎대어'.

또 어버이와 자식 사이가 아내와 남편 사이가 사람과 사람 사이가 얼마나 잔인하고 거기서 얼마나 많은 기맥히게 슬픈 비극이 우러나오고 있다는 그런 이야기도 그만두자! 뿐만 아니라 우리의 지도자들이 어떻게 잘못을 저질렀느니 그런 시끄럽고 싱거웁고 매력 없는 이야기도 그만두기로 하자!

그런 허잘 것 없는 이야기보다는 한 방울의 봄비가 대지에 포근히 떨어지는 그 촉촉한 음악이 얼마나 우리 인생에게 아름다운 순간을 갖게 하는 귀여운 자연의 애교인가! 사람을 미워하지도 말자!

사랑하는 이를 배반한 사람의 허물도 친구와 친구 사이의 잘못도 그것을 미워하지 말자, 이런 것들은 모두 저 조용조용히 내리는 봄비에 촉촉이 젖고, 씻겨서27) 하나씩 하나씩 우리 머리 속에서 자취 없이 사라지라!

아무 소리도 하지 말자! 봄비가 촉촉히 대지에 내리는 날만은 시끄러운 살림살이는 이날만은 시끄러운 살림살이의 "푸념"도 하지 말고 친한 벗과 더불어 열어 제친 들창 앞에 팔베개를 하고 드러누워서 가만가만히 자연의 속삭임28)에 귀를 기울이자!

봄비에 움트는 나무의 새싹 같이 푸르고 싱싱하고 아름다운 인생의 순간을 가져 보자!

(1948년 4월 새한민보 제3권 제10호)

익 힘

1. 윗글은 어느 대목이 가장 우아한가?

---

27) 원문은 '씨끼워서'.
28) 원문은 '싹삭임'.

2. "비"라는 제목으로 글을 지어 보자.

申
瑛
澈
著

⑦ 화려체(華麗體)

화려체란 호화스럽고 깊은 인상을 주는 감정이 뛰는 문체다.
마디마디 음악적 가락을 띠움이 특색이며 흔히 미문(美文)이란
글은 모두 화려체다.
문장을 배우는 사람이 본뜨고 싶어 하는 체이나 정말 화려체의
좋은 문장을 쓰려면 많은 세련을 쌓아야 하는 것이니, 첫 번부터
서투르게 흉내 내면 천박(淺薄)하고 속된 글이 되기 쉽다.

병창월(病窓月)
— 병상의 팔월 추석 —

설 의 식

병에 붙들려서29) 사흘 동안이나 자리에 누었댔소.
그러니까 소중하게 지켜오든 일터에도 나가지 못할 밖에 없었소.
몸껴 누어보기는 해방 후 삼 년 만에 이번이 처음이요. 원래 병
체(病體)나 다름없는 약질(弱質)이라, 호흡기(呼吸器) 소화기(消化器)
등 이모저모로 늘상 고달픈 신세였소.
그래도 타고난 팔자라 복닥거리는 세파중(世波中)에서 내 홀로

---

29) 원문은 '부뜰려서'.

유한(偸閑)할 수가 없어서 내리 억지로 버티다버티다 필경 오늘에 넘어진 것이오.

때도 때, 공교롭게도 한가위 추석날을 누어서 맞았으니 형체(形體)의 괴롬보다도 형외(形外)의 쓸쓸이 또한 애상(哀傷)이 아닐 수 없었소. 가을이요 또 첫 서늘이라, 한 고비 지쳤소.

○

두석 달 궂은 장마에 줄곧[30] 씻긴 "산소"에 성묘(省墓)도 가리라, 아우들·조카들·어른·아이 한데들 어머님 곁에 모이리라, 모여서 떠들고 떠들어 분주한 것으로 나머지[31] 낙을 삼으시는 어머님께는 이것이 유일(唯一)한 봉양(奉養)이다-하고, 서둘렀던 마련도 "와병(臥病)에 인사절(人事絶)"로 가슴에만 남았소.

병이란 좋지 못한 것이요, 낙엽(落葉)지는 가을철 병은 더구나 좋지 못하오. 하물며 명절 때랴?

하물며 늙으신 편모(片母)가 계신 터랴? 내 차손(次孫)이 되어서 가볍기도 하려니와 그래서 또 무서운 마디마디가 유달리 사무치오. 내 홀로 느끼고, 내 홀로가 아는 이 심회(心懷)를 품어 안고 칠도 삼사 부(七度三四分)의 경열(輕熱)에 노곤히 누워[32] 있었소. 아내와 아이들은 큰댁으로 보내 놓고 내 호올로 누어서 창밖으로 보이는 하늘가의 점점한 구름장을 세어 보았소.

○

조석(朝夕) 생량(生凉)으로 깊어 가는 가을이라, 밤에 들자 한 겹 서늘하였소. 기름기 없는 병든 몸이 되어서 실제 이상으로 싸늘하

---

30) 원문은 '줄곳'.
31) 원문은 '남어지'.
32) 원문은 '누어'.

136

였소. 고요한 방, 고요한 자리, 고요한 맘, 휑뎅그리 빈 듯한 머릿속에는 아─득하게 높푸른 휑뎅그리 빈 듯한 하늘과, 그 드높은 하늘 한복판에 떨어진 듯이 박혀 있는 드밝은 달만이 들어 있소. 삭풍설월(朔風雪月)도 차고 맑아서 밝거니와 "추수는 공장천 일색(秋水共長天一色)"─이 가을 이 하늘의 "가윗달"은 맑아서 찬 듯이 더 한층[33] 밝은 듯하오. 전선 고장으로 불 없는 밤이라 더 한 고비 밝았던 것이오. 열두 가지 넓이의 남창(南窓)에 꽉 들어찬 천심월(天心月)은 차고 넘치어 방 안에 흘렀소. 방 안에 흐르고 남은 빛은 다시금 자리에 깔리고 내 몸을 덮었소. 나와 달과의 저, 나(彼我)가 가물가물거리는 계선(界線) 위에서 나는 그만 나를 잃었소. 나를 잃었거니, 병을 어디가 찾을 것이오! 심신(心身)이 아울러 태허(太虛)로 귀일(歸一)되니 선경(仙境)이란 이런가 보오.

○

"달아 달아 밝은 달아 이태백이 노던 달아" 하는 어릴 때의 동요(童謠)도 흘덕 생각났소.

"내 마음 버혀 내어 저 달을 맨들과저……"

한 정송강(鄭松江)의 시조(時調)도 생각났소.

"성단 효잠 잔월백(聲斷曉岑殘月白)

혈류 춘곡 낙화홍(血流春谷落花紅)"

이런 단종(端宗)의 애끓는 시(詩)도 생각났소.

충무공(忠武公)의 한산 수루(閑山戍樓)의 달도 그리어 보았고 김삿갓의 오경 등루(五更登樓)의 달도 그리어 보았소. 마음의 실마리가 이 같이 횡(橫)으로 종(縱)으로 뻗기 시작하다가 그만 선경(仙境)에

---

33) 원문은 '한칭'.

서 속계(俗界)로 떨어진 병든 자신을 발견하고는 몸을 뒤쳤소. 백리(百里)나 걸은 듯이 팔과 다리는 몹시도 뻐근하오. 신음소리와 함께 나온 입김은 방중의 태허중(太虛中)에 희미한 무늬를 짓는 듯, 이불(寢具) 밖은 그렇게 써늘했든가 보오.

○

달은 여전히 중천(中天)에 솟아서 팔천(八千) 세계(世界)를 내려다보오. 천강월(千江月)이 일색(一色)이라니 천산월(千山月)도 일색(一色)일까?

새 장구 소리에 솟은 달과 다듬이 소리에 지는 달이 같을 성싶지를 않소. 사창(紗窓)에 빗긴 달과 봉문(蓬門)에 새는 달이 정녕코 같을 성싶지를 않소.

삼각산하(三角山下)의 한강 부월(漢江浮月)이나 모란봉하(牡丹峰下)의 패강 침월(浿江浸月)이 좀처럼 좀처럼 같을 성싶지를 않소.

산산(散散)히 부서지고, 바서지고, 쪼개지고, 갈라진 조각달[34] 그림자를 눈시울에 담아 가지고 스스로 감았소. 한숨 자고 깨어 보니 피로(疲勞)에 지친 탓인가?

광댓뼈 언저리에는 물 흐른 자취가 가느닿게 말라붙었소. 충충대 아랫집 닭장 속에는 첫새벽 수탉[35] 소리가 조용한 대기(大氣)를 구슬프게 울리오.

(1947. 새한민보 10호)

---

34) 원문은 '쪼각달'.
35) 원문은 '숫닭'.

춘수(春愁)

신 영 철

시름에 겨운 이 강산에도 봄은 정녕 오는가?

한강 굽이도는 노돌의 언덕 능수버들은 다사로운 햇살을 빗질하며 나비춤을 부르니 시어진 벌판의 잔디도 청춘의 숨결을 돌이키려는가…….

샛바람(同風) 불어불어 하마 개나리 반기는가 하였더니 진달래 웃기도 무섭게 산새는 울어울어 시름을 다시 돋우누나!

"울어라 울어라 새여

자고 니러 울어라 새여

널라와 시름한 나도 자고 니러 우니노라

얄리 얄리 얄라셩 얄라리 얄라"

청산별곡(靑山別曲) 한 구절 읊조리며[36] 봄 찾아 나섰건만 어리미친 발길이여, 허위허위 어디로 예는가…….

봄은 어디로 오는가. 명수대(明水臺) 올라서니 봄은 포도빛 푸른 물결에 고요히 스며드는 양 긴 굽이 빛나는 물 위에 아련한 꿈이 아롱 춤추고 흰모래 위엔 한 쌍의 속삭임이 들릴 듯 다정하다.

무엇을 실었는가. 어제도 돛배 쌍쌍 오늘도 쌍쌍 흰 돛 붉은 돛 올라만 간다.

헤어보니 벌써 청명(淸明) 한식(寒食)이다. 저 배 거슬러 타고 고향의 봄 찾아 떠갈까?

생각하니 어버이 산소에 못 뵈온 지도 이미 두해 봄이다.

---

36) 원문은 '읊저리며'.

진달래 두견새 슬픈 노래에 소리 없이 피고 시들고 할미꽃 소북
히 옛날의 꿈을 되불러 조으는

오미 강변 우양이의 봄이 그립구나.

해마다 한식에는 늙으신 어머님 먼저 서둘러 주과포 갖추어 가
신 임 앞에 향불 피우라 아들 딸 재촉37)하시더니…… 이 봄엔 흰
카락 얼마나 늘이시리. 불쌍한 어버이 죄 많은 자식.

세상 떠나시는 순간까지 감옥의 두 아들놈 이름만 외우시다 가
신 아버지, 왜의 사슬에 매어 서대문 높은 담 속 좁은 쇠창 사이로
인왕산 옛성에 깃들이는 봄볕을 아득한 다른 나라처럼 부러워하
던 그날의 뼈저린 시름이 가슴의 상처를 지르는구나.

내 분명 아픈 멍에를 벗은 줄만 여겼더니 눈에 보이지 않는 가
시관 이마에 얹혀 붉은 피 방울방울 맺히어 흐른다.

이방인(異邦人)에게 다스림 받기를 어느 쓸개 빠진 겨레가 바란
다더냐.

가슴에 안기는 훈훈한 바람결이 간지러울수록 염통의 붉은 피
는 명사십리의 해당화보다도 붉게 움쳐 탄다.

문득 머리에 떠오르는 두보(杜甫)의 애끓는 노래…….

나라가 흩어지니 산하만 남고,　　　(國破山河在)

옛 성엔 봄 돌아와 풀나무 핀다.　　(城春草木深)

시절을 한탄하니 꽃에도 눈물,　　　(感時花濺淚)

구슬픈 새노래엔 여흰 임 생각.　　　(恨別鳥驚心)

봉화는 이어이어 석달이거니,　　　(烽火連三月)

집 소식 얻어 보기 만냥 같구나,　　(家書抵萬金)

---

37) 원문은 '재축'.

흰카락 빗어 보니 자꾸 빠지고,   (白頭搔更短)

동곳도 세워 보기 힘이 드누나,   (渾欲不勝簪)

봄은 어디로 오는가. 찾을 곳 없구나. 호강하는 겨레들이야 북치며 놀겠다만 방공호 땅굴도 쉬일 곳 없는 가난한 백성에게야 시달려 쫓기듯 매맞으며 놀라 사는 마소와도 같이 흙먼지 세찬 바람에 눈도 귀도 어두운 시름겨운 봄이란다.

멋진 종로의 아가씨 치맛바람 자랑마라. 춘당대(春塘臺)에 풀은 푸르러도 보신각(普信閣) 인경은 갇기어 소리 없이 통곡함을 듣는가 듣는가…….

"수촌산곽(水村山廓)"으로 두목(杜牧)따라 "주기풍(酒旗風)"찾아 갈까. 남북 강산에 뉘 깃발 날리기에 무슨[38] 깃발을 찾는다 하노!

먼지 쌓인 한길엔 물 뿌릴 사또님[39]도 아니계시냐, 수령님이 누구신가 나는 모른다.

봄은 어디로 오는가.

백향산(白香山) 뒤를 쫓아 동녘 거리의 멀건 술이나마 마시자니 내 이미 술잔을 깨인 지 오래다. 오직 "만안춘수(滿眼春愁)"를 "소부득(消不得)"이라 홀로 읊조리는 안타까운 봄이거니.

꽃이야 피건 말건 제비야 오건 말건 천 년의 무거운 시름에 겨운 이 나라 사람의 가슴에 언제나 봄이 오려나? 언제나 언제나……

(새한민보 1948. 4. 1)

---

38) 원문은 '무삼'.
39) 원문은 '삿도님'.

문체의 시대성과 개성

창작(創作)은 수용(受用=觀賞)을 예상한다. 창작자의 심리 내용과 읽는 이의 심리 내용은 예술적 표현의 최단 거리(最短距離)를 통하여 맺어지는 것이다. 곧 표현은 문장 작가와 독자와의 심리 활동의 연결직선(連結直線)이다. 표현을 통하여 창작자는 비로소 스스로의 예술 활동을 많은 독자에게 인식시킬 수 있으며 관상자인 독자 또한 그 표현을 통하여 비로소 예술 활동을 느끼게 되는 것이다.

문장은 다 그렇거니와 특히 문예 작품은 언어학상에서 이르는 문장 언어(Written language)로 나타내는 표현이다. 작자의 의식 내용은 오로지 표현을 통해서만 알 수 있는 것이므로 작가는 스스로의 의식 내용을 가장 잘 표현하기 위해 그 최단 거리의 연결 직선을 찾으려고 고심 참담하며 언어와 싸우는 것이다. 표현은 내용이며 예술은 곧 표현이다. 그러나 이 표현의 형식 방법인 언어는 역사와 시대를 따라 변천하는 것이니 여기 문체의 시대성이 연구되어야 하며 같은 시대에도 그 작자의 다름을 따라서 또한 문체의 개성이 생기게 되니 이도 아울러 파악되어야 할 문제다. 책머리 "근대적 문장"의 대목에서 잠깐 설명했거니와 이제 문체를 앞서 일곱 가지로 대충 나누어 살펴보고 다시금 헤아려 볼 때 우리는 그 일곱 가지 설명만으로 만족할 수 없다. 곧 같은 문체라 할지라도 그 문장 표현의 시대와 작자를 따라서 독특한 "스타일"을 이루고 있음을 깨닫게 되는 것이다.

말과 글자는 인류로 하여금 지구의 지배자되게 하며 오늘날의 위대한 문명을 건설하게 한 놀라운 창조물이며 문예의 발전 또한 인류의 정신과 문화를 그지없이 비약시키는 동력임에 틀림없다.

오늘날의 인류는 이미 바벨의 탑을 쌓던 시대의 인류가 아니다.

비록 민족과 언어는 다를지언정 제각기 민족어의 세련 미화를 통한 위대한 문학 정신의 선양을 위해 고투하고 있다.

지난날 우리나라의 문장은 유교의 영향을 받아 한문을 중시하게 되었으며, 정치는 유교 정치였고 유교 정치는 문학 정치를 초래하고 문학 정치는 나아가 문장 정치가 되었었다.

고전의 영향과 구속은 유로파 여러 나라가 헬라 로오마의 고전을 중심하고 라틴말의 속박과 제약 속에서 오랜 세월 헤매인 사실과 같이 동양의 문화국도 함께 한문과 유교의 제약 속에서 가까스로 자기 조국의 문학을 키워 왔던 것이다.

르네상스가 끼친 이태리 문학상의 영향이라든가 프랑스 7시인파(派)의 새로운 문학 운동 또는 아이어(愛蘭)의 국민 문예 협회 운동 중국의 문학 혁명 운동 등을 볼 때 우리는 새삼스러이 우리 민족의 문학 운동이 뒤졌던 것에 놀라지 않을 수 없다. 우리 민족이 수백 년 한문의 세력 속에서 오로지 고전적 문구로 문장을 일삼고 그것으로 국가 정치의 대본을 삼아 오던 사이에 본바닥 중국에서는 이미 몇 번의 문학 변천이 있었던 것이다.

곧 기원전 3세기에 쓰인 좌전(左傳)은 전쟁 이야기로 지기(志氣)를 북돋았으며 사기(史記)의 저자로 유명한 산문(散文)의 태두(泰斗)라 하는 사마천(司馬遷)(140~80. A.D.)도 시대의 언어로 문장을 엮은 진보적 문장가였다.

동한(東漢) 말기의 학자 왕충(王充)(27~10 A.D.)은 논형(論衡)을 저

술하여 상대에서 한대(漢代)에 이르는 동안의 미신(迷信)의 역사를 적어 귀신의 존재를 부정한 바, 그의 문장체도 또한 획기적 기축을 열은 것이었다. 이러한 새로운 운동은 뒤의 도연명(陶淵明)(367~427. A.D.)으로 말미암아 간절하게 세련된 문장체로 발전하였다.

그러나 그의 문장도 그 당시에 있어서는 진보적 문장체였으나 그 시대는 길지 못했다. 소동파(蘇東坡)·원중랑(袁中郎)·이입옹(李笠翁)같은 파격적(破格的) 문장가가 한때 날렸으나 역시 문체의 생명은 흐르는 물과 같았다.

문체는 마치 꽃송이 같다. 아침에 필 때는 아름다우나 어느새[1] 시들어버린다. 우리는 너무도 문체와 시대성이 빨리 바뀌어 감에 다시금 놀라지 않을 수 없다.

위 소동파 등에 대해 근대 중국의 평론가 임어당(林語堂)은 다음과 같이 말하고 있다.

"그들은 모두 지적(知的) 반역자였으며, 그 저작은 때때로 관용(官用)학자로 말미암아 금지되며 또는 크게 비난받았었다. 또 정통파(正統派)의 학자들은 그들의 저작을 가리켜 급진 사상에 가까운 것이고, 도덕상 아주 위험한 것이라고 생각하리만큼 개성적(個性的)인 문체와 사상을 가졌었다."

이상과 같이 바뀌는 동안 우리 민족의 문장은 얼마나 바뀌었던가.

향가(鄕歌)로부터 시작되어 용비어천가(龍飛御天歌) 훈민정음·석보상절(釋譜詳節)·월인천강지곡(月印千江之曲) 월인석보(月印釋譜) 불경 국해 들에 나타난 문체 그리고 두공부시언해(杜工部詩諺解)에서

---

1) 원문은 '어느절에'.

송강 가사(松江歌辭), 노계 문집(蘆溪文集), 고산 별집(孤山別集), 춘향전(春香傳), 구운몽(九雲夢) 등에 이르는 동안의 우리나라 문장은 주목하리만치 변천한 것을 헤아릴 수 있으나 삼한 갑족(三韓甲族), 의관 진신(衣冠縉神)들의 한문 문자들은 그 필자를 아지 못하리만큼 문장의 개성과 시대성이 희박하고 고대나 근대나 같은 정도로 중국 한문식에 사로잡혀 있음을 알 수 있으니 순 나라말 문장의 변천과 아울러 생각할 때 얼마나 사고(思考)의 형식이 사상 자체보다도 문장에 사로잡혔던가를 깨달을 수 있다.

우리는 새로운 시대에 맞는 새로운 표현력을 창조해야 한다.

새로운 표현력과 개성이 서린 구체적 문장의 확립. 이는 오늘날 우리 문장 학도의 크고 무거운 사명이다.

이제 다음에 보이는 춘향전 일절과 현대 문장가의 여러 문장을 읽어 가며 음미해 보자.

시대성과 개성을 엿볼 수 있으니 강렬한 개성의 표현 없이 문장가라 이를 수 없으며 새로운 시대성의 감각 없이 문장가라 이를 수 없다.

우리는 여러 현대적 문장가들의 문장을 한 자 한 자 검토하고 연구하여 훌륭한 문장의 창조를 위해 분투해야 하겠다.

① 낱말은 어떻게 고누고 있는가?

② 마디와 마디의 길이는 얼마나 되는가?

③ 어찌씨, 그림씨는 어느 정도로 사용하고 있는가?

④ 문장 전체에 걸쳐 같은 낱말은 얼마나 나오는가?

⑤ 현대 문장가는 어떤 종류의 말씨(品詞)를 많이 쓰는가?

⑥ 순 조선말과 한문 숙어는 어느 정도로 적혀져 있는가?

⑦ 인쇄상 시각적(視覺的) 효과는 어떤가?

⑧ 읽는 글과 보는 글은 어떻게 다르며 어떤 문장은 어느 쪽을 중시해 적을 것인가?

이런 문제에 대해 연구해 보는 것이 좋을 것이다.

문장가의 문장을 읽을 때에는 항상 이런 점에 관심해야 한다.

스스로 모르는 사이에 몇 줄만 읽어도 "이것은 아무개 글이다." 깨달을 때가 돌아올 것이니 그쯤 되면 문장 연구의 첫 걸음이 시작된 것이다.

문장체의 시대성과 개성을 엿보기 위하여 다음의 춘향전 외 몇 편의 문장을 차례로 연구 음미하자.

춘향전

춘향전은 근조선 숙종(肅宗)때의 작품으로 민중의 가장 애독하는 소설이다. 작가는 아직 알려지지 못하였으나 그 문예적 가치는 현대적 의의로 재음미되어야 하며 그 문장체도 역사적 특성을 띠인 것이므로 문장 연구상 매우 흥미 깊은 작품이다.

이제 그 한 구절을 살펴보기로 하자.

× × × ×

"여봐라 사령(使令)들아 네의 원 전에 여쭤워라. 먼듸 있는 걸인(乞人)이 좋은 잔채에 당하였으니 주회 좀 얻어먹자고 여쭈어라."

저 사령 거동 보소.

"어늬 양반이간듸 우리 안전님 걸인 혼금(閽禁)하니 그런 말은 내도 마오." 등 밀쳐 내니 어찌 아니 명관인가. 운봉(雲峰)이 그 거

동을 보고 본관(本官)에게 청하는 말이,

"저 걸인의 의관(衣冠)은 남루하나 양반의 후옌 듯하니 말석에 앉히고 술잔이나 먹여 보내미 어떠하뇨?"

본관 하는 말이,

"운봉 소견(所見)대로 하오마는" 하니 "마는" 소래 훗입맛이 사납것다. 어사(御使) 속으로,

"오냐 도적질은 내가 하마, 오라는 네가 져라"

운봉이 분부(分付)하야,

"제 양반 듭시래라."

어삿도(御使道) 들어가 단좌(端坐)하야, 좌우를 살펴보니 당상(堂上)에 모든 수령(守令) 다담(茶啖)을 앞우 놓고 진양조가 양양할 제 어삿도 상을 보니 어찌 아니 통분(痛忿)하랴. 모 떨어진 개상판에 닥채 저붐, 콩나물 깍대기, 막걸리 한 사발 놓았구나. 상을 발길로 탁 차 던지며 운봉의 갈비를 직신.

"갈비 한 대 먹고지거."

"다라도 잡수시오." 하고 운봉이 하는 말이,

"이러한 잔채에 풍류(風流)로만 놀아서는 맛이 적사오니 차운(次韻) 한 수씩 하여 보면 어떠하오?"

그 말이 옳다 하니 운봉이 운(韻)을 낼 제, 높을 "고"자(高字) 지름 "고"자(腐字) 두 자를 내어 놓고 차례로 운을 달 제, 어삿도 하는 말이,

"걸인도 어려서 추고 권이나 읽었더니 좋은 잔채 당하여서 주효(酒肴)를 포식(飽食)하고 그저 가기 무렴하니 차운 한 수 하사이다."

운봉이 반겨 듣고 필연(筆硯)을 내어 주니 좌중이 다못하야 글 두 귀를 지었으되, 민정을 생각하고 본관(本官) 정체(正體)를 생각하

야 지었것다.

　금준미주(金樽美酒)는 천인혈(千人血)이요,

　옥반가효(玉盤佳肴)는 만성고(萬姓膏)라.

　촉루낙시(燭淚落時) 민루낙(民淚落)하니,

　가성고처(歌聲高處) 원성고(怨聲高)라.

　이 글 뜻은 금동이의 아름다운 술은 일천 백성의 피요, 옥소반의 아름다운 안주는 일만 백성의 기름이다. 촛불 눈물 떨어질 때 백성 눈물 떨어지고, 노래 소리 높은 곳에[2] 원망(怨望)소래 높았더라. 이렇듯이 지었으되 본관(本官)은 몰라보고 운봉이 글을 보며 내념(內念)에 "업풀사. 일이 났다!"

　이때 어샀도 하직하고 간 연후에 공형(工形) 불러 분부하되.

　"야야 일이 났다!"

　공방(工房)불러 포진(鋪陳) 단속. 병방(兵房)불러 역마(驛馬)단속. 관청색(官廳色) 불러 다담(茶啖) 단속. 옥형(玉形)이 불러 죄인 단속. 집사(執事)불러 형고(形考) 단속. 형방(刑房) 불러 문부(文簿) 단속. 사령 불러 합번(合番) 단속. 한참 이리 요란한 제 물색없는 저 본관이,

　"여보 운봉은 어대를 다니시오."

　"소피하고 들어 오오."

　본관이 분부하되, "춘향을 급히 올리라!"

　주광(酒狂)이 날 제, 이때 어샀도 군호할 제, 서리(書吏) 역졸(驛卒) 거동 보소. 외울망건 공단쌔기 새펴립 눌러 쓰고, 석자감발 새 짚신에 한삼(汗衫) 고의 산뜻 입고, 육모방치 녹비끈을 손목에 걸어 쥐고, 예서 번듯 제서 번듯. 남원읍(南原邑)이 우군 우군 청파 역졸

---

2) 원문은 '곧애'.

(靑坡驛卒) 거동 보소. 달 같은 마패(馬牌)를 햇빛 같이 번듯 들어.

"암행어사 출도야!" 웨는 소래 강산이 무너지고 천지가 뒤눕는 듯, 초목금수인들 아니 떨랴. 남문에서 출도야, 북문에서 출도야, 동서문 출도 소래 청천에 진동(震動)하고, 공형(工刑)들라 웨는 소래 육방(六房)이 넋을 잃어,

"공영(工刑)이요."

등채로 휘닥닥 "애고 중다!"

"공방(工房) 공방!"

공방이 보전 들고 들어오며,

"안할랴는 공방을 하라더니 저 불 속에 어찌 들랴!"

등채로 휘닥닥 "애고 박터졌네!"

좌수(座首) 별감(別監) 넋을 잃고, 이방(吏房) 호장(戶長) 실혼(失魂)하고, 삼색(三色) 나졸(羅卒) 분주(奔走)하네. 모든 수령 도망할 제 거동 보소. 인(印)궤 잃고 과줄 들고, 병부(兵符) 잃고 송편 들고, 탕건 잃고 용수 쓰고, 갓 잃고 소반 쓰고, 칼집 쥐고 오줌³⁾ 뉘기. 부서지니 거문고요, 깨지나니 북장고라. 본관이 똥을 싸고 멍석 꿍기 새양쥐 눈뜨듯 하고, 내아(內衙)로 들어가서 "어 추워라! 문 들어온다 바람 닫어라! 물 마른다 목 듸려라!"

관청색(官廳色)은 상을 잃고 문짝 이고 내달으니 서리(書吏) 역졸(驛卒) 달려들어 휘닥닥,

"에고 나 죽네!"

이때 수의(繡衣) 샷도(使道) 분부하되,

"이 골은 대감(大監)이 좌정하시던 골이라 훤화(喧譁)를 금하고

---

3) 원문은 '오좀'.

객사(客舍)로 사처하라."

좌정 후에 "본관은 봉고파직(封庫罷職)하라." 분부하니, 본관은 봉고 파직이요. 四대문에 방(榜) 붙이고 옥형(獄刑)을 불러 분부하되, "네 골 옥수(獄手)를 다 올리라." 호령하니, 죄인을 올리거늘, 다각각 문죄(問罪) 후에 무죄자 방송할 새,

"저 계집은 무엇인다?"

형리(刑吏) 엿자오대,

"기생(妓生) 월매(月梅) 딸이온되 관정에 포악(暴惡)한 죄로 옥중에 있삽내다."

"무슨 죄다?"

형리 아뢰되,

"본관 삿도 수청(守廳)으로 불렀더니 수절(守節)이 정절(貞節)이라. 수청 아니 들랴하고, 관정에 포악한 춘향이로소이다."

어삿도 분부하되,

"너만 년이 수절한다고 관정 포악하였으니 살기를 바랄 소냐. 죽어 마땅하되 내 수청도 거역(拒逆)할까?"

춘향이 기가 막혀,

"내려오는 관장(官長)마다 개개(皆皆)이 명관이로고나. 수의(繡衣) 삿도(使道) 들조시오. 층암(層岩) 절벽(絶壁) 높은 바우 바람 분들 무너지며, 청송(靑松) 녹죽(綠竹) 푸린 낡이 눈이 온들 변하리까? 그른 분부(吩咐) 마옵시고 어서 바삐 죽여주오." 하며,

"향단(香丹)아 서방님 어대 계신가 보아라. 어젯밤에 옥 문간에 와 계셨을 제 천만(千萬) 당부하였더니 어대를 가셨는지 나 죽는 줄 모르는가."

어삿도 분부하되,

"얼골 들어 나를 보라."

하시니 춘향이 고개 들어 대상(臺上)을 살펴보니 걸객으로 왔던 낭군(郎君) 어삿도(御使道)로 두렷이 앉았구나! 반웃음 반울음에,

"얼씨구나 좋을씨구! 어사 낭군 좋을씨고!

남원(南原) 읍내 추절(秋節)들어 떨어지게 되얏더니 객사에 봄이 들어 이화춘풍(李花春風) 날 살린다. 꿈이냐 생시(生時)냐 꿈을 깰까 염려로다."

- 교주 춘향전 -

익 힘

1. 윗글의 문체는 현대 소설 문체보다 더 잘 알아 볼 수 있는가?
2. 한문 숙어와 순나라말 어느 편이 더 많은가.
3. 대화(對話)의 형식은 현대 소설과 같은가?
4. "하야"와 "하여"는 어느 말이 옛말이며 어느 말이 현대 표준말인가.
5. 어려운 옛말과 벼슬 이름을 헤아려 보자.
6. 윗글은 눈의 글인가? 귀의 글인가?

춘향전의 문장은 현대인도 잘 알아들을 수 있으나 좀 더 옛날로 거슬러 송강 가사만 해도 벌써 옛 말이 많아서 알아보기 힘든다. 잠깐 송강가사 안의 속미인곡(續美人曲)을 읽어 보자.

續쇽美미人인曲곡

데가는 뎌각시 본듯도 흔뎌이고 天텬上샹白뵉玉옥京경을 엇디
ᄒ야 離니別별ᄒ고 히다뎌 뎌믄날의 눌을 보라 가시ᄂᆞᆫ고 어와 네
여이고 이내ᄉᆞ셜 드러보오 내얼골 이 거동이 님 괴얌즉ᄒ냐마ᄂᆞᆫ
엇던디 날보시고 네로다 녀기실ᄉᆡ 나도 님을 미더 군ᄠᅳ디 전혀 업
서 이릭야 교틱야 어즈러이 ᄒ듯던디 반기시ᄂᆞᆫ 낯비치 녜와 엇디
다ᄅᆞ신고 누어 싱각ᄒ고 니러안자 혜여ᄒ니 내몸의 지은죄 뫼ᄀᆞ
티 빠혀시니 하늘히라 원망하며 사ᄅᆞᆷ이라 허믈ᄒ랴 셜워 플뎌 혜
니 造조物믈의 타시로다 글란 싱각마오 미친 일이 이셔이다 님을
뫼셔이셔 님의 일을 내알거니 믈ᄀᆞ튼 얼굴이 편ᄒ실젹 몃날일고
春츈寒한苦고熱열은 엇디ᄒ야 디내시며 秋츄日일 冬동天텬은 뉘
라셔 뫼셧ᄂᆞᆫ고 粥쥭早조飯반 朝죠夕셕뫼 녜와ᄀᆞ티 셰시ᄂᆞᆫ가 기나
긴 밤의 줌은 엇디 자시ᄂᆞᆫ고 님다히 消쇼息식을 아므려나 아쟈ᄒ
니 오늘도 거의로다 내일이나 사ᄅᆞᆷ올가 내ᄆᆞᄋᆞᆷ 둘ᄃᆡ업다 어드러
로 가쟌말고 잡거니 밀거니 놉픈뫼헤 올라가니 구롬은 ᄏᆞ니와 안
개ᄂᆞᆫ 므스일고 山산川쳔이 어둡거니 日일月월을 엇디보며 咫지尺
쳑을 모ᄅᆞ거든 千쳔里리ᄅᆞᆯ 브라보랴 출하리 믈ᄀᆞ의가 비길히나
보쟈ᄒ니 브람이야 믈결이야 어둥졍된뎌이고 샤공은 어듸가고 븬
비만 걸렷ᄂᆞᆫ고 江강天텬의 혼쟈셔셔 디ᄂᆞᆫ히ᄅᆞᆯ 구버보니 님다히
消쇼息식이 더욱아득ᄒ뎌이고 茅모簷쳠 춘자리의 밤듕만 도라오
니 半반壁벽靑쳥燈등은 눌위ᄒ야 볼갓ᄂᆞᆫ고 오ᄅᆞ며 ᄂᆞ리며 헤ᄯᅳ며
바자니니 저근덧 力녁盡진ᄒ야 픗줌을 잠간 드니 精졍誠셩이 지
극ᄒ야 꿈의 님을 보니 玉옥ᄀᆞ튼 얼구리 半반이나마 늘거셰라 ᄆᆞ
ᄋᆞᆷ의 머근말ᄉᆞᆷ 슬ᄏᆞ장 ᄉᆞᆲ쟈ᄒ니 눈믈이 바라 나니 말ᄉᆞᆷ인들 어이

ᄒᆞ며 情정을 못다ᄒᆞ야 목이 조차 몌여ᄒᆞ니 오던된 鷄계聲셩의 좀은엇디 씨돗던고 어와 虛허事ᄉ로다 이 님이 어딕간고 결의 니러 안자 窓창을 열고 브라보니 어엿븐 그림재 날조출ᄲᅮᆫ이로다 출하리 싀여디여 落낙月월이나 되야 이셔 님겨신 窓창 안헤 번드시 비최리라 각시님들이야ᄏᆞ니와 구준비나 되쇼셔.

申瑛澈 著

익 힘

1. 윗글의 문체는 춘향전보다 더 옛 맛이 나는가? 안 나는가?
2. 모르는 낱말이 몇 개나 되는가?
3. 어느 마디가 가장 잘 표현되었다고 느껴지며 그런 표현은 오늘날에도 흉내내어 될 것으로 생각되는가?
4. 윗글에는 한문 숙어와 순 나라말 어느 편이 더 많은가?
5. 한문 숙어는 어느 정도로 쓸 것인가?
6. 맞춤법은 어디를 어떻게 고칠 것인가?

이상 춘향전과 송강가사의 예문으로 보더라도[4] 문장의 시대성이 명백하거니와 더 자세한 비교를 하려면 두시언해(杜詩諺解), 월인석보(月印釋譜)의 문장에 이르기 거슬러 연구해 봄이 옳다.

이곳에서는 너무 전문적인 것을 피하기 위해 위의 두 글만 보였다.

위 두 옛글을 읽고 다음의 현대문을 읽어보면 그 감각이 크게 다름을 느낄 수 있을 것이다.

---

4) 원문은 '보드라도'.

그리운 대동강

홍 종 인

1

벗이여! 옛 벗이여!

지금쯤은 어디 있는지 소식조차 알 길이 없는 옛 벗이여! 내가 지금 이 글 쓰는 것은 아무런 다른 뜻이 있는 것도 아닙니다. 우연히 평양의 고적을 이야기하다가 조그마한 지도 한 장을 펴놓으니[5] 그것이 바로 모란봉으로부터 홍부 그리고 주암산 근방의 부분 지도였습니다. 그 지도를 놓고 근방의 지형과 고적을 이야기할 때 문득 가슴에 복바쳐[6] 오르는 것은 대동강! 나를 길러낸 내 고향의 대동강! 어렸을 적 고향 생각이 번개 같이 머릿속을 지나가며 가슴 속은 건잡을 수 없이 떨리는 것이었습니다.

벗이여! 옛 벗이여! 나는 그 순간에 아직 우리가 어리고 젊었을 그때 그 가을에 만수대 등마루에서 마지막 작별을 하던 그때의 기억이 머리에 떠오르며 아니 그때 어쩌면 모란봉 뒷길로 절벽 밑으로 흐르는 대동강을 오른손에 끼고 주암산 대성산과 멀리 자라옷 모래섬을 바라보며 산책할 수 있는 기억 하나를 왜 더 가질 수 없었던가 아쉬운 생각이 가슴을 뭉클 찔렀습니다.

2

아마 만주 대륙에는 가을이 깊어가던 때이었던 듯합니다. 소위 만주 사변의 병란이 전 만주에 확대되고 있을 때 길림에서 다시 좀 더 들어 가 있는 어떤 곳에서 내게 보냈던 엽서 한 장이 아마

최후의 글이 아니었던가요. 지금 기억하거니와 그 엽서에 적힌 벗의 글발은 너무도 자신의 운명을 저주하는 신경이 날카로웠던 듯합니다.

"거칠고 쓸쓸한 만주 벌판에 찬바람이 찾아드는 것만이 아니고 피비린내 나는 전쟁이란 공포의 회오리바람이 신변을 휩싸고 돕니다. 총 소리 대포 소리가 여기 저기 멀리서 쿵쿵 들려옵니다. 밤이면 문을 꼭꼭 닫고 어두운 방에 들어 앉아 있으면 죽은 듯이 고요한 광야에 울려오는 대포 소리는 더 처참하게 들립니다. 그럴 때마다 뜻 없는 바람 소리 하나에도 전신엔 냉수를 끼어 없는 듯 살았는지 죽었는지 하는 하염없는 느낌이 생깁니다. 지금 내게는 고향도 없습니다. 고향 생각을 한들 무엇하리까, 살아 있단들 무슨 목적과 희망이 있습니까, 그저 육체라는 고기 덩어리 하나 그것뿐입니다……."

지금 내 기억에 떠오르는 그때의 엽서가 이러합니다. 그 후 다시 오륙 년 뒤 북만주 어느 곳에 있다는 소식을 풍편에 들은 것도 이제는 또 어디쯤 있는지 고향을 생각할수록[7] 벗의 생각이 또한 잊히지 않고 기억의 한 구석을 차지하고 있다가 나타나는구려.

역시 언제나 잊을 수 없고 잊히지 않는 것은 고향 생각임은 어찌할 수 없는 인정의 소치임을 부인할 도리 있겠습니까. 지금 해방 후 세상이 돌아가는 형편은 너무도 뜻밖으로 남북의 갈림길은 날로 멀어만 지고 오백오십 리의 평양길이 이제는 천만리 타국 같이 감감하게 되니 바로 고개 넘어 보일 듯한 고향의 기억이 더 간절함을 어찌합니까.

---

7) 원문은 '생각할쑤록'.

3

만수대란 둔덩 그것만이야 보잘 것 없는 것이겠지요. 그러나 남쪽으로 바로 만수대 그 밑에서 멀리 대동강 서남쪽으로 휘어 빠져 나가는 한 끝까지 대평양의 전시가와 강 건너 동대원벌을 한눈에 바라볼 수 있는 전망도 좋으려니와 서편으로 보통강 건너 논둑[8]에 벼가 누엿누엿이 익어 보통벌의 저녁 햇발이 기울어져가는 그 광경이 그 어느 날 벗과 작별한 것이 만수대가 아니었습니까.

그러나 나는 지금 모란봉 뒤 흥부로, 주암산으로 가는 산책 도로의 한적한 가을의 하루를 머릿속에 그리고 있습니다.

대야 동두 점점산(大野東頭點點山)

장성 일면 용용수(長城一面溶溶水)

는 글자도 새김도 어려운 한문의 시구라기보다도 일찍부터 우리 머릿속에 들어 있는 노래나 이야기의 한 토막이 아니면 우리 눈에 판박혀져 질 줄 모르는 풍경 그것이라고 해도 그만이겠지요.

벗이여! 바로 내려다보이는 능라도는 벌써 수수도 조도 가을해 들인지 오랠 터이니 훤하니 트인 능라도 섬이 넓은 마당 같이 시원스러워[9] 보일 것입니다. 강 건너 섬이요 섬을 건너 또한 강 주암산 밑 깊은 소에서 돌아 빠지는 용용수 대동강이 능라도를 감싸고 두 갈래로 흘러내리는 그림 같은 풍경 그도 날 맑고 고요한 가을이라 가벼운 걸음이 절벽 위를 거닐게 될 것을 생각해 보십니까. 눈을 감으면 흥부가 고기요 청암리의 고구려 옛 토성 반월성(半月城)이 아늑한 그 일대가 대동강과 능라도를 무릎 앞에 상 받은 듯 남향해 앉은 모습이 그대로 보일 것입니다. 금강탄(金剛灘)의 여

---

8) 원문은 '논뚝'.
9) 원문은 '시언스러워'.

울물 소리는 사랑방이나 앞뜰에서 들려오는 풍악이라고 해도 무방하겠지요.

아직은 역사의 어느 것이라고 명확히 꼬집어 말할 무엇이 없다고는 하지만 대고구려의 평안성(平安城) 평양을 이룩하기 전 일시 도읍의 발붙임을 여기로 하지나 않았는지 그리고 그 후의 대성산의 산성과 안학궁(安鶴宮)터로 연결하던 길어름의 어떤 별궁이나 두었던 곳은 아닌지 지금도 반월성 안에는 어디를 보든지 고구려 시대의 기와를 주어 볼 수 있거니와 연전에는 바로 금강탄 뒷언덕 평평한 지대가 굉장한 규모로 지었던 절터이었던 것을 발굴하여 팔각탑의 기단(基壇)도 그대로 찾아낸 것은 옛 고구려의 기억을 다시 새롭게 한 것입니다.

벗이여! 그렇지 않습니까. 우리가 어렸을 때부터 원족을 간다고 하면 주암산으로 대성산으로 오는 길 가는 길에 눈에 익은 곳이 흥부(興盃)가 아니었습니까. 그리고 혹 기회 있으면 국수집으로 유명한 흥부의 주막을 찾아 다리쉬임하던 그때를 생각하면서 나는 오늘도 고향 생가에 견딜 수 없는 그리운 정을 느낍니다.

그리고 지금 나는 금강탄 뒷언덕 위 옛 절터 근방 잔디밭에서 옛 기억에 잠겨 있는 "나 혼자"의 환상 속에 잠겨 있습니다. 고독하다면 고독하고 적막하다면 적막한 순간입니다.

벗이여! 옛 벗이여! 지금은 어디쯤 있습니까. 우리 고향에서 대동강 가에서 다시 뵈올 그날은 언제이겠습니까.

(1949. 학풍 4월호)

다음으로 우리는 문장의 개성을 엿보기 위해 1934년 7월 잡지 "신가정"에서 "반딧불과 함께. 그 날 밤의 기억" 이라는 제목으로 게재했던 몇 분의 문장을 비교 연구하기로 하자. 똑같은 제목이라 도 그 느끼는 센스는 모두 다르다. 같은 현상 같은 시간과 공간 속 에서 호흡해도 그 신경과 감각이 다르고 따라서 그 표현인 문장의 호흡도 다르게 나타나는 것이다.

유모레스크와 그 밤의 연경파(軟硬派)

산 운

고요한 저녁이다.

내리는 빗소리만이 적막을 깨뜨린다. 오랫동안 병마에 신음하 던 몸인지라 아직도 잠 못 이루고 목표 없는 묵상에 젖어 있다.

올 봄에 고향의 어머니를 떠나 온 정순(동생)이도 복습이 끝났건 만 잠잘 생각 없이 앉아 있다.

창 앞에 주룩주룩 내리던 비는 어느 틈에 그쳤는지10) 허공은 회 색빛에 쌔우고 눈물 흘리던 하늘엔 현월(弦月)이 구름을 헤치고 얼 굴을 내밀었다. 더한층 고요하다.

가끔 처마11) 끝에서 떨어지는 낙수 소리는 미롱지같이 엷고 보 드러워진 내 신경을 흔들어준다.

언제나 내 입에서 쉴 새 없이 흐르는 내가 사랑하는 노래 유모 레스크의 저곡(底曲)이 또 시작되었다.

"눈을 감고 생각하니 모든 기억 황혼 따라 마음속에 떠 일어난 다. 어렸을 때 어머님 품에서 듣던 그 노래는 영원ㅎ도록 잊지 못

---

10) 원문은 '끊졌는지'.
11) 원문은 '첨아'.

하리.”

"언니! 시골 있을 때 내가 그 노래만 부르면 어머님께서는 언니 생각난다고 몇 번이나 우셨다우.”

정순의 귀여운 얼굴에도 슬픈 빛이 떠돌았다. 그 애도 나를 보고 싶다고 우시던 어머님의 얼굴이 눈앞에 떠오르는 모양이다.

×

몽롱한 기억은 고향으로, 그리고 늙으신 어머님께로 달음질친다. 세월은 빠르다. 어머님을 떠난 지도 어느덧 세 돌이 지났다. 어머님 앞에서 내가 즐기는 유모레스크를 부르던 때도 옛날 일이다.

나는 그 옛날에도 유모레스크로써 메랑콜리를 대변(代辯)한 적이 많았다.

×

여름의 무더운 밤이었다. 우리 집 마당에 멍석 깔고 우리 4남매가 어머니 끼고 놀던—노래 부르던 정경이 눈앞에 그려진다.

껍질 얇은 구름 속에서 기울어진 반달이 달아나고 가끔 불어오는 바람에 포플러12)와 아카시아13)나무는 약간 흔들리었다. 그리고 싸리 울타리를 통해서 보이는 저편 언덕에는 샛파란 반딧불이 야광주나 진주알처럼 반짝거리며 이동되었다. 이야말로 여름밤의 좋은 정경이었다.

현종(남동생)이 기타14)의 줄을 뜯고 노래 부르기 좋아하는 우리들 셋은 애끊는 듯한 기타 반주에 유모레스크를 몇 번이나 되풀이했다. 실로 다시 구하기 어려운 쎈치한 연경파들의 노는 풍경이

---

12) 원문은 '포푸라'.
13) 원문은 '아까시아'.
14) 원문은 '끼이타'.

아니었던가.

어둠 속에 흐르는 반딧불 하나

기 림

그날 밤 수풀 속에서 밤의 비밀을 주고받는 시내물의 속삭이는 소리를 엿듣고 있은 것은 느릅나무 가지에 매달린 별들과 그리고 나뿐이었소.

언덕에 걸앉아 물속에 발을 담그고는[15] 오솔길 위에 정적(靜寂)을 깨뜨리면서 걸어오는 작은 발자국 소리를 나는 기다렸소.

나는 바랐소.

다만 물과 같이 투명한 가슴과 가슴을 가지고서 이 물속에 나란히 발을 잠그고 물 밑에서 표백(漂白)된 석고(石膏)와 같은 발목과 발목을 어루만지는 부드러운 물의 감촉을 말없이 즐길 수 있는 그 사람을-

그것은 물론 "고독"이 그리는 탄식이었소. 그럴 때 어둠으로 진하게 칠해진 밤의 평면 위를 곡선으로 그리면서 흘러가는 반딧불 하나가 있었소.

나는 보았소. ─순간 속에 온 생명을 전율시키는 반딧불의 정열에 타는 행복을 너무나 뜨거운 까닭에 타지 않는 그 불─너무나 끓는 까닭에 오히려 차디찬 그 불꽃을 내 마음에도 붙이고 싶었소. 그리고는 아주 "쎈티"한 이런 노래를 부른 것을 기억하오.

---

15) 원문은 '잠그고는'.

오! 반딧불.
옛 기억의 끝없는 불길 속에,
스스로를 파묻는 너의,
작은 정열의 나래 아래,
나는 고요히 누울까.16)
너와 나 구름의 층층대를 밟고 밤의 궁전에
열리는 별들의 향연으로 나갈까.
천사들의 흘리는 옷기슭에 매달려,
깜박거리는17) 별의 눈동자에 입을 마추려.

그러나 오늘밤 거리 위에는 대지의 가슴을 어루만지는 물소리도 없고 별들의 얼굴조차 "네온싸인"에 흐려져 있소.
"싸구려 싸구려." 웨치는 소리는 자못 시끄러우나 또다시 나를 "우주의 신비" 속에 실어가는 신통한 방법을 파는 상인은 하나도 없소.
반딧불은 아마도 도시의 주민은 아닌가 보오.
반딧불과 함께 있던 그 밤은 지금은 나의 향수(鄕愁)의 세계에 숨어 있소.
반딧불도 없는 거리 위를 오늘밤 정열이 식은 뒤의 재만 남은 가슴을 안은 사나이 한 사람 걸어가오.

---

16) 원문은 '누을까'.
17) 원문은 '깜박어리는'.

별 같은 반딧불에 싸인 옛 기억

백 능

울타리에 하얗게 박꽃이 피는 황혼도 지나고 들 가운데 원두막
에서 등불이 빤작일 때면 터밭에서 개똥불이 남의 숭내를 내는 듯
이 조꼬맣게 반득거린다.[18]

반딧불이 개똥에서 생긴대서 개똥불이라고 한다.

나기야 개똥에서 나건 쇠똥에서 나건 지나간 어렸을 적 여름밤
의 고운 추억은 작은 별 같은 반딧불에 싸여 있다.

마당에 지펴 놓은 모깃불에서 가는 연기가 졸렵게 솟아오른다.

외양간에서 쇠목에 달린 요령이 심심하면 한 번씩 울린다.

마루에서는 형수들이 시뻘건 숯을 담은 대림이로 흰 빨래를 대
리고 있다.

"검은 암탉이 붉은 알을 품고 오르락내리락하는 게 무어어냐."

나는 대림질하는 것을 보는 족족[19] 내어놓는 이 수수께끼를 또
내어놓는다.

"대리임이"

나와 나이 비슷같아 밤낮으로 싸우고 밤낮으로 같이 노는 내 사
촌은 이렇게 대답을 한다.

개똥불이 길을 잃어버리고 잘못 마당으로 날라 들어온다.

"엉덩이에 초롱(등불)달린 게 무어어냐?"

역시 개똥불을 보는 때마닥 내놓는 수수께끼다.

---

18) 원문은 '반득어린다'.
19) 원문은 '쪽쪽'.

"개똥-불"

"싱거운 것이 무어냐!" 퍽 재미가 있어서 하는 것이다.

"개똥불 잡으러 가까?"

"가자."

두 장난 꾸레기는 담뱃대를 물고 마루에 누어 조으는 어머니 몰래 살금 터밭으로 뛰어 가서 개똥불은 하나도 잡지 못하고 이슬에 옷만 호졸근하게 적신다.

파아랗게 어여쁜 불을 켜가지고 저이끼리도 놀 멋에 지쳤는지 홀홀 날아다니는 개똥불이 참말 좋았던 것이다.

개똥불을 잡으려다 못 잡고 돌아오면 빨래를 대리던 형수들이 충동이를 시킨다.

"되렌님!"

"응?"

"참외 먹고 싶지 않우?"

"참외? 나두 주어……."

"호호호호"

"호호호호"

모두들 웃는다.

"참외 먹고 싶어요?"

"응"

"사랑에 나가서 졸라요. 사 달라고……."

이렇게 충동이를 받고 나면 누구든지 아버지든지 형님이든지 내게 졸리어 아니 사주고는 못배긴다.

머슴이나 사랑의 심부름꾼[20]이 그릇을 가지고 나서는 것을 보고 따라 나서려 하나 그것은 절대로 금지다.

申瑛澈 著

참외가 이제나 오나 저제 오나 졸리운 눈을 부비며 까아맣게 기다리다 못하여 그냥 잠이 들어버린다.

이튿날 식전에 잠이 깨어 보면 내 몫으로 큰놈이 두 개나 세 개 앞시렁에서 나를 기다리고 있다.

여름 밤 농촌

☆ 강 경 애

세월도 어지간히 **빠릅**니다. 아이들의 버들피리 소리가 아직도 들리는 듯하건만 벌써 그 봄은 언제 왔드냐는 듯이 자취를 감추어 버리고 초록치마를 길게 느리워 입은 씩씩한 여름철이 닥쳐 왔습니다.

시절이 바뀌임을 따라서 사람들이 느끼는 바 정서도 가지각색으로 변하는 셈인지 어디인지 봄은 심란하게 맞았더니 반대로 이 여름은 즐겁고 기쁘게 맞는 듯싶습니다.

여름……더구나 농촌의 여름은 농민들에게 일 년 중 가장 긴장될 때입니다. 그들의 생명선이 이 여름 한 철에 좌우되기 때문입니다.

그러기에 그분네들은 여름철 들면서부터는 잠 한 잠을 마음 놓고 자지 못하는 모양입니다. 농민들의 그 애쓰는 것을 본다면 우리가 항상 먹는 쌀알이 무심히 보이지를 않고 따라서 우리 같은 기생충이란 모두가 넙적 엎대어 죽어야 마땅하게 생각되지오. 아

---

20) 원문은 '심부름군'.

차 탈선이 됩니다. 이런 푸념은 딴 기회로 미루고…….

지금은 어슴푸레한 황혼입니다.

저어 서천 하늘가에는 붉은 노을빛이 몇 갈래로 찢어 길게 그어 나갔습니다.

그리고 그 아래는 검푸른 산이 마치 병풍 친 것처럼 구불구불 돌아서서 긴장되었구요, 그 뒤로는 어린애의 눈 같은 그렇게 귀여운 별들이 방긋방긋 웃고 있습니다.

저녁 후인 나는 뜰에 나서서 이 모든 것을 바라보다 견딜 수가 없어서 바로 산으로 기어 올라갔습니다.

여기에 올라서 보니 기가 막히게 좋습니다. 이 실경이란 도저히 붓끝으로 그릴 수 없습니다.

눈이 아물아물하도록 펴어 나간 저 푸른 별! 그 속으로 반듯반듯 빛나는 작은 시내며 이 산 모롱이[21] 저 산 모롱이 끝에 다정스레 붙어 앉은 농가들 그리고 들을 건너 깃을 찾는 새 무리들은 푸른 하늘가에 높이 떴습니다. 그 날개까지도 파랗게 보이죠. 낮이 저들에게 있어서 엄한 아버지라면 밤은 저들에게 자애스러운 어머니일 것입니다. 그 평화스러운 품 안에 안기어 차츰차츰 잠들어 가는 저어 푸른 별누가 감히 저들의 고운 꿈을 깨칠 수 있으리까.

이제야 농민들은 들로부터 돌아오는 모양입니다. 살았다 꺼지는 담배불이 여기저기서 나타나 보입니다.

그들의 솜 같이 피로해 풀려진 몸 멀리서도 빤드럼히 보입니다.

그들은 언제나 이렇게 과도히 일을 하고도 호밀조밥조차도 배불리 먹지 못하는 신세이외다.

---

21) 산모퉁이의 휘어 둘린 곳.

나의 앞뒤 집이 농가이기 때문에 저들의 일상생활은 샅샅이 알고 있습니다. 저렇게 늦게 들어와 가지고는 조밥이나 밀죽이나 저 어려운 사람네는 도토리 같은 것으로 겨우 끼니를 에우고는 그만 피로함에 못 이겨 아무 데나 쓰러져 잡니다. 어디 옷을 벗어 보고 이불을 펴 보겠습니까.

부인들은 그나마 잠조차도 못 얻어 자는 것이 이 농촌의 부인들입니다. 해종일 남편과 같이 일을 하고도 밤이 되면 빨래질해서 옷 꼬매누라, 내일 아침먹이 조를 찧어 쌀을 만들며 밀을 갈아 죽 쑬 준비하기에 그 밤을 새우는 것이 거이 늘 되다 싶이 하는 것입니다.

어떤 때 달이나 밝을 때 혹 밤중에 뒷간에 나왔다가 보면 옆집 부인은 바늘²²⁾을 든 채 일감을 떨어뜨리고 벽을 의지하여 잡니다. 그러다가도 무엇에 놀라 다시 바늘을 놀리다가는 금세로 또 졸고 있습니다. 이런 것을 바라볼 때마다 가슴 속에서 무슨 정이 화끈²³⁾ 일어나는 것을 나는 날마다 느낍니다.

그들의 눈물겨운 생활이란 도저히 붓끝으로 그려낼 수 없습니다.

이 밤 그들은 전날과 같이 그런 일을 되풀이하면서 배고픈 밤을 또 지나야 할 것입니다. 농가를 휩싸고 굽이굽이쳐 흐르는 저녁 연기 아마도 밀죽을 끓이거나 도토리를 삶거나 하는 저 연기일 것입니다.

모든 만물은 이 밤에도 살이 오르느라 우적우적 자랄 것이언마는……

남빛보다도 더 푸른 하늘에는 어느덧 별들이 수없이 깔리었습

22) 원문은 '바눌'.
23) 원문은 '확끈'.

니다.

그리고 온 사방은 새삼스럽게 고요합니다. 따라서 어디선가 들려오는 시냇물 소리가 졸졸졸 합니다.

나는 이슬을 촉촉이 맞고 서있음을 발견하자 곧 발길을 돌려 내려왔습니다. 마당에 멍석을 깔고 농부들은 죽 나아 앉아 농사 이야기들을 재미있게 하고 있습니다.

그 옆에서는 모깃불이 향불 같이 피어오릅니다. 그리고 집집 마당에서 빨갛게 움직이는 대림불이며 채마밭에 하얗게 널린 대림질할 옷들 어느 것 하나 시 아닌 것이 없습니다.

지붕 위에는 박꽃이 이슬을 맞아 별같이 피어납니다. 어린애들은 각기 박꽃을 꺾어 들고 신발 소리를 죽이며 그림같이 움직이고 있습니다. 그리하여 박꽃에 와 앉는 풍이라는 나비를 잡아 들고는 좋아라고 깡충깡충 뛰며 이러한 노래를 어울려 부르는 것입니다.

"풍아 풍아

네 꽃은 쓰고

내 꽃은 달다."

이 노래를 따라 나는 문득 나의 어렸을 때를 회상하며 그때에 우리들도 저 노래를 불렀거니 하는 그리운 추억과 함께 저 노래는 누가 지었을까? 하는 의문이 불시에 일어납니다.

자라나 어른이 되면 잊어버리는 그 노래 아마도 그 노래는 어린이들 자신이 풍을 잡기 위한 꾀가 노래화하여 된 모양이다. 그 노래를 입속으로 외어보면 볼수록 어린이들의 그 천진한 감정을 맛볼 수가 있습니다. 혹은 내 그릇된 생각인지는 몰라도 그 노래를 잊어버린 지 몇 해 동안에 나의 한 일이란 무엇이었던가?

시르르 소리를 내며 바람이 선들선들 불어옵니다. 나는 가만히 귀를 기우리니 먼 들에서 곡식대 부벼치는 소리가 은은히 들려옵니다.

농부들의 말을 들으면 이 바람에 곡식들이 살이 오르고 곡식알이 여문다는 것입니다. 반드시 곡식에 한해서 뿐이 아니라 온 만물이 살 오르는가 싶습니다. 앞이마를 덮은 내 머리카락이 살랑살랑 들립니다.

살 오른다는 이 바람! 농촌이 아니고서는 금을 준대도 얻어 보지 못할 이 바람은 가난에 쪼들려 여월 대로 여윈 농민들에게 아낌없이 쏟아져 흐르고 또 흐릅니다.

못 입고 못 먹는 저들이언만 이 바람에는 용기를 얻는가도 싶습니다.

그들의 되는 대로 쓰러져 자는 꼴이 보입니다. 담뱃대를 입에 문 채로 팔을 벼개삼아 혼곤히 잠들었습니다.

동리 아이들의 떠들던 소리도 끊어지고 꺾어 가지고 놀던 박꽃만이 마당이 허어옇도록 떨어져 있습니다. 마치 초겨울을 연상할 만치 그렇게……. 그리고 멀리 들리는 개구리 소리가 자장가로 화하여 그들의 숨소리를 따라 높았다 낮아집니다.

(여섯 줄 삭제)

밤은 깊었습니다. 아직도 그치지 않고 들리느니 부인들의 절구 소리……뒤 이어 나타나는 것은 하나둘의 반딧불.

- 1934. 7월 신가정 -

문장의 비교 감상(鑑賞)

申瑛澈 著

  문장은 비교 감상함으로써 자기 문장의 수련이 된다.

  문장 공부를 시작한 사람이 남의 글이 어디가 어떻다고 큰소리 할 수 있느냐 할 사람이 있을지도 모른다.

  그러나 무책임한 비평이 아니라 참으로 자기의 문장 공부를 살찌게 하는 비평과 감상은 향상의 근본 조건이다.

  문장의 감상은 한 사람의 문장만을 대상으로 할 것이 아니요, 더구나 한 개의 문장만을 추리어 할 것도 아니니 한 개 문장의 한 대목만을 뽑아서 전체의 문장을 연구할 수는 더 더구나 없는 노릇이다.

  평상 생활 속에서 늘 문장을 생각해야 한다. 신문 잡지 단행 출판물을 읽을 때는 항상 조심해서 훌륭한 문장이 나오면 곧 그날로 오리거나 가려내서 책으로 매어 두고 가끔 읽어 보고 또 여러 사람의 문장을 각각 좋은 점, 나쁜 점, 혼자 지적해 보고 자기도 비슷한 문장을 적어 보고……이렇게 꾸준히 갈고 닦아야 한다.

  다음에 게재1)한 여러 분의 글을 읽으며 여러 각도로 비교 연구해 보자.

  여러 분의 문장이 하나도 똑같은 호흡 아니고 재미있는 색채를 나타내고 있음을 느낄 것이다.

  좋은 글을 본받자. 훌륭한 문장을 고르고 가려 본받자. 잡된 문장

---

1) 원문은 '계재'.

과 써내 버리는 휴지 같은 문장에 현혹되지 말자. 이상의 몇 분 문장을 읽을 때 우리는 각각 인격과 표현의 태도를 헤아릴 수 있다.

곧 청초체거나 강건체거나 같은 문장체 속에도 또 한 개의 차이를 발견하게 되니 그것이 문장의 개성이다.

아름다운 문장, 굳센 문장, 시원한 문장, 깨끗한 문장 얼마든지 갈라 연구할 수 있으나 어떠한 문장이거나 개성이 뚜렷하지 못한 문장은 아직 수준 이하라고 단언할 수 있다.

그러므로 훌륭한 문장은 훌륭한 개성을 전제로 하며 훌륭한 개성은 숭고 위대한 사상을 전제로 한다.

진실로 문장의 노릇 이루기 어려움을 뼈 깊이 체험하지 못한 사람일진대 어찌 더불어 문장을 이야기하랴.

영국 문인 오스카 와일드는 그 옥중기(獄中記) 속에서 "아아! 눈물로 밤을 새우며 찬 빵을 씹어 보지 못한 사람은 인생의 의의를 깨닫지 못하리라." 하였다.

문장의 길은 칸첸중가의 높은 멧부리는 아니지만 그렇다고 네브스키의 큰 길도 아니다.

눈물로 펜을 잡고 밤을 새워 보지 않은 사람은 문장의 길을 모를 것이다.

봄비 내리는 포도(鋪道)

뿌듯이 부풀어 오른 땅 위에,
비는 소리 없이 내린다.
뽀오얗던 먼지가 가라앉아,

청초한 맛이 오히려 냄새날 듯한데,
알몸뚱아리로 비를 맞으며,
멋없이 가로에 선 푸라타나스여,
몸씨도 못생기게 몽두라졌구나.
겨울이 잘라간 네 조막손이 같은 가지 밑을
청춘이 지나간다.
가지 밑에 우산이 있고,
우산 아래 가슴과 가슴이 있고……
두 얼굴은 희망과 투지(鬪志)에 미소를 띠우는데,
우산이 가리어 보이지는 않는구나.
봄비가 내린다.

(1949. 3. 국도신문)

풍년 비

4일 새벽 3시 반부터 내리기 시작한 비는 이 땅의 풍년을 약속하는 듯 모내기도 한숨 끝난 경향 각지에 줄기차게 퍼부어 서울만 하여도 62.6미리라는 알맞은 강우량을 보이고 있다. 이번 비는 이앙 성적이 지지하던 남부 지방에 더욱 흡족하여 상세한 보고는 아직[2] 들어오지 않았으나 백 미리를 훨씬 돌파하였을 것이라 하며 곡창 호남평야 일대의 풍년은 틀림없게 되었다. 한편 날씨는 아직도 비구름이 오락가락하나 이 이상 비는 더 내리지 않을 것이라고

---

2) 원문은 '아즉'.

기상대는 관측하고 있다.

(1948. 7. 6. 조선일보)

오늘이 초복

오늘은 초복이다. 가뭄[3]이 계속되던 끝에 십칠일에는 92도(화씨)[4]로 수은주(水銀柱)가 고등하였으며 바야흐로 염제(炎帝)의 맹위가 한창이다. 지렁이도 말라 죽는다는 오늘이기에 잔등에 배는 땀쯤 어련한 것이련만 마구 전신에서 샘솟는 땀에 누구나 느른해진다. 적력(的歷)한 태양에 보도가 훅훅 닳고 무거운 짐 끄는 마소가 애처롭다.[5] 말복(末伏)까지 2순 비바람도 순조로이 오곡이나 무럭무럭 자라거라.

(1949. 7. 19. 국도신문)

오늘이 추석

○ …앞논에 고개 숙인 찰벼를 베어서[6] 절구통에 빻아 송편을 빚고 뒷밭에 가꾸었던 햇팥을 따서 복식이가 좋아하는 팥고물을 버물여 할아버지 할머니 순이랑 막둥이도 중천에 떠오른 둥근 달 하늘 아래 올해의 풍년을 즐기는 추석 날.

---

3) 원문은 '가믊'.
4) 원문은 '9십2도'.
5) 원문은 '애처럽다'.
6) 원문은 '비어서'.

○…옛날 이웃 나라 중국의 백성들이 윗사람의 압정에 시달려서 살 무렵 오손도손[7] 한 자리에 할 수 없는 이야기를 한가위를 이용하여 중추 월병(仲秋月餠)빚은 때에 그 속에 비밀문서 남모르게 숨겨 담아 이곳저곳 돌렸다는 전설도 있거니와.

○…이제 나라 바로잡고 싱싱하게 커나가는 행복된 이 땅에야 참으로 이런 추석 얘기는 전설로 들리과저 두둥실 밝은 달에 어인 시름이 있을손가.

○…그러나 하나 이루어지지 못한 강산의 통일만은 남모르는 고통을 이 가슴에 뿜어주니 저 밝은 한가위의 달아 원한의 38선을 어이 비추어 주려는고…….

(1949. 10. 6. 국도신문)

추석과 성묘

○…추석날 "미아리"며 "망우리"의 묘지는 선조의 산소를 찾은 성묘꾼[8]들로 이른 아침부터 혼잡스러웠다.

○…잿상이 무너지도록 번다스럽게 차린 명문의 산소이며 한 잔 술을 부어놓고 곡을 하는 초라한 묘전에도 다 같이 선형을 모시는 정성은 쪼갤 수가 없더라.

○…다만 갈꽃 핀 언덕 위 이름 없는 무덤 앞엔 찾아주는 그림자도 없어 무심한 가을바람만 솔밭을 스쳐 갈 뿐…….

(1949. 10. 7. 국도신문)

---

7) 원문은 '오신도신'
8) 원문은 '성묘군'.

申瑛澈 著

추위를 부르는 가을 비

○…가을도 짙은 어제 오전에는 궂은 비 차거웁게 내려 겨울을 재촉하는 듯.

○…비바람 맞아 우수수 떨어진 "푸라타나스"의 잎이 둘둘 말려 포도(鋪道)를 굴러다닌다.

○…옷깃에 스며드는 쌀쌀한 바람에 길가는 사람의 표정이 자못 우울하다.

○…옷 걱정 쌀 걱정 가까이는 김장 걱정…가을비 내리는 "페이브멘트"에 겨우살이 걱정이 차겹게 스며든다.

(1949. 10. 30. 국도신문)

어제가 소설(小雪)

어제가 소설(小雪) 우수수 나무잎 지고 기러기 북국 소식을 전한 것도 엊그제 같은데 어언 입동(立冬)이 지나고 소설이 닥쳤으니 대설(大雪) 또한 머지않다. 소설이면 흰 눈 뿌려 모진 겨울의 푸레류유드를 올리는 계절 가난과 굶주림에 우는 겨레들은 말만 들어도 몸을 웃씩 옴츠뜨린다.

입동과 함께 자취를 감췄어야 할 김장거리가 아직도 임자를 못 만나고 거리에 그대로 쌓여 있음은 겨레의 가난을 웅변으로 말해줌이리라! 하늘은 무심ㅎ지 않은 것 푸근한 날씨만은 추위로부터 가엾은 우리들을 포근히 휩싸주고 있다. 훈훈한 방안에 앉아 새하얀 설경(雪景)을 그리고 김장이 시어질 걱정을 하는 족속이여 벌반으라!

(1948. 11. 국도신문)

(단편소설) 문화사 대계(文化史大系)

허 윤 석

수심도 설음도 모르는 명랑한 얼굴이었다. 웃음과 향기로만 한 시절 꽃이 피던, 그러한 얼굴과 자리를 같이하던[9] 곳은 한 떨기 구름도 소낙비를 곧잘 지워주는 산속이었다.

산속은 호담해서 좋았다. 구름을 본 산새들이 마음이 달떠 울고, 풀꽃도 무더기[10]로 피었다. 잎만 피어오르던 목련마저 하던 버릇 그대로 가지 위에 무수히 꽃을 치레하고 있었다.

산과, 구름과, 꽃에 어리운 다음이래서 설레기만 하잘 것이 아니라, 부드러운 산의 호흡에 사랑이 살쪄 보는 것도 그리 싫지는 않았다. 돌바위엔 어느 때부터 시작된 생장인지, 그 연륜조차 모르는 돌이끼를 깔고 즐거운 얼굴들이 마주앉아 있느라면 때로는 산비가 수어수어 숲을 밟으며 골을 묻었다.

비에 쫓긴 새소리가 소낙비를 뒤에 달고 비보다 앞을 서 산속으로 쪽쪽 몰려 왔다. 엄연하던 자연이 젖나무와 바위를 안은 산이 새소리에 빗소리에 칠칠 울었다. 구름이나 머리에 감고 앉았던 듬성한 산이언만 어느덧[11] 풀어진 마음이 작은 새와 마주 이야기를

---

9) 원문은 '가치하던'.
10) 원문은 '무데기'.
11) 원문은 '어느듯'.

주고받으며 산은 저대로 수다를 떨었다. 굴뚝새가 울어도 산은 탐내 울었다. 멧새가 울어도 산은 비어 울었다. 노루가 울어 골 안은 후들후들 목을 떨어 울기까지 했다.

산비는 돌이끼를 축이며 깊숙이[12] 왔다. 현배는 비를 맞으며 웃었다. 득심이도 현배가 하자는 대로 비를 맞으며 웃을 수밖에 없었다. 빗물이 줄줄 등골을 그어도 아무렇지도 않게 여겼다. 산에 앉은 바위여니, 바위요 돌이끼가 이렇게 산비에 젖거니만 했다.

비가 가는 대로 산새는 골을 울리며 멀리로 옮아갔다. 새소리에 귀담하던 득심이가 현배를 바라보며 웃는 것이었다.

"작은 새 소리에 산이 우나 보지요."

"그랬다구 부자연하잘 것두 없지."

"그래두요. 천연스럽진 못한가 봐요."

"그럼 수다스럽다는 거구."

"수다스럽잖구요. 범이 운담 몰라두. 커단 산이 새한테 밑이 빠져 울구. 안그래요."

득심이는 현배를 비꼬아 보았다. 현배도 넌지시[13] 웃었다.

"새가 울었으니까 산도 울어야 옳잖나."

"아스세요. 그런 거룬 이론이 서지 않는 걸요. 암만 새가 먼저 울었담 크단 체신머리에 저렇게 울구야 비겁한 거지 뭐야요."

바위가 하듯이 말이 없던 득심이가 어느새 현배의 마음에다 돌을 던져 보는 것이었다. 산비가 가져오는 기능으로 해서 급각도로 쏟아지는 득심이의 변조에 현배는 도리어[14] 현기증을 느꼈다.

---

12) 원문은 '깊숙히'.
13) 원문은 '넌즛이'.
14) 원문은 '도로혀'.

"그렇다구 사낼 넘볼텐가."

"넘보았담 어쩔테야요. 그만 속을 모를라구요. 미리 비어 앉았던 걸 뭐."

여전히 비는 왔다. 눈에서는 빗물이 목이져 흘렀다. 득심이는 비에 젖은 치마 앞자락을 휘근히 감아 짰다.

"그럼 이게 다 산울림이야요. 남 끌어다 앉히구 이렇게 빌 맞히구두 산울림인 체만 해 보세요. 누가 속나 봐요."

"이까진 소낙비가 다 놀라운가?"

현배는 마음이 잡히고 나자 얼굴부터 확확 달아 왔다. 득심이는 현배의 기색을 떠 보잘 것 없이 주먹다짐으로 대들었다. (이하 생략)

(잡지 민성 1949. 3호)

번지 없는 마을
오백 년 역사의 청계천
— 대기를 지붕 삼는 격세의 족속 —

역사는 탁류라 했다. 탁류와 더불어 흘러가는 인류의 하루하루 그가 바로 세상 무리들 "인생"의 그지없는 항로라 하였다. 고대광실 높은 집에 사시풍류도 일장몽이요 개천가 움막집의 일야편편도 인생이어늘 그래도 사람 사람은 언제나 제 잘 삶만 원하고 끝이 없나니 이것이 부질없는 인간 세상의 심정인가보다.

서울은 근조 5백년의 유서 깊은 도읍지 가지가지의 애락을 자아내며 오늘에 이르렀다. 남산(南山) 기슭 낙락장송에 얽혔다 풀리고 다시 풀려 얽혔던 궁전 귀인들의 요료한 풍악 소리 지새는 추야장

심문장강화

을 못내 짧다 하였거니와[15] 서소문안 천인촌엔 발전자 봉창문에 울음소리 끝이 없고 청계천(淸溪川) 빨래터엔 아낙네들의 짙은 한숨이 흐르는 맑은 물을 멈추게도 하였더라.

그러면 사람은 가고 가고 다시 가 지금은 자취조차 찾을 바이 없건만 산천은 유구해서 예가 이제니 흐르는 청계천은 오늘도 하염없다. 서울의 역사를 홀로 겪고 흐르는 시내 정히 청계천은 5백 년의 탁류를 오늘도 이어가며 흐르는 물결이다. 무상한 변천을 안 다 않고 흘러가는 청계천 그는 지금 다시 또 하나의 울음과 한숨을 쉬고 지나니 위로부터 광교(廣橋)다리 안 장교(長橋)에 수표교(手標橋) 화리개 다리에서 효경(孝經) 다리를 지나서 오관수(五觀水) 서문 밖을 한없이 내려가며 무수한 낙오자를 끼어 안고 있는 것이다.

언제부터 다리 밑에 인기척이 있었고 토막과 움막의 마을이 생겼는지 아는 자는 말 없는 청계천뿐이려니와 세상의 버림을 받은 그들 낙오자들이 유일의 안식처로 찾아든 것이겠다. 걸인과는 또 다른 그들의 처지 직업은 뒷골목의 쓰레기통 뒤짐이요 양철 부스럭지에 콧종이며 고무신짝에 깨어진 병쪽 이런 것을 줍는 게 하루의 일과이다. 잘 벌면 날벌이로 3백 원이 고작이요 비 오는 날이면 낮잠이 일거리다. 시궁창에 밥 끓이고[16] 하수통에 낯을 씻고 은하수를 이불삼아 거적으로 몸 가리고 쓸쓸한 가을밤을 소리 없이 지낼 제 무심한 풀벌레[17]만 개울가에 처량하고 내리는 밤이슬이 잠자리를 지켜준다.

"번지 없는 마을" 콩쿠리이 다리 밑에 인생의 시름을 의지하는

---

15) 원문은 '하였더니와'.
16) 원문은 '밥끄리고'.
17) 원문은 '풀버레'.

그들 가련한 족속들이여 너희들의 형제가 자아내는 부질없는 역사의 탁류 속에 어이 너희들만이 고귀한 제물이 되었더란[18] 말이냐!

다리 밑을 소요하는 기자의 가슴에는 그대들의 체온이 이렇게도 가깝게 느껴지는데 굳이 세상을 싫다 하는 너희들의 심사가 대체 어디서 온 버릇인 것이냐!

5대6신 성한 몸을 시궁창에 떠맡기고 싸늘한 가을밤을 움츠려 잠 못 이루는 그대들의 아픔을, 이 가련한 족속들아 어찌 이 기자만이 안다 할 것이냐.

(1949. 9. 20. 국도신문)

낭패(狼狽)

이 희 승

일이 잘못된 경우에 우리는 흔히[19] "낭패"란 말을 쓴다.

"이거 낭팬걸."

"그 사람 실직을 해서 낭패야 낭패."

이 '낭패'란 말의 어원은 무엇일까.

세상에는 '狼狽'란 짐승이 있다. 그런데 '狼'이란 짐승은 앞발 둘만 있고 '狽'란 짐승은 뒷발만이 둘이 있어서 狼과 狽는 둘이 꼭 달라붙어서 떨어지지 말아야 비로소 훌륭한 한 놈의 몫의 활동을 할 수 있다 한다. 일설에는 狼과 狽는 좌반우반(左半右半)의 반쪽 몸뚱이[20]밖에 없어서 앞뒷발 하나씩만 가지고 있는 짐승이라고도

---

18) 원문은 '되었드란'.
19) 원문은 '흔이'.

한다.

어쨌든21) 이 둘은 항상 붙어 있어야만 한다. 만일 어쩌다가 떨어지는 날이면 그야말로 낭패요, 큰일이다. 이만저만한 낭패가 아니요 치명적 대낭패다.

우리나라의 현재 상태는 이 낭패와 같다. 38남북의 어느 것이 狼이요 어느 것이 狽인 것은 물을 필요도 없다. 어쨌든 붙으면 살고 떨어지면 낭패다, 대낭패다. 생명을 잃어버리는 낭패다.

(1948. 12. 서울신문)

글을 어떻게 보는가?

장 지 영

우리는 글을 배우고 글을 쓴다. 그런데 대체 글이란 것은 무엇인가? 우리가 글은 왜 쓰는가? 글과 사람의 관계는 어떠한가?

누구든지 글이 무엇인가를 모를 사람은 없을 것이다마는 그러나 사람들이 참스런 의미에 있어서 글이 과연 무엇인가를 생각해 보지 아니하고 그저 글이 있으니까 쓴다. 또 쓰자니까 배운다 하는 것처럼 무관심하면서 배우고 쓰는 것 같다. 그러기 때문에 글에 대한 알아차림이 바르지 못하여서 우리 살림살이의 실지 문제까지 그르치는 일이 적지 않다고 생각된다.

글이란 무엇인가? 하는 문제에 대하여 내가 생각하는 대로 말하여 보려 한다.

---

20) 원문은 '몸뚱이'.
21) 원문은 '어쨌던'.

글이란 대체 무엇인가? 묻는다면 "글은 아무 다른 것이 아니요, 우리의 지식을 담은 그릇이다"라고 대답하겠다. 이를 다시 말하면, 사람의 생활은 고립적이 아니요 서로 관련적이기 때문에 우리 사람의 이지도 연관적으로 생장하며 발달되어 가는 것이다. 사람은 저의 관찰이나 경험으로 일어나는 생각과 또 이성으로 깨달은 지혜를 항상 남에게 알리려 하며 또 남의 생각과 지혜를 내가 알고자 한다. 그래서 서로 의사를 소통하며 지식을 교환한다. 그래서 인류의 문화는 발전되어 가는 것이다. 그런데 이처럼 사람과 사람의 이지를 소통하고 생활 방도를 연결하여 주는 것은 곧 말이다. 그런데 말이란 사람의 입에서 내는 소리에 의지하는 것이므로 소리결(音波)이 갈 수 있는 거리까지만 소용이 있고 또 소리결이 움직이는 시간까지만 효과가 있는 것이다. 그러므로 그 효과는 공간적으로 좁고 시간적으로 짧다.

그런데 인류 문화의 정도가 높아 갈수록[22] 그 생활의 범위를 공간적으로 넓히고 시간적으로 늘이고 한다. 그리해서 이 요구를 만족시키기 위하여 글이라는 것이 생기게 된 것이다.

글은 말과 똑같이 사람의 뜻을 담아서 다른 사람에게 넘겨주는 것이다. 이제 이 두 가지를 비교한다면 말은 입으로 나오는 소리를 가지고 남의 귀에 들려주는 것이요 글은 손으로 그림을 그려서 남의 눈에 보여 주는 것이다.

이 두 가지가 그 나타내는 방식은 각각 다르나 다 같이 사람의 뜻을 나타냄에 쓰이는 것이므로 이 두 가지는 꼭 일치되어야 한다. 곧 말을 적으면 글이 되고 글을 읽으면 말이 되어야 한다. 만

---

22) 원문은 '갈쓰록'.

申瑛澈 著

일에 이 두 가지가 서로 떠나서 다르게 되어서는 못쓴다. 그러므로 글은 별것이 아니라, 사람의 생활을 위하여 사람의 뜻을 소통하고 전달하는 데, 그 뜻을 담는 그릇 곧 뜻을 전하는데 쓰이는 연장이다. 그러므로 글은 첫째로 뜻을 담기에 편리하고 정확하여 글을 쓰는 이는 자기의 뜻과 틀림이 없이 발표할 수 있게 되어야 할 것이며, 둘째로 사람이 보기에 쉽고 똑똑하여 이 글을 보는 이는 발표하는 이의 먹은 뜻 그대로 틀림없이 알아차리게 되어야 한다. 만일에 글이 어렵거나 흐리멍덩하여 쓰는 이가 자기의 뜻을 어떻게 나타낼까 하고 그 길을 찾기에 힘이 든다든지 또 보는 이가 글을 대하여 그 글을 뜯어보기에 힘이 들거나 또는 뜻을 바로 해석하기에 힘이 든다면 이는 글로서 가진 구실을 다하지 못하는 것이니 결단코 좋은 글이 아니다. 그러므로 글이란 쓰는 이와 보는 이 사이에 오해나 모순이 생기지 말고 아무쪼록 쉽고 정확하게 전달되어야만 하는 것이다. 혹 옛날 사람들의 생각과 같이 글을 한 가지의 종교와 같이 여기며 어떠한 신비한 생각을 붙여 가지고 실지 생활에서 뛰어 벗어나서 우상처럼 모셔 놓고 어렵든지 쉽든지 편하든지 거북하든지 여기에 감히 의견을 붙여서 의논하거나 비평하거나도 못하고 그저 무조건 굴복하여 자기가 글을 배우는 목적도 모르고 덮어 놓고 글을 배우는 것이 오직 사람 된 의무로만 생각하여 많은 시간과 정신을 허비하여 가면서 배우고도 마침내는 자기가 편지 한 장도 시원히 쓰지 못하고 글 한 줄도 똑똑히 보지 못하면서 그래도 그 이해를 깨닫지 못하는 것은 참으로 어리석기 짝이 없다.

우리는 글이란 무엇인가를 똑바로 깨달아야 한다.

글이란 것은 우리의 실지 생활을 떠나서는 아무 값이 없는 것이다. 글이란 학문의 본 몸이 아니다. 학문은 우리 인류 생활에 필요한 온갖 도덕적 온갖 지식을 가리켜 말하는 것이다. 그러니까 글은 이 학문을 담아 가지고 우리에게 전하여 주는 것뿐이다. 그 글 제 몸에는 아무 도덕도 없고 아무 지식도 없는 것이다. 그러니까 우리가 글을 말할 때에는 반드시 그 글이

첫째로, 배우기 쉬운가?

둘째로, 쓰기 쉬운가?

셋째로, 알아보기 쉬운가?

넷째로, 정확하여 쓴 사람의 뜻을 틀림없이 그대로 알아 볼 수 있는가?

이 네 가지를 살펴서 그 글의 우열을 작정할 것이다. 그러면 이제 우리글을 좀 살펴보자.

첫째로, 우리글은 그 잣수가 모두 스물 넉 자밖에 안 되니 배우기가 쉽다.

둘째로, 우리글은 소리글이요 또 우리말에 맞는 글이니까 누구든지 자기가 말할 것을 생각하면서 그대로만 따라 쓰면 자기 뜻에 있는 것을 다 쓸 수 있으니 쓰기가 쉽다.

셋째로, 우리글은 남의 글처럼 소리가 여러 가지로 나가지 아니하고 한 글자 한 글자가 일정한 소리를 가져서 스물 네 글자만 알면 곧 읽을 수가 있고 또 말과 꼭 같은 글이기 때문에 말을 할 줄 아는 사람이면 그 뜻을 곧 알게 되니 알아보기가 쉽다.

넷째로, 우리글은 말 그대로 쓰는 글이니까 한 번 써 놓으면 누가23) 읽든지 쓴 사람의 뜻 그대로 알게 되고 조금이라도 달리 해석하게 되지 않아서 한문(漢文)처럼 한 글자

申瑛澈 著

가 뜻이 여러 가지로 나가게 되어서 보는 사람에 따라 여러 가지로 해석 할 수 있게 되지는 않았다. 오해를 일으키는 일은 절대로 없으니 참으로 정확한 글이다.

우리는 과연 남보다 뛰어난 이런 좋은 글을 가졌다. 우리가 오늘부터 이 글로 온갖 도덕을 적어서 국민을 가르치면 어느 사람이나 도덕을 모를 사람이 없을 것이며 온갖 과학을 적어 국민을 가르치면 어느 사람이나 과학 지식을 가지지 않은 사람이 없을 것이니 그리만 되면 우리 국민의 행복과 우리 국가의 일어남이 얼마나 장하게 될 것인가.

우리는 이러한 보배를 가지고도 잘 쓸 줄을 모르고 남의 것만 좋아하다가 마침내 오늘날과 같이 도덕은 땅에 떨어지고 지식은 빈탕이 되어 이러한 비참한 생활을 하게 되지 않았는가?

이것은 마치 금은주옥을 가지고도 쓸 줄을 몰라 가난에 볶이며 진수성찬을 앞에 받아 놓고도 먹지를 않아 굶어 죽는 셈이다. 이 얼마나 답답한 일이냐. 자! 이제 우리는 과거에 사대사상에 깊이 들었던 잠을 깨우고 눈을 떠서 밝은 세계를 바로 보고 우리의 살아갈 길을 찾자. 오늘부터는 우리의 말과 우리의 글로 뜻있고 힘있고 빛있는 살림을 살아 보자!

(1949. 잡지 한글 1호)

---

23) 원문은 '누구가'.

(동화) 꽃 피는 마을

임 원 호

이른 봄철이었습니다. 여기 저기 파릇파릇 새싹이 돋고 꽃 피울 바람 소리 솔솔 기어다니며 맴을 돕니다.

할아버지는 양지 쪽에 나앉아 담배 한 대 피우시며 먼 하늘을 바라 보셨습니다. 뭉게뭉게 하얀 구름이 탐스러운 함박꽃처럼 함씬 핀 살구꽃처럼 갖은 모양으로 피어올랐습니다.

그 아래로 흘러 내려 보이는 얼룩얼룩 사태난 산 황토박이 언덕 길 그리고 오막살이 초라한 집들 우리가 사는 고장은 쓸쓸도 하였습니다.

할아버지는 그 무슨 생각에 깊이 잠기어 앉아 계셨습니다. 그러다가는 가만히 일어나시며 입가에 웃음을 띠우셨습니다.

"옳아! 꽃 피는 마을을 만들자 능금나무를 함씬 심어서……."

할아버지는 그 길로 나서서 능금씨를 모으셨습니다. 건너 마을로 뒷마을로 멀리 멀리 읍내 장터로 돌아다니시며 얻어 들이고 사들이고 하셨습니다.

두고두고 며칠을 두고 걷어 들인 능금씨가 함박으로 여러 함박이었습니다. 할아버지는 함박 들고 괭이 메고 돌아다니시며 부지런히 능금 씨를 심으셨습니다.

"예다 하나 심어라!"

"여기도 또 심어라!"

사태난 산에도 황토박이 언덕에도 오막살이 집 언저리에도……
모조리 심으셨습니다. 이 마을에 젊은이들이 보고는 이상한 듯이 물었습니다.

"할아버지 그걸 그리 공들여 심으시면 무얼하세요. 얼마나 사신
다고요."

"아니지! 자네들 모르는 말일세. 차차 두고만 보게나그려."

빙그레 웃으시며 대답하시는 할아버지 얼굴은 전보다도 더욱
정다워 보였습니다.

따뜻한 햇볕 훈훈한 바람에 능금 씨는 한 알도 안 곯고 모두 모
두 싹이 텄습니다. 해가 갈수록[24] 능금나무 싹은 무럭무럭 잘 자
랐습니다.

몇 해 후 능금나무는 제법 자랐습니다. 봄바람에 별처럼 능금나
무는 첫 꽃이 돋기 시작했습니다.

"꽃 피는 마을이 되는구나!"

할아버지는 꽃보고 반겨하시다가 이우는 꽃과 같이[25] 세상을
떠나셨습니다. 할아버지가 가시고 난 뒤로도 능금나무는 아무 탈
없이 잘 자랐습니다. 길길이 자라서 이 마을은 능금나무밭처럼 되
었습니다.

봄 철이 돌아오면은 진주처럼 별처럼 고운 능금꽃으로 이 마을
은 꽃 대궐을 꾸며 놓았습니다. 할아버지 소원대로 "꽃피는 마을"
이 되었습니다. "꽃 피는 마을" 소문을 듣고 구경 오는 사람도 많
았습니다.

철따라 꽃이 이울면 조롱조롱 커나는 능금 열매도 예뻤습니다.
해와 달과 이슬과 비와 바람은 이 열매들을 살찌웠습니다.

가을바람 간들거리면은 푸른 잎 그 속에 울긋불긋[26] 능금 덩어

24) 원문은 '갈쑤록에'.
25) 원문은 '한양'.
26) 원문은 '울긋불긋'.

리는 탐스러웠습니다. 그리고 뒷동산 할아버지 산소 앞 꼬부랑길
로 능금 바구니를 이고 들고 다니는 아이들의 웃음소리가 흥겨웠
습니다.

(1949. 10. 7. 서울신문)

申
瑛
澈
著

신문장강화

申瑛澈 著

문장편

대개 문장을 나누어 다음 표와 같이 다루는 바, 여기엔 주장으로 문장을 배우는 이들의 편의를 따라 각종 문장의 요령을 기술하고 예문을 보여 체득하기에 편리하게 하고자 한다.

문장의 갈래

1. 기사문(記事文)　① 기실문(記實文)
　　　　　　　　② 서사문(敍事文)
　　　　　　　　③ 일기문(日記文)
　　　　　　　　④ 기행문(紀行文)
　　　　　　　　⑤ 기전문(記傳文)
2. 논설문(論說文)　① 논의문(論議文)
　　　　　　　　② 해설문(解說文)
　　　　　　　　③ 변난문(辯難文)
　　　　　　　　④ 비평문(批評文)
　　　　　　　　⑤ 풍유문(諷諭文)
3. 서정문(抒情文)
4. 수필문(隨筆文)
5. 특수문(特殊文)

1. 기사문(記事文)

요령

申瑛澈 著

　문장 가운데 가장 널리 실용되며 다루기 힘든 것이 기사문이다. 기사문을 자유롭게 다루어 내는 사람이면 우선 문장가로서의 첫 계단을 올라선 분이라고 할 수 있을 것이다.

　눈과 귀에 비친 대로 생각에 나타난 대로 제 느낀 것을 그대로 읽는 사람에게 전달하도록 쓰면 될 것이다.

　공연히 흰소리를 늘어놓고[1] 풍을 쪄서 번지르르하게 꾸미려고 고생스럽게 힘쓰는 사람이 있으나 문장 공부를 하는 사람은 결코 그런 버릇에 물들어서는 안 된다.

　일상의 생활 속에서 늘 자상하게 헤아리며 진실하게 살피어 관찰과 사고(思考)의 세련을 쌓으면 우리를 싸고 있는 환경은 늘 문장 연구 수련의 훌륭한 스승인 것이다.

　기사문은 문장가로 출세하려는 사람뿐만 아니라 사회생활을 제대로 하려는 사람은 반드시 대충 적을 줄 알아야 한다.

　인류의 생활이 언어로 말미암아 비약적 진보를 거듭했으며 복잡 미묘한 시대의 공기가 말 한 마디 글 한 구절[2]로 혹은 풍운을 희롱하며 혹은 생명과 자유를 조우하며 혹은 이해와 득실 성패(成敗)와 이둔(利鈍)을 저울질함을 깨닫는다면 누구나 다 같이 제 의식과 감정을 가장 현명하게 나타낼 줄을 알아야 되겠다는 결론을 얻을 것

---

1) 원문은 '느러놓고'.
2) 원문은 '귀절'.

이다.

그것은 그리 어려운 일이 아니니 얼마만큼의 노력과 관심으로 아무나 능히 이룰 수 있는 일인 것이다. 글자만 알면 글이 저절로 나올 줄 아는 사람이 있으나 이런 사람은 문장의 길을 모르는 사람이라 아니 할 수 없다.

기실문(記實文)

요령

기실문이라 하는 것은 어떤 특정한 일이나 물건을 목적 대상으로 삼아 적는 글이다.

그러므로 본 것, 들은 것, 느낀 것, 생각하는 것……모두 다 기실문의 대상인 것이다. 기실문의 요령은 그 사실 현상의 어떠함을 그리는 데 있다.

이를테면 한강물이 소리 없이 노돌을 감는데 흰구름의 그림자 한가롭게 떠 흐르는 모양을 그리면 이는 기실문에 틀림없으나 혹은 여울 되어 소리치며 혹은 조금(潮干)과 마주쳐서 물결소리 바람을 몰아오는 모양 같은 움직이는 현상을 그리면 이는 서사문이 될 것이다.

글로 그린다 해도 따지고 보면 그 현상뿐만 아니라 그 내용과 정신마저 적어 내어 읽는 사람으로 하여금 그 글 속에 녹아들어가게 해야 할 것이다.

현상을 그림에는 두 가지 방법이 있으니 각 부분을 세밀하게 적는 방법은 세사법(細寫法)이라 하며 특수한 한 부분만을 가려내어 적는 방법은 활사법(活寫法)이라 한다.

세사법은 마치 사진과 같고 활사법은 그림과 같다.

사진 기술은 초학자라도 어지간히 배울 수 있으나 그림은 아무나 잘 되지 않는다.

따라서 문장을 배우는 사람은 우선 세사법으로 어느 정도 공부가 진전된 다음 활사법을 체득하도록 해야 할 것이다.

그러나 세사법이니 활사법이니 초드는 것보다 기실문은 항상 진실한 모양을 적는 것임을 잊어서는 안 된다.

서사문(敍事文)

요령

서사문은 움직이는 현상을 주장으로 적은 문장이다.

먼저 말한 기실문이 고요한 일 또는 공간적(空間的)인 내용임에 견주어 서사문은 시간의 경과를 적는 것이니 기실문이 사진이나 그림이라 하면 서사문은 영화(映畵)라고 할 것이다.

연애, 여행, 역사, 소설, 일기, 기행, 기전, 이런 여러 가지 문장은 모두 이 서사문에 드는 것이다.

서사문의 첫째 조심은 그 시간 경과의 차례를 가지런히 해야 한다. 헝클어진3) 실뭉치처럼 적어서는 못쓴다. 첫 시작을 잘 생각하여 적기 시작하면 글의 목적과 관계없는 일 또는 관계 적은 일은 아끼지 말고 덜어내야 한다.

공연히 학식 자랑이나 하듯이 늘어놓아서는 읽는 이에게 고통을 주기 쉬우며 또는 염증을 일으키기 쉽다.

신문의 기사는 대강 다 이 서사문이다. 다만 신문의 기사는 아주 객관적이라야 하며 신속 정확해야 한다.

보통 서사문의 요점으로

① 어디서

② 누가

③ 무엇을

---

3) 원문은 '헝크러진'.

④ 언제

⑤ 어찌했다

의 다섯 가지를 문장 지도 서적들은 지적하고 있다.

특히 신문 기사라 하면 ① 정확 ② 냉정 ③ 명쾌하여야 한다. 군소리 기자의 의견 따위를 흥분하여 섞어 쓰는 폐단이 있으나 그런 기사는 낙제다.

(신문기사) **우리글의 기념식**
천도교 강당에서 의의 깊게 거행

세종대왕께서 온 사람이 쉽게 익혀 널리 쓸 수 있도록 하기 위하여 "한글"을 창제하신 지도 어느 듯 5백 1주년을 맞이하게 되었다. 4천 년 유구한 역사의 문화 민족으로서 9일 한글 기념일을 맞이하여 민족의 자랑을 더 한층[4] 빛내는 동시에 자주적인 민족의식을 고취 선양하고 아울러 그 발전을 촉진하기 위하여 조선어학회에서는 가을비 시름시름 내리는 이날 아침 아홉 시부터 만장 입추의 여지없이 쇄도한 시민과 더불어 천도교 강당에서 성대하고 엄숙한 기념식과 강연회를 열었다.

먼저 정태진 씨의 사회로 개회하여 애국가 봉창이 있고 장지영 씨의 의미심장한 개회사에 이어 이중화 씨의 훈민정음 서문 낭독, 최현배 씨의 한글 반포 기념사, 김병제 씨의 한글의 연혁, 이극로 씨의 사전 발행사, 정인승 씨의 사전 편찬의 경과보고, 유억겸, 윤

---

4) 원문은 '한칭'.

기섭 양씨의 축사 각 문화 단체로부터의 축전 축문 낭독, 이화여자중학교 합창단의 한글 노래 등 순서로 아침 열 시 반 폐식한 후 연희대학 김선기 씨와 조선어학회 신영철 씨의 특별 강연이 있고 오정에 감격 깊게 모임을 마치었다.

(1947. 10. 9. 동아일보)

학구(學究)

요사이 흔히 "학생들이 공부를 안 하고 놀기만 한다"는 말을 듣는다. 그러나 학생들이 공부를 안 하는 것이 아니고 여러 가지 조건이 "배움"을 게을리 하게 되어 있지 않은가 한다. 설비의 빈약은 말할 것도 없고 교수 능력도 없는 선생들의 범람, 기부금 등살, 학원 테러[5]의 빈발 등은 학생들의 학원에 대한 매력을 거의 상실케[6] 했다는 원인이 있지 않은가 하는 것이다. 다행히 요즈음 문교 당국에서는 이러한 여러 가지 교육계의 타성을 타파하려는 노력을 보이기 시작하였다.

즉 국민 교육의 헌장(憲章)이 될 교육 기본법(敎育基本法)의 제정 등을 비롯하여 학제 수정, 교원의 재심사 특별, 군사 훈련 등 시기에 맞는 대책이 세워져 있다. 그러나 여기에 한 가지 커다란 애로가 있다는 것을 지적 않을 수 없는 것이니 전국 대, 중, 소학 학생 총수 2백9십여 만을 맡아 가지고 있는 문교부 예산이 너무 빈약한 것이다. 지난 일 년 총예산이 십칠억이었으며 금년 들어 이보다

---

5) 원문은 '학원 테로'.
6) 원문은 '상실ㅎ게'.

약간의 증가를 보였다고는 하나 아직도 의무 교육을 비롯해서 학원 교육의 충실을 기도하기에는 너무 적다.

각 선진국에서는 교육비로 국가 예산의 3분의 1을 계상하고 있는 것을 보고 우리나라 형편을 볼 때 실로 한심하다[7] 아니 할 수 없는 것이다. 물론 우리는 우리나라 현재 형편이 다른 면의 건설에 많은 제약을 받고 있는 관계로 유독 교육 부문에만 풍족한 예산을 세울 수 없다는 실정도 잘 알고 있다.

그러나 장래할 국가 운명이 국가의 중견층이 될 청소년 학도들이 공부를 잘하게 되느냐 못하게 되느냐 하는 데 크나큰 영향이 있을 것인 만큼 웬만한 곤란은 배제하도록[8] 하여 무리를 해서라도 문교 예산의 대폭적인 증액이 있기를 바라고 싶다.

다시 말한다. 종래와 같은 환경 속 비좁은 교사, 감화력 없는 교수, 정치적 압력 등이 강요되는 등 영양 부족의 학원 내에서는 어떠한 좋은 계획이 있다 할지라도 진정한 교육이 있을 수 없는 것이다.

학도들은 어떠한 정치적 도구나 모략의 집단으로 이용됨이 없이 자유로운 학구의 길로 줄달음질쳐서 제군의 어깨에 이 나라 이 민족의 운명이 달려 있음을 알라! 등불 아래 공부하는 모습이야말로 나라의 보배요, 사회의 초석이다. 새봄은 제군들의 어깨너머로 화살 같이 빠른 세월을 재촉하고 있지 않은가?

(1949. 1. 9. 서울신문)

---

7) 원문은 '한심ㅎ다'.
8) 원문은 '배제ㅎ도록'.

직장의 불연속선

① 간호부

○…"무슨 취미나 오락으로 간호부가 된 것은 아니야요, 웃학교도 가지 못한 저희들이 쉽게 구할 수 있는 직업이라고는 간호부 정도밖에 더 있어요." 20세기 이 나라의 "나이팅게일"의 후예는 성스러운 천사의 직을 이러한 동기에서 구했다고 말한다.

○…나이는 열아홉, 병원에 취직한 지 3년이라는데 월급은 지금 6천 원, 개인 병원이라서 일요일도 없고 출퇴근도 일정하지를[9] 않는 직업에 건강한 사람과는 연이 없는 일터다. 밤낮으로 상대는 이상인(異常人) 뿐이다. 그 속에 신경이 시달릴 대로 시달려 과년찬 처녀의 성격이 유동성(流動性)을 잊어버리고 "주사침" 같은 꼬챙이 성미에 "메스" 같이 찬 감정을 "핀셋트"처럼 꼬집을 줄만 알게 된다. 그러는 중에도 환자들에게 대해선 되도록 친절하려고[10] 애쓰는 그들의 심로(心勞)엔 참으로 동정의 여지가 없을 수 없다.

○…"딱할 때요? 그런 경우가 많지요…더욱이 밤중에 급한 환자의 왕진을 청해 왔을 때 의사 선생님이 있으면서도 없다고 거절하는 경우 그럴 때는 애원하는 손님을 돌려보내기가 정말 딱해요. 그러나 그보다도 돈이 없는 사람이라고 몹시 신음하고 있는 환자를 의사가 차거웁게 거절하는 것을 볼 때는 먼저 이런 꼴을 보지 않으면 안 될 직업을 구한 내 자신을 한탄할 때도 많아요."

○…"그러나 금방 죽어가던 외상 환자가 경각간의 손쉬운[11] 응

---
9) 원문은 '일정ㅎ지를'.
10) 원문은 '친절할려고'.
11) 원문은 '손싼'.

급조치로 생명을 돌릴 때는 한밤중의 단잠을 깨인 불평은 사라지고 한없는 기쁨을 느낍니다" 귀중한 생명을 구원해 주는 천사의 본의가 여기에 있는 것 같이 이런 말을 할 때의 간호부의 표정에는 "주사침"이나 "핀셋트"의 영향은 흔적도 찾아 볼 수도 없었다. 사람이 병들기만 원하는(?) 또한 그래야만 장사가 되는 의사 직업 그 아래 꽃다운 청춘을 바치고 있는 "나이팅게일"의 후예에 축복 있으라.

② 여차장(女車掌)

새벽 네 시다. 경애는 억지로 일어나서 세수를 하고 어제 밤에 남겨 두었던 식은 밥을 찬물에 몇 술 떠먹고는[12] 아버지와 동생들이 먹을 아침쌀을 불만 지피면 되도록 준비를 하여 놓고 집을 나왔다.

열두 살 때 어머니를 여의고[13] 그해 소학교 4학년을 중도 퇴학한 경애는 그날부터 중풍에 걸린 아버지와 어린 세 동생을 위해서 직업 전선으로 나서지 않으면 안 되었다. 급사 여점원 살이를 전전하다가 열 일곱나는 해에 전차 여차장 모집에 뽑힌 것이 스물이 되는 오늘까지 꼬박[14] 삼 년 동안 뭇사람에 시달리는 차장 생활을 그대로 계속해 나왔었다.

○　　　○

다섯 시 반 출근부에 도장을 찍고 노량진으로 나가 일 번차의 표식판을 갈아 붙였다. 아직 이른 아침이라 역으로 나가는 손님이

---

12) 원문은 '놓아 먹군'.
13) 원문은 '여이고'.
14) 원문은 '꼽박'.

몇 분 탔을 뿐 차간은 쓸쓸하리만큼 휘영하다. 새벽의 조용한 거리를 달리는 차간에 서서 경애의 머리는 또 오늘 하루의 괴로움을 생각하고는 자기도 모르게 상을 찌푸렸다. 출근 시간으로부터 시작되어 밤 열한 시 종차가 그칠 때까지 계속하는 전차의 혼잡······ 언제나 가운데 문을 맡아 보는 경애에게 무엇보다도 고통스러운 시간이 점점 가까워 온다.

연약한 여자라고 막 우격다짐으로 밀어 닥치는 뱃심 좋은 사내들. 무슨 "패스"15)며 신분 증명서는 그리 많은지 언젠가 한 번은 패스도 안 내고 타는 손님을 차장의 직책으로 물어 보다가 그것이 사복한 ○○이어서 손님들 환시 속에 따귀를 얻어맞은 일도 있었다.

철모르는 여자들의 억지도 어지간하려니와 태워서는 안 될 가운데 문으로 꼬부랑16) 할머니가 오를 때는 정말 딱한 마음을 어쩔 수 없는 때도 있었고······. 그래도 손님들은 자칫하면 욕지거리를 퍼붓기가 일쑤였다. 그밖에도 남모르는 고통을 주는 날이 있고······다리가 아픈 정도는 이제 예사이지만 두 시간이 걸리는 노량진 왕복에 소변이 마려워서 아랫배가 틀어 오를 때도 있었다.

경애의 월급은 지난 달 5천원에서 7천원으로 올랐다. 녹슨17) 쇳소리를 내며 삐걱거리고 굴러 가는 전차 속에 오늘도 경애의 얼굴이 무표정하게 실려 다니리라.

---

15) 원문은 '파스'.
16) 원문은 '꼬불아진'.
17) 원문은 '녹쓸은'.

③ 구두쟁이

"허허허……제 따위에 무슨 추석날이지요. 하루 살기가 가빠서 죽겠쉬다." 8월 한가윗날 거리에 넘쳐흐르는 갖은[18] 호사를 아는지 모르는지[19] 굳게 닫긴 빌딩[20]의 한 모퉁이에 징을 박고 있는 "구두쟁이"가 있었다.

○……깔아 놓은 푸대 조각 위에는 너댓 개의 구두창과 구두약이 있었고 가죽 나부래기가 놓여 있는 궤짝 안에는 가위에 송곳, 망치에 찌께, 바늘이며 실 등 구두 수선에 필요한 조막손이 연장들이 흩어져 놓여 있다.

○……언라 구제품의 쭈그러진[21] 운동화를 신고 망치를 토닥거리고 앉아있는[22] 그의 가족은 어린애를 끼어서 셋이라 한다. "여북하면 추석을 모르고 일을 하러 나왔겠소." 그러는 그의 하루 벌이가 고작해야 5백 원. 지난번 어느 날엔 단돈 70원 쥐고 들어간 일도 있었고 그나마도 비가 오면 허탕이 일수니 한 달에 만 원이 못되는 생활비도 영 벌어 대기가 어렵다는 그의 표정에 참으로 한가위의 풍정이 너무나도 쓸쓸하게 어리어 있다.

○……"자아 보십시오. 세 식구 먹는데 꼭 하루 두 됫박의 쌀이 듭니다. 그래서 쌀값이 2백4십 원, 나무 5십 원짜리 한 단을 하루 걸이로 땝니다. 반찬이라고 간장에 절여[23] 먹는 무 값이 하루 2십 원, 된장 간쭉 값이 하루 2십 원. 이러면 한 달에 얼마 듭니까?

○……한 달에 9천백5십 원의 생활비. "선생님, 통일은 언제 됩

---

18) 원문은 '가진'.
19) 원문은 '아는체 모르는체'.
20) 원문은 '삘딩'.
21) 원문은 '쭈굴어진'
22) 원문은 '앉았는'.
23) 원문은 '제려'.

니까?" 이 말에 기자는 무어라 대답할 것인가. 반드시 알아야 할 구두쟁이며 "기자"의 절실한 물음이면서도 또한 다 같이 말할 수 없는 우리들의 숙명?

"저두 고향에 있을 때는 추석이면 산소에 성묘도 갔습니다만……빨리 통일이 돼얄텐데……" 혼잣말로 중얼거리고 사르르 눈을 감아보는 "구두쟁이"의 머릿속엔 정녕 그리운 고향 산천이 아득히 떠올랐으리라. 그 앞을 상복을 차린 성묘꾼들이 "하이야아"의 먼지를 올리며 수없이 수없이 달려가더라.

(1949.10. 국도신문)

허물어져가는 민족의 보배

국 도 신 문 특 파 원 문 제 안

멧부리 하나에 신라 천 년의 역사가 어리어 있고 나뭇가지 하나에 서라벌(徐羅伐) 왕조의 "로맨스"가 맺히어 있는가 하면 길가 풀숲에 묻혀 있는 깨어진 기왓장 한 조각에 호화찬란한 신라 문화가 빛나고 있다는 고적(古蹟)의 땅 경주(慶州)는 멀리 2천여 년 전의 석기시대(石器時代)로부터 신라 천 년 전을 거쳐 가까이 근조선 시대에 이르기까지의 이 땅의 5천년 역사를 가장 체계 있게 설명하여 주는 산 역사책인 동시에 산 박물관이다.

그러므로해서 경주는 고고학자의 목말라 찾는 바 되고 시인 묵객의 즐겨 다니는 바 되는 것인데 해방 전에는 일제가 보존 연구라는 미명 아래 침범했고 해방 후에는 무지 몽매한 속인들의 뜻 없는 괭이자루와 허무맹랑한 도적들의 괴이한24) 도굴로 말미암아

침범되어 우리의 자랑인 경주는 황폐의 일로를 걸어 학술계는 물론 3천만이 다 같이 애석함을 금하지[25] 못하고 있다. 이에 기자는 실지 답사의 보고를 공개함으로써 당국의 긴급 적절한 대책을 촉구하여 마지않는 바이다.

기자가 경주에 첫 발을 내디딘[26] 것은 8일 오후. 역전에 나서자 느낀 첫 인상은 담배와 과자부스러기를 더 많이 진열한 소위 경주 탐방 기념품을 판다는 판장으로 너절하게 붙여 지은 깨끗하지 못한 노점의 군상으로 말미암아 이전에 본 "고적의 경주"는 남한 각지 어디에서나 볼 수 있는 "불가사리의 거리"[27]가 벌어져 있는 민생고(民生苦)에 우는 지방 소도시로 비춰졌다.

9일 이른 아침 먼저 박물관을 찾으니 깨끗한 관내에서 관장 안내로 서울서 왔다는 심계원(審計院) 직원 두 분이 진열품 검열을 하고 있다. 8일에는 경주 고적 보존 현상 조사차 파견된 문교부 직원이 두 분이 다녀갔다고 하고 또 심계원 직원이 두 분, 이렇게 검열하고 있는 것을 볼 때 정부 당국이 경주 고적에 대해서 관심을 가지고 있다는 사실은 짐작할 수 있었다.

돌아보니 3천 년 가까운 옛날 우리의 선조가 썼다는 가지가지 석기(石器)로부터 청동(靑銅)의 가지가지 제품, 그 후의 철기(鐵器), 불상, 기와, 벽돌, 그릇, 장신구 등 시대를 따라 정연히 진열되어 있는데 철이나 청동 같은 금속 제품보다 돌이나 진흙 같은 것으로 만든 석기 도자기가 오히려 더 완전한 형태로 보전되어 있었다.

봉덕사(奉德寺)의 에밀레종과 순금 왕관을 비롯해서 불상, 비석

---

24) 원문은 '고이한'.
25) 원문은 '금ㅎ지'.
26) 원문은 '내어디딘'.
27) 원문은 '불가살이의 거리'.

申瑛澈 著

등 호화찬란하면서도 예술의 향기 그윽이[28] 풍기는 신라 천 년의 옛 문화를 "파노라마"와 같이 눈앞에 선히 그려 주는 이들 선인이 남겨 놓은 예술품 앞에 설 때 먼저 그 위대함에 고개 숙여지는 동시에 지금은 비록 두 갈래진 좁은 국토 안에서 울부짖는 약소민족이나 내 피 안에 섞여 있는 그들 선인의 피가 언제이고 다시 용솟음쳐 문화의 꽃을 또다시 세상에 자랑할 수 있으리라는 희망이 기자로 하여금 가슴을 내밀게 하였다.

그러나 박물관을 한 발 나서니 크고 작은 고분들이 혹은 밭으로 일구어지고 혹은 주택지로 밀려 스러져서 경주 주민의 고분(古墳)에 대한 무성의한 태도에 놀라지 않을 수 없었다. 지금 서울에서 그 모조품이 도적맞아 화제가 되어 있는 금관이나 경주 박물관에 있는 금관이 모두 집 짓다 우연한 기회에 괭이 끝에 걸리는 고물에 의아를 느껴 파헤친 조그마한 고분에서 나온 사실을 돌이켜[29] 생각할 때 경주 거리거리의 한줌 흙 밑에는 그 무엇이 매장되어 있을는지 참으로 예측하기 어려운 일이라 조심스럽기 짝이 없는 터인데 그래도 모습을 갖추어 있는 고분들을 특히 고적보존령(古蹟保存令)으로 엄금되어 있음에도 불구하고 침범하는 것을 볼 때 경주 행정 책임자 및 단속 당국의 태만을 의심하지 않을 수 없었다.

이어 순로를 따라 고적을 역방하고 십 일에는 비 내리는 불국사와 석굴암 등지를 돌았는데 사찰에는 관리인이나 보호자가 있었으나 포석정(鮑石亭)이나 석빙고(石氷庫)같은 파괴되기 쉬운 곳에도 관리인이나 보호자가 안 보였으며 안압지(雁鴨池)의 임해정(臨海亭)같은 곳에는 술파는 젊은 여자가 취객과 더불어 희롱하고 있어 기

---

28) 원문은 '그윽히'.
29) 원문은 '도리켜'.

자로 하여금 마음 아프게 하였다.

더욱이 약 3도 동북쪽으로 기울어진 첨성대(瞻星臺)며 불상과 석문이 없어지고 깨어진 분황사(芬皇寺) 석탑이며 무너진 각 왕릉의 돌담이며 애석하고 근심스러운 일이 한두 가지가 아니었다.

그나 그뿐인가 분격을 금하지[30] 못한 것은 가지가지 국보로 유명한 불국사의 연화교(蓮花橋) 석재가 3년 전 봄에 당시 경상남도에 재직 중인 모 고관이 부하들과 더불어 취흥에 겨워 희롱하며 돌아가다 미군 대형 "트럭"을 잘못 돌려 중간이 부러져 못쓰게 된 사실이다. 지도급에 있는 고관의 몸으로서 고이고이 간직해야 할 고적을 취흥에 겨워 파괴했다는 사실은 당연히 책임져야 할 것임에도 불구하고 이제 누구라 찾아 볼 길이 없음을 기화로 돌아보지 않는 비굴한 그의 태도와 아울러 참으로 통탄을 금하지 못하게 하였다.

요컨대 정부 당국은 국기 다사다난하다는 변명을 앞세울 것이 아니라 한 번 파괴되면 다시 찾아볼 수 없다는 사실을 명심해서 최대의 능력을 발휘하여 고분 등 고적 보존 지대의 정리·정비 및 발굴에 힘쓰고 지상 고적의 수리·수호에 만전을 다하여야 할 것이며 경주 주민과 3천만 동포는 다 같이 협심해서 고적 애호의 국민 운동을 전개하여 고적 보존에 노력하여야 할 것이다.

이에 대해서 경주 고적 보존회 회장인 경주 군수인 이정한씨는 다음과 같이 말했다.

"해방 전 왜정 때에는 고적 보전에는 힘썼으나 고분 지대 침범은 그다지 힘쓰지 않은 것 같으며 해방 후에는 고적 보존이나 고분 지대 침범에 대해서 단속할 여력이 없었던 모양이다. 그러나

---

30) 원문은 '금ㅎ지'.

申瑛澈 著

내가 부임한 후에는 경찰과 협력하여 현재 이상으로는 침범하지 못하게 하고 있으며 중앙 정부의 보조로 불국사의 수리를 금년 내로 실시하기로 하였다. 그러나 고적 보존회나 군(郡) 당국으로는 경비가 없어서 아무러한 대책을 세우지도 못하고 있는 형편이다."

경주박물관장 담

"큰일입니다. 일반의 고적에 대한 인식이 새로워지기 전에는 참으로 어려운 일입니다. 물론 정부 당국이나 현지 관민 경찰이 협심 노력해야 할 것이나 그보다도 일반 주민의 각성이 필요 시급합니다. 이러한 의미에서 고적 애호 국민운동이 필요하다고 생각합니다. 고분에 대해서는 한시 바삐 중앙 정부에서 경비를 지출하여 그 형태를 잃기 시작한 고분과 주택지로 편입되어 가는 고분 즉 머지않아 이 세상에서 잊어버리기 쉬운 고분을 먼저 발굴해서 그 대지를 일반에게 개방하는 것이 제일 상책이라고 생각합니다. 지금 현상으로는 고분 자체에 형태 소멸도 있지만 도굴(盜掘)도 물론 극히 우려되는 바입니다."

경주 경찰서장 담

"고분 지대 침범을 단속 못한 데 대해서 책임을 느끼나 그러나 그들이 전재민인 까닭에 그리고 현재 경주 지대의 긴박한 정세에 비추어 부득이한 일이다.

그러나 앞으로는 현재 이상이 침범자와 도굴(盜掘) 등 악질 행위의 혐의가 있는 자는 적극 적발하여 엄중 단속할 작정이다. 그러므로 앞으로는 이러한 일이 차차로 없어질 것이다."

(1949. 9. 13. 국도신문)

경마장 풍경
― 일확천금(一攫千金)의 황금몽(黃金夢) ―

申瑛澈 著

서울의 몬테칼로는 동대문 밖의 경마장(競馬場), 일확천금(一攫千金)의 황금몽(黃金夢)을 싣고 도박(賭博)의 거리를 헤매는 가엾은 무리들의 돈과 말과 마권(馬券)으로 엉클어진 생활이야말로 20세기가 낳은 새로운 또 하나의 인생도(人生圖)에 틀림없다. 기름때 쪼르르 흐르는 샛노란 얼굴에 두 눈만 반짝이는 맛대기군 손에서 춤추는 지전 뭉치가 홍분으로 수라장을 이룬 최후의 일각을 앞두고 촌 영감의 운명을 결정짓는가 하면은 자포자기로 내버리듯 사 본 마권 몇 장이 예상외에 맞아서 막다른 골목에서 한숨짓는 젊은 건달에게 돈 벼락을 치는 꿈같은 이야기도 있다.

그런가 하면 돈독이 올라 집 팔아 가지고 온 중년 과부의 최후의 생명선이 소매치기의 감쪽같은 재주에 넘어가 언제 어디서 없어진 줄도 모르게 사라지고 마는 웃지 못할 "넌센스"도 여기서 찾아 볼 수 있는가 하면은 한 손에 마권을 쥐고 또 한 손에 기생 손을 잡고서 뛰는 말을 소리쳐 부르며 그래도 못 잊어 구두를 닦고 있는 멋쟁이 유야랑의 "댄디이즘"도 또한 이곳이 아니면 찾아 볼 수 없는 광경. 그나 그뿐인가, 요조숙녀에 틀림없을 젊으나 젊은 귀부인이 치맛자락 바람에 휘날리며 마권 사러 다니는 품도 볼 만하려니와 조촐한 양장에 양 가슴만 뽈록한[31] 아릿다운 처녀가 이 층 "로비"에서 지나간 황금몽을 저주하듯 휴지[32]가 되어버린 마권을 천 조각 만 조각 찢어서는 눈 같이 뿌려 버리는 한숨의 장면

---

31) 원문은 '뽈록한'.
32) 원문은 '수지'.

도 있는 것이다.

이 같이 그야말로 각계각층의 인사(人士?)가 다 모인 데 웃고 울고 슬프고 즐겁고가 다 한데 엉켜서 오늘의 경마장 풍경을 이루고 있다. 이 같이 만화경(萬華鏡) 속 같은 천태만상의 인생 축도도 수천 년 내려오며 되풀이된 인간 역사의 흥망성쇠와 같이 하루에도 수십 번 되풀이[33]되고 있음에 그들에게는 아무러한 자극도 줄 수 없으며 새삼스러운 "유라" 거리도 되지 않는 것이다. 자고새면 돈과 말과 마권과 맞대기 그들에게 보이는 것은 극히 간단해서 이 네 가지가 존재할 뿐 그밖에 모든 것은 다 경마장밖에 없는 그들과는 인연 없는 딴 사바의 일로 밖에 생각되지 않는 모양이다.

이 같이 해서 경마장에 던지고 가는 돈이 하루에도 수백만 원, 지난 봄 3월부터 7월까지 다섯 차례 경마 38일간에 마권 판매 총액이 무려 5억 2천만 원이라는 놀라운 숫자가 된다. 그 내용을 보면 마권 총 판매액이 5억2천2백7십9만여 원, 그 중 배당되어 마권을 산 경마꾼[34]에게 돌아간 것이 3억7천9백만 원, 정부납부금이 7백7십8만5천여 원, 마권세가 5천여만 원, 그리고 마사회의 수입이 되는 매득금(賣得金)이 9천6백7십7만여 원, 이밖에 지불할 수 없어서 모인 끝전이 무려 1백3십3만여 원이나 된다.

그리고 지난번 봄 경마 중의 최고 배당 기록이 백 원짜리 마권 한 장에 17만 원 아무리 졸장부도 한 번 해볼 만한 숫자이다.

그러나 이 배당을 타 간 사람은 단지 한 사람으로 마권 일곱 장을 샀었기 때문에 7백 원으로 119만 원의 배당금을 가져갔다.

이러고 보매 각계각층의 인사(?)가 다 몰려들어 저마다 황금몽

---

33) 원문은 '되푸리'.
34) 원문은 '경마군'.

에 홀려 춤을 추는 거도 무리는 아니다. 그러나 경마장에는 경마장으로서의 대의명분(大義名分)이 서 있다. 요즈음 날치기 사업가와 달라서 마산장려(馬山獎勵), 마종개량(馬種改良), 군마 생산(軍馬生産)의 세 가지 대의명분이 뚜렷이 서 있어서 세상의 모든 비난을 한 몸에 다 받아 가며 한때 복마전(伏魔殿)이라는 별칭까지 받은 일이 있는 한국마사회(韓國馬事會)의 금후 사업성적은 범죄 온상으로서의 죄과를 씻고 남을 만한 공헌을 세울 수 있을 것인가? 극히 주목되는 바이다.

(1949. 9. 26. 국도신문)

申瑛澈 著

청산리 혈전 약사(靑山里血戰略史)
— 일본군 3천여 명을 섬멸 —

1920년 만주 동북 한국 독립군 무장 부대는 그 수가 3만여 명에 달하고 민중 조직도 견고해지고 왜놈을 격타할 식량도 강대하여져 있었다. 이에 일제는 놀라서 동북 독립군을 토벌할 것을 계획하였다.

그때는 바로 왜놈들이 시베리아에 출병(出兵)하였던 때이니 해삼위(海參威) 일대에 왜병에 중점을 두고 한국에 와 있는 적과 서로 호응하여 남북 협공으로 공세를 발동하려고 하였다.

동년 7월 중국 안도현(安圖縣)의 중국인 일부 애국 청년들이 일본의 동북 압박에 반항할 것을 결심하고 동월 상순 한국지사와 함께 훈춘(渾春) 일본 영사관을 습격하여 일본 경관 3십여 명을 사살하였다.

일제는 이것을 구실로 중국 정부에 엄중한 항의를 제출하고 그들의 피흘린 대가를 요구하고 8월말 경에는 무장 행동을 개시하여 한국독립군을 양로로 진공하기 시작하였으니, 즉 한편에서는 19사단을 파출하여 시베리아로부터 장고봉(張鼓峰) 부근을 경과하여 남하하게35) 하고 다른 한편으로는 21사단을 파견하여 한국 나남(羅南)으로부터 도문강(圖們江)을 건너 북상하게36) 하고 연도(沿道) 일대에 무장 경관을 배치하고 청산리(靑山里)로 진공하여 집중해 있는 한국 독립군의 주력, 즉 북로군정서(北勞軍政署)를 포착(捕捉) 섬멸하려고 기도하였다.

북로군정서는 김좌진 장군의 영도 아래 길림성(吉林省)에서 분투하고 있는데 그 근거지는 길림 왕청현 서대파구(西大波溝) 안의 대삼림(大森林) 속에 있었다. 이 삼림은 끝없이 넓고 검푸른 숲이 수천 리를 뻗친 장백산 삼림의 한 끝으로 대자연이 만든 기적이라 할 수 있는 것이었다. 여기서 소포(小砲), 기관총, 소총 등의 무기를 구해 놓은 한편 사관 연성소를 설립하고 6백여 명의 학생을 훈련하고 있었다.

그리하여 두 개의 보병 대대와 약 1천5백 내외의 병력을 가지고 있었다. 7월 하순 독립군은 이 병력을 가지고 도문강을 건너 조국에 들어오려고 원래의 근거지를 떠나서 장백산을 향하여 행군을 시작하여 길림 화룡현(和龍縣) 청산리 동구에 이르렀을 때 여기서 일본군을 만나 드디어 청산리의 전쟁이 벌어진 것이었다.

일본군들은 보병(步兵), 기병(騎兵), 포병(砲兵), 공병(工兵) 연합해서 1혼성 여단의 병력을 가지고 있었다.

---

35) 원문은 '남하ㅎ게'.
36) 원문은'북상ㅎ게'.

독립군은 9월 9일 새벽에 지형(地形)이 유리한 백운평(白雲坪)으로 전진하여 보병의 3분지 2와 비전투원을 합하여 제1지대를 조직하여 김좌진 장군의 직접 지휘로 전장에서 멀리 떨어져 있으면서 지휘하고 사관생을 기간으로 하여 보병 3분지 1을 배합시켜 제2지대를 조직하여 이범석 장군 직접 지휘로 밀림 속에 들어가 적이 오기를 기다리고 있었다.

이 밀림 지대는 길이가 56리 넓이가 2리에 그 중간으로 계류가 관통되었고 그 양면은 칼로 깎아 세운 듯한 험준한 고산이고 이 밀림 지대의 3면은 무성한 삼림이 포위하고 있어 한 사람이라도 자유행동을 할 수 없는 곳이었다. 여기서 적이 오기를 기다렸다.

적은 기병 25연대의 일부를 원정시켜 아무 저항도 없이 백운평을 진공 점령하였다.

9월 십일 새벽 다섯 시, 제1지대는 밀림 속에서 4중대로 나누어 좌우 3방으로 배치하고 이민화(李敏華), 한근원(韓根源), 김훈(金勳), 이교성(李敎成) 등 중대장으로 하여금 지휘하게[37] 하고 정면 지구에서 이범석 장군이 전군을 지휘하였다.

여덟 시경, 적의 전위 부대 1천여 명은 독립군이 대기하고 있는 줄은 전연 모르고 밀림 속으로 한 줄기 길을 따라 들어오기 시작하였다. 그들 부대가 전부 밀림 속으로 들어 왔을 때 광풍 폭우와 같은 총포의 탄환이 사방에서 쏟아져 나왔다. 그것은 천 마리 만 마리의 맹호의 부르짖음보다도 더 무섭고 두려운 쇳덩어리의 아우성이었다.

이리하여 그들 천여 명은 완전히 섬멸된 것이다. 그러나 적은

---

37) 원문은 '지휘ㅎ게'.

가만히 있지 않았다.

적의 후원 부대 1중대는 다시 밀림 지대를 공격하여 왔다. 그러나 그들 역시 완전히 괴멸되고 말았다. 적은 더욱 초조하여 8, 9천 명의 대부대가 다시 이 밀림 지대를 포위하기 시작하였다.

독립군은 이를 맞아 싸웠으나 결국은 퇴각하는 것이 유리함을 알고 갑산촌(甲山村)으로 퇴각하였다. 백운평 전역의 전과는 적의 사상이 2천 2백여 명, 독립군 사상이 2십 명, 그 중 세 명을 제외하고는 완치되었다.

1백6십리를 급행군한 후 갑산촌에 다달았을 때 쉬일 사이도 없이 또 전투는 벌어졌다. 적의 기병 1백20여 명이 천수평(泉水坪)에 머물러 있다는 정보를 듣고 즉시 이를 공격하여 대장 도전(島田)이 목을 자르고 거의 전부를 섬멸하였다.

그러나 탈주한 기병이 그들 사령부에 보고하여 다시 적의 공격은 개시되어 독립군은 마록구(馬鹿溝) 북편 고지로 진행 대기하였다. 적은 패세를 만회하고자 전 부대를 거느리고 가납(加納) 연대장의 지휘 아래 맹렬히 공격하여 왔다.

김좌진 장군과 이범석 장군은 직접 제일선에 서서 독립군을 지휘하여 최선 최고의 방어와 사살을 감해하였다. 적은 무수히 쓰러지고 드디어 가납 연대장도 총탄에 쓰러졌다.

그러나 적의 군력은 독립군의 20배 이상이었으므로 약 반 시간 동안의 치열한 전투 끝에 다음날의 전투를 위하여 비상한 노력으로 포위망을 뚫고 후퇴하였다. 이로써 마록구(馬鹿溝) 전투는 끝났으며, 이 전투에 적의 사상은 천여 명에 달하였고, 두 주야 동안 백운평, 천수평, 마록구 등 3회에 걸친 격전을 한 후 청산리의 혈전은 위대한 승리를 거두고 종막을 고하였던 것이다.

청산리 싸움의 통계를 보면 적의 총 동원수가 두 사단(師團), 또 연도에 있던 경관이 5만여 명, 우리 편은 비전투원까지 합하여 2천 8백여 명, 독립군 한 사람이 평균 소위 "황군" 20명과 싸운 셈이다.

한편 적의 사상 판명은 3천3백여 명, 우리 편은 전사가 60여 명, 사상자가 90여 명, 실종자가 2백여 명이 있는데 결국 독립군 한 사람의 목숨과 일본군 스무 놈의 목숨과 바꾼 셈이다.

이것은 세계 사상에 희유한 전과이며 우리나라 독립 항쟁사에 길이 빛날 역사적 사실인 것이다.

(1949. 10. 31. 태양신문)

申瑛澈 著

일기문(日記文)

요령

일기라 함은 사생활의 기록이니 하루하루 생활하는 환경의 변전, 감정의 얽힘, 사상의 동향, 인격의 반성 등이 내용으로 되는 가장 친근한 글이다.

따라서 일기는 원래 저 혼자 적는 글이니 누가 볼 것도 아니요, 또 남의 일기는 안 보는 것이 예의인 것이다.

인생은 쓰라린 현실에 얽매여 허덕이면서도 희망과 꿈을 되살리며 삶의 의의를 찾고자 애쓴다.

그러기에 흘러가는 세월에 안타까운 추억을 남기며 지나온 자취를 달콤한 애수로 돌이켜 생각한다.

기념행사, 기념품, 기념사업 등이 있는 것처럼 기념 문장이 필요한 것이다.

　　일기는 바로 저 스스로의 기념 문장이다. 기념행사, 사업, 이런 것이 단지 지난날을 기념하는 것에 그치지 않고 다시 새로운 역사 창조를 북돋는 앞날의 보람에 대한 새 출발임과 같이 이리도 또한 그저 지나 온 기록에 그치지 않고 날마다 새로운 미덥고 느꺼운 삶을 찾자는 데 그 의의가 있는 것이다.

　　옛 중국 탕왕(湯王)은 세수 대야에 "일일신 우일신(日日新又日新)"이란 글자를 새기고[38] 자기 수양을 피했다 하거니와 우리도 일기를 적음으로써 자기 향상의 채찍[39]을 삼아야 할 것이다.

　　그런데 일기를 문장으로 문제 삼는 까닭은 그 내용보다도 그 적는 형식과 표현의 방법에 대한 연구를 하자는 데 이유가 있으므로 일기에 대한 설명은 군소리가 될 듯하다.

　　일기문은 그 내용을 따라 얼마든지 나눌 수 있다.

　　학자의 일기, 법률가의 일기, 실업가의 일기, 뱃사람의 일기, 죄수의 일기⋯⋯. 그러나 저 혼자 보기 위한 일기와 남에게 보이기 위한 두 가지 일기가 있다고 할 것이다.

　　어느 편이고 일기를 적는 것은 취미와 습관이 되도록 힘써야 한다.

　　그러는 동안이면 문장에 대한 수련이 될 것이다. 다만 너무 애써서 문장을 꾸미고자 하면 거짓이 적히고 또는 적는 시간이 오래 걸려 고통이 될 것이니 나오는 대로 쉽게 쓸 일이다. 곧 문장의 공부는 일기문부터 시작된다.

　　진실한 자기의 기록, 숨결이 통하는 종이와 펜 사이에 그려지는

---

38) 원문은 '사기고'.
39) 원문은 '채쭉'.

속임 없는 자기 삶의 기록, 그 속에서 새로운 용기와 발전이 샘솟을 것이다.

어려운 말을 버리자, 쉽고 싱싱한 나의 생활 안에 뛰노는 아름다운 말을 골라 적자.

申瑛澈 著

일기의 한 토막

위 정

1949. 10월 ×일. 맑다.

새벽 창 안으로 참새 한 마리 날아들어[40] 푸드득거려 꿈을 깨었다.

유미는 "잡아 줘! 아버지. 실에 매어 가지고 놀게!" 간청했으나 단연 "자유 해방" 시킬 것을 결심! 아내는 "저렇게 잡아 달래는 것을……."

잠시 잡아 주자는 청이다.

"너희가 죄 없이 매어서 장난감 되기를 바라느냐!"

소리를 지르고 싶었으나 꾹! 참고 생명의 자유를 설교, 한 바탕 웃었다.

오전 교수 시간, 학생들이 열심히 청강. 나도 긴장, 헐벗고 굶주려도 배우고자 하는 젊은 남녀들!

자라라, 나라의 보배들이여!

오후 오래간만에 테니스코트에서 두 시간 학생들과 뛰놀았다. 상쾌! 유쾌!

---

40) 원문은 '날라 들어'.

저녁 동방문화사 신형이 내방. 출판 원고 부탁이 벌써 몇 번째. 늘 바빠서 못 쓰는 이유를 설명.

두시(杜詩)를 읽다 열한 시 잠자리로 든다.

1949. 10월 ×. 흐리다. 맑다.

찬바람 이마를 스치어 새벽꿈이 차다. 일곱 시 한길을 쓰는 손이 시리다. 대문 옆 벚나무 잎이 이제는 거의[41] 단풍들었다.

쌓이는 낙엽 하나, 둘! 깔리는 누런 잎 붉은 잎. 차마[42] 밟지 못해 쓸기조차 애석한 여린 마음. 나는 오늘도 낙엽을 쓸며 낙엽 같은 인생을 생각했다. 현관 국화 향내가 더욱 서리어 어린 날 아버님께서 국화 키우시던 때를 회상하고 가슴이 뭉클했다.

오전 교수 끝나자 연구실로 들어가 원고 집필. 오후 두 시, 이 교수가 내방. 일본 조일신문을 갖다주어 고맙게 받았다.

저녁엔 문과 학생들이 놀러 와서 마침 며칠 전 사두었던 감이 맛있다 하여 한꺼번에 열 개를 집어섰다.

30분 만에 학생들은 가고, 이어 대동야승(大東野乘)을 읽다 열한 시 잔다.

1949. 10월 ×일. 맑다. 비 내리다.

등교하며 바라보는 한강 위의 붉은 돛 두어 개 순풍을 안고 미끄러진다.

언제 보아도 아름다운 한강 명수대의 세월은 늘 꿈 속 같다. 잠시 시름을 잊을 수 있는 이 고개와 풍경, 오히려 나는 행복한[43]

---

41) 원문은 '거이'.
42) 원문은 '참아'.

자라 느꼈다.

오전 문과 2년 ×××군이 학생과로 내방. 학비가 없어서 학교를 중퇴하고 시골 교원으로 가겠다고……. 가슴 아프다.

한 사람, 두 사람. 학비 없어 훌륭한 앞길을 희생하고 현실의 먼지 속으로 돌아서 가는 학도를 바라보기만 하는 무력한 교수의 슬픔!

다시 만나기를 기약하고 격려하여 보냈다. 언덕을 넘어가며 운동장에 서서 바라보는 나에게 낡은 모자를 흔들며 그는 갔다. 흐린 구름 같이 감도는 서글픈 정서를 남기고…….

오후 찬비 부슬부슬, 낙엽은 둘 셋! 갑자기 눈물이 앞을 가리어 억지로 참고 일찍 퇴근, 토끼처럼 반겨 내닫는 봄메의 웃음에 우울한 마음이 탁 풀릴 듯했다.

저녁 인편에 시골 큰 형님께서 하서.

어머님도 무고하신 듯 다시 그리운 정 새롭다.

내일 용철 편에 감을 보내 드리기로 하고 아내는 짐을 끄렸다. 책 보다 열두 시 자리에 든다.

1949. 10월 ×일. 맑다. 흐림.

아침 큰길을 쓸다 엽전 하나를 얻었다.

이야말로 "소지황금출(掃地黃金出)"! 현관 앞 섬돌이 암만보아도 마음에 거슬린다. 확실히 조상들 무덤 앞 상석(床石)이다. 문턱 발 아래 층대를 식민지 민족이 숭배하는 조상의 상석으로 하여 쾌감을 느낀 섬나라 도적의 침략 의식! 벌써 이 년째다. 나는 날마다 이 상석을 밟고 오르내리며 이 상석 위에 제물을 차리고 공손히

---

43) 원문은 '행복된'.

제사 지내던 옛 조상들을 생각한다.

차마 밟을 수 없는 심정이 마비되어 가는 것을 슬퍼하는 것은 봉건적 잔재 의식일까?

시멘트[44]로 바르고 말까보다.[45] 그대로 밟기엔 너무나 서글픈 인생과 역사, 전통과 풍속에 대한 나의 경험 의식이 마음을 아프게 한다.

세수하다가 코피가 나와서 놀랐다.

봄메가 보더니 "아파! 아빠!……." 소리를 내고 동정하는 태도를 보인다. 요거, 돌[46] 지난 지 한 달인데 벌써 그렇게 인정을 알아! 귀여운 토끼!

조반 먹다 진솔 바지에 요놈 오줌으로 꽃을 그리니 다시 한 번 바지, 저고리 폐지의 필요를 통감.

학교에 나가니 인편에 새한민보 문예의 기증 잡지가 내도. 반가운 신간.

오후 연구실로 들어 원고 정리.

여섯 시 돌아오니 연구실 앞 나뭇잎이 우수수 떨어진다. 아! 지난해 떨어지던 그 나뭇잎이 다시 떨어진다. 달랠 길 없는 땅거미의 메랑코리!

인생도 이처럼 늙어 가는가? 세월 이 같이 가건만 아하! 더디고 더딘 것은 학문의 길이구나!

저녁 원각경을 읽다 열두 시 자리로 든다.

---

44) 원문은 '세멘트'.
45) 원문은 '말까부다'.
46) 원문은 '돓'.

기행문(紀行文)

요령

기행문 적는 방법에는,

① 일기식 (日記式)

② 편지식 (書翰式)

③ 자서식 (自敍式)

④ 타서식 (他叙式)

이런 종류가 있다.

① 일기식은 떠날 때부터 차례로 시간의 경과를 따라 여행한 일을 일기처럼 적는 방법이니 학생들의 수학여행(修學旅行) 일기체의 기행문 따위다.

그러나 이런 식은 나날의 바뀜을 취미 있게 기록하기 매우 힘들며 옛날 사람들이 오래 써 오던 식이므로 새로운 감흥을 돋우지47) 못한다.

그러므로 일기식 기행문은 이상적이 아니다.

② 편지식 기행문은 흔히 신문 잡지에 많이 실리는 방법인데 일기식에 견주면 자기의 감정과 사상을 잘 나타내기는 좋으나 까딱하면 객관적(客觀的) 기술에 치우쳐서 서사(敍事)에 조심하지 않게 되므로 이런 투의 글은 아주 대성한 문장가나 노련한 학자가 아니고는 실패하기 쉽다.

---

47) 원문은 '도두지'.

그러므로 문장을 배우는 사람은 또한 대번 흉내 내기 어려운 방법이다.

③ 자서식은 여행하는 사람 자신이 행동한 대로 생각한 대로 보고 들은 대로 풍경, 인정, 습속 등을 가로 세로 마음껏 늘어놓는 방법이니 가장 많은 기행문체다.

기행문의 이상은 우선 읽는 이로 하여금 기행문 필자와 같은 공간과 시간 속에 같은 감흥을 느끼게 함에 있는 것이다.

따라서 그 목적으로 보아도 이 자서식이 가장 좋은 방법이다. 단지 이 방법도 까딱 잘못하면 횡설수설(橫說竪說) 늘어놓게 되어 읽는 사람의 감흥을 돋우기는커녕48) 불쾌감을 지르기 쉬우니 조심하여 글 전체의 균형을 잃지 않게 힘써야 한다. 너무 주관적, 서정적(抒情的)으로 빠지지 말아야 한다.

④ 타서식은 주관적 관찰 기술을 피하고 객관적으로만 기술하여 제삼자가 여행하고 있는 듯이 산하의 풍광이나 인물의 동향, 인정, 습관 등을 기술하는 방법이다.

이런 양식의 기행문은 소설의 대목 이외로는 좀 보기 드문 방법이다. 따라서 문장 공부로 적당하지 않음은 물론이다.

위에 든 어떠한 방법으로 쓰든지 문장가 아니면 일장일단(一長一短)이 다 나타나게 된다.

③, ④의 두 방법을 잘 조화시키면서 ①, ②의 장점을 섞어 넣으면 이상적 기행문이 될 것이다.

이상은 기행문의 문체에 대해서 적은 것인데 그 서술의 방법에는 평서식(平敍式)과 약서식(略敍式)이 있다.

---

48) 원문은 '도꾸기는커녕'.

평서식이란 기실문(記實文)에서 말한 바 세사법(細寫法)처럼 차례를 따라 순서대로 어디서 떠나서 어디 어디를 지나고 어디서 무엇을 보고 무엇을 하고……이런 식으로 적어 가는 평탄한 방법이다. 이 식은 읽는 이에게 싱겁고 단조한 느낌을 주기 쉬우니 감흥(感興)을 잃지 않게 적어 가야 한다.

문장을 배우는 이는 우선 이 식으로 시작해야 한다.

약서식은 기실문의 활사법(活寫法)처럼 순서를 따를 것 없이 제일 재미있는 대목 또는 느낌 깊은 대목부터 시작하여 적는 방법이다.

어디서 시작하여 어디서 그치며 어느 대목을 제쳐 놓을까는 오로지 글 쓰는 이의 판단과 식견이니 이런 재주는 설명으로 알아 지닐 수 없고 오직 오랜 문필 생활을 통한 수련으로 체득되는 묘리(妙理)일 것이다.

끝으로 기행문을 적는 데 전반적으로 다음 몇 가지를 조심해야 할 것이다.

① 떠나기 전의 희망과 기쁨이 나타나야 함.

② 시간적, 공간적, 변동의 순서, 풍토(風土)의 모양이 나타나야 함.

③ 독단과 개인적 수다스러움이 없어야 함.

④ 역사적, 박물적 고증 설명이 너무 길지 않아야 함.

⑤ 특수적 인상을 놓치지 말아야 함.

⑥ 감흥을 잘 나타내어야 함.

위의 여러 조건이 잘 갖추어지지 못한 기행문은 여행사(旅行社)의 광고문이나 관광단(觀光團)의 선전문밖에 되지 않을 것이다.

申瑛澈 著

어허! 단군굴(檀君窟)

☆ 현 진 건

몇 모퉁이를 돌아 오르니, 문득 외연(巍然)한 거암(巨巖), 거암(巨巖)이라는 이보다[49] 영이(靈異)한 일좌(一座)의 돌산이 우리 앞을 막아선다.

인도승(引導僧) 하나가 가쁜 숨길을 내 쉬며, "인제 다 왔노."하는 바람에 우리는 환성(歡聲)을 울리려다가 인도승(引導僧) 또 하나가, "인제 정말 난관(難關)이요" 하는 말을 듣고 멈칫하는[50] 사이에 그는 정말 장여(丈餘)의 위초(危峭)한 바위에 잔나비[51] 모양으로 기어오르며,

"그 전엔 여기 더위잡을 나무도 있고 사다리 비슷한 것도 있었는데……" 하고 혼자 말로 중얼거린다.

나도 미끄럽기 얼음판[52] 같은 그 거대(巨大)한 돌몸에 파충(爬蟲)처럼 배를 깔고 올라붙었다. 이야말로 유진무퇴(有進無退)! 오름이 아니면 떨어짐이 있을 뿐인데 발아래는 천길 끊어진 바위다. 생(生)과 사(死)의 관념이 번갈아[53] 밝게 일어나는 찰나(刹那) 무서운 원력(願力)이 선풍(旋風)과 같이 전신을 뒤흔들며 수십 보를 줄걸음으로 기다가 일어서니 몸은 표표연(飄飄然) 반공에 뜬 듯한데, 발은 광활 신이(廣濶神異)한 일대 석굴(一大石窟)의 가장 끄트머리 일부(一部)에 아슬아슬하게 놓여졌다.

---

49) 원문은 '이보담'.
50) 원문은 '멈짓하는'.
51) 원문은 '잣나비'.
52) 원문은 '어름판'.
53) 원문은 '번갈라'.

이 석굴은 "굴"(窟)이라는 이보다 창궁(蒼穹)의 "궁"(穹)자나 우주(宇宙)의 "우"(宇)나 띠어 "석궁"(石穹) 또는 "석우"(石宇)라고 부름이 그 실감을 방불하게[54] 할 만큼 거궁하다.

높이는 네 길이 넘을 듯, 앞면의 넓이는 오십 척, 길이는 삼십오 척 가량이니 굉걸(宏傑)한 전각(殿閣) 한둘을 넉넉히 들여앉힐 만하다. 돌 바탕은 아름다운 화강석(花崗石)으로 푸른빛 흰빛 무늬가 각양(各樣) 각색(各色)의 선(線)을 둘렀다.

우리는 씨근벌떡거리는 숨을 죽이고 옷깃을 여미어 엄연(嚴然) 숙연(肅然)히 한 걸음 두 걸음 안으로 들어서매, 습습(習習)한 청동이 옷소매를 날리며 이 세상 것 아닌 이상야릇한 습기(濕氣)가 끓는 숨을 헤치고 선선하게 엄습(掩襲)한다.

물이끼가 파랗게 덮인 동편(東便) 석(石)벼레로부터 한 오리의 옥류(玉流)가 광선(光線)과 같이 번쩍이며 흘러내린다. 타는 듯한 갈증(渴症)에 나는 우선 그 수정(水晶)같은 물 한 바가지를 떴다. 한 모금! 두 모금! 빙수(氷水)도 이보다 더 찰까. 감로(甘露)도 이보다 더 찰까, 냉기(冷氣)와 이향(異香)이 심신(心身)에 스미는 듯하며 열화(烈火)도 같은 육신(肉身)이 냉회(冷灰)처럼 식어버리자 이는 시리고 몸은 떨린다. 손끝 발끝이 저리다.[55] 나는 분명히 홍로(紅爐)의 진세(塵世)를 떠나 임 계신 광한궁(廣寒宮)에 귀명(歸命)한 모양이다.

일행(一行)은 어느 결엔지 나무를 찍어다가 화롯불을 피우고 쪼그리고[56] 앉아서 불을 쪼인다. 화씨(華氏) 백도를 오르고 내리는 요즈음의 혹서(酷暑)에 불을 쪼인다는 것부터 정말 기경(奇景)이다.

---

54) 원문은 '방불ㅎ게'.
55) 원문은 '제리다.'
56) 원문은 '쪼구리고'.

신문장강화

("단군 성적 순례"의 일절)

생활의 바다 (제주도 해녀 심방기)

석 촌

갈매기 조으는 남쪽 바다에는 노래가 흐르고 "로맨스"가 떠 있
고 또 영원한 청춘이 깃들여 있다고 뭍의 사람들은 말한다.

봉직하는 조선일보사의 사명(社命)을 받고 시와 전설의 나라를
찾아 남으로 이천 리 산과 바다를 건너 왔다가 내가 집을 것은 뜻
밖에도 노래와 "로맨스"의 부스러진 조각조각과 그리고 또 깨어진
생활의 파편들이었다. 북위(北緯) 34도에서도 훨씬 멀리 태양의 직
하에 가까운 남쪽 바다에 잊어버린[57] 것처럼 떨어져 있는 제주도
는 "봉래산" 전설과 귤과 비자와 또 해녀의 나라로서 유명하다.

사백 리 남짓한 섬의 주위를 둘러싸고 쪽보다 짙은 바다가 둥그
렇게 원주를 그리고 돌아갔다.

지도를 펴면 응당 수평선 저편에는 육지도 있으련만 바라보는
그 눈을 가로막는 것이란 아무 것도 없는 그야말로 바다에서 해가
떠서 바다에서 해가 지는 남해의 외로운 섬이다. 흰 구름이 가끔
멀리서 흘러 왔다가도 그만 떠나가곤 한다. 이 남빛 바다가 말하
자면 해녀들의 즐거운 일터다. 섬에서는 해녀를 "잠녀"라고 부른
다. 바다는 그들에게 있어서 벌써 꿈을 기르는 동경의 대상도 싸
움을 부르는 공포의 대적도 아니다. 다만 그들의 마음 있는 벗이

---

57) 원문은 '잊어버리운'.

요, 대수롭지 않은 부엌의 연장이요, 환희와 개가(凱歌)의 놀이터다. 그래서 섬의 아기네들은 말하자면 성에 눈뜨기 전에 바다와 먼저 결혼한다. 하늘보다도 이쁜 바다 빛깔[58])에 반하는 것이다. 유난스럽게도 부드러운 그 탄력과 감촉에 홀리는 것이다.

거기서 그들은 아낌없이 녹아내리는 햇볕[59])에 애무를 받기를 즐기는 태양의 딸들이다.

어린 해녀들은 사실로 인생의 결혼을 맞기 전에 바다와 태양에게서 두 가지의 선물을 받는다. 하나는 혼수 밑천[60])이요, 다른 하나는 구릿빛 피부 즉 건강이다. 여자가 사나이의 수보다도 엄청나게 많은 이 섬에서는 잠녀라고 하는 일은 그대로 결혼의 유력한 피선권이 된다. 하루 중에도 조수가 가장 많이 밀려 나가는 동안이 바로 이 해녀들의 축복받은 그러나 아무의 구속도 받지 않는 기꺼운 노동 시간이다. 이때를 노려서 그들은 갈매기처럼 바닷가에 모여 든다. 그러고는[61]) 바다를 향하여 바쁘게 무장을 한다. 위선 검정 빛깔의 잠수복으로 동체의 중요한 부분을 가린다. 머리를 감아올린다. 수경을 건다. 그러고는 바른손에 한자 남짓한 비창을 휘감아 잡고 왼손으로는 "컥"과 망태를 끌고[62]) 달아나는 조수를 쫓아서 떼를 지어서 바다로 뛰어든다. 나는 이 잠수복을 보고 얼핏 생각하기를 아마도 이것에 해수욕복의 원조(元祖)나 아닌가 했더니[63]) 그런 게 아니라 육지로 벌이를 갔던 해녀들이 어느 해수욕장에서 해수욕복을 구경하고는 곧 그 모양을 수입해 들인 것이라

---

58) 원문은 '빛갈'.
59) 원문은 '해볕'.
60) 원문은 '미천'.
61) 원문은 '그리고는'.
62) 원문은 '끄을고'.
63) 원문은 '했드니'.

한다.

그리고 박을 말려서 속을 뺀 것을 "컥"이라고 하는데 이것이 바로 해녀의 작업 중의 "부이"여서 그들의 생명의 항공모함 노릇을 하는 것이다.

바다의 표정은 칠면조보다도 더 변화가 많다. 어떤 때에는 양처럼 순한 얼굴로 바다의 딸들을 달래주는가 하면 갑자기 성을 내서 그들을 흘기며 호령하기도 한다. 이리처럼 사나워진다. 그렇다고 반드시 노한 때문 뿐만은 아니다. 따스한[64] 모성의 사랑에서 나오는 걱정일 경우도 있다. 가령 남양의 폭한(暴漢)인 태풍이 가까워 오는 눈치면 벌써 바다의 얼굴은 빛이 달라진다. 몸 소름친다.

그래서 해녀들은 이 바다의 표정을 살피고는 혹은 일을 떠나고 혹은 그날의 출정(出征)을 중지하기도 한다. 그러니까 바다는 그들에게 있어서 다시없이 친절한 기상학 기사이기도 하다.

수평선 위에 구름이 가볍게 날리는 어느 택함을 받은 바닷가에서 우리는 기러기처럼 진을 치고 헤엄쳐[65] 나가는 해녀의 한 떼를 쉽사리 구경할 수 있을 것이다. 그러고 또한 물결 위로 흘러오는 이러한 노래도 들을 것이다.

이여도 하라 홍
이여도 하라 홍
양식 싸라 섬에 가게
총각 차라 물에 들게
이여도 하라 홍
이여도 하라 홍

---

64) 원문은 '다스한'.
65) 원문은 '헤염처'.

바람에 불려 "이여도"로 흘러 간 남편이다. 그러니까 그리운 것
은 밤이나 낮이나 "이여도" 밖에 없다. "이여도"로 가자, 양식을
싸라. 총각처럼 드리운 머리를 감아올리고 물에 뛰어 들자. 망망
대해에 널조각처럼 떠 있는 섬의 슬픔은 이야기가 제절로 빚어낸
노래다. "돌아오지 않는 배"를 기다리는 것은 반드시 남편을 보낸
아내들뿐이 아니다.

해녀의 대부분은 삼십이 넘은 장년이라고 하면서도 우리는 가
끔 바위 위에서 성숙할 대로 성숙한 충실한 몸뚱아리[66]를 한 겹의
엷은 잠수복으로 간신히 가린 열일곱, 여덟 나는 젊은 해녀들을
적지 아니 만나기도 한다. 그들은 모두 상어라도 연모함직한 어여
쁜 처녀들이다. 그러니까 "이여도"에도 남편도 갔으려니와 그들의
마음을 이여 놓고 간 총각들도 갔을지 모른다. (이하 생략)

(1935. 8월 조선일보)

申
瑛
澈
著

신록(新綠)의 고허(古墟)로!

이 은 상

제일신(第一信)

형이여!

춘광이 쉽다더니 과연 옳습니다. 눈 녹이고 얼음 줄기 그리도
어려운양 겨우 왔던 그 봄이 언젠지도 모르고 지난 그 어느 밤비
한 번에 갔나 봅니다. 진실로 춘광은 이리도 쉬웁습니다.

---

66) 원문은 '몸뚱아리'

명종(明宗)때의 사람 운곡 송한필(雲谷宋翰弼)의 시중(詩中)에 있는

화개작야우 (花開昨夜雨)

화락금조풍 (花落今朝風)

가련일춘사 (可憐一春事)

왕래풍우중 (往來風雨中)

이라 한 구(句)를 다시금 읽어 봅니다. 그리고 나도 노래 한 수 (首)를 남깁니다.

오기는 어렵더니 그리도 수이 갔나.

내일도 봄일 줄 알고 잠깐 몰라 두었더니

물으매 낙화도 마저 먼지되다 하는고나.

형이여!

경박한 여인(女人)같이 가버린 봄! 강반(江畔) 어느 곳서 백범(白帆) 타고 멀리 간 그를 바라 보낼 수 있다더라도 나는 찾아가 어리석은 애상(哀傷)으로 내 자존심(自尊心)을 헐고 싶지 아니합니다.

"미더운 친고(親告)같이 오시는 신록(新綠)! 야두(野頭)로 나아가 청연(靑煙) 쌓여 오는 그를 맞으렵니다."

그의 신선(新鮮)한 눈썹.67) 향훈(香薰)의 손길 앞에 내 가슴의 만종 열뇌(萬種熱腦)를 다 열어 보이렵니다.

형이여!

지금 나는 사사 번우(私事煩憂)에 어수선과 답답으로 가득한 내 머리를 연방 한 손으로 씻어가며 급급여율령(急急如律令)에 붙들리어 가듯68) 서울을 떠납니다.

고허(古墟)에 덮인 신록(新綠)! 그것이 과연 무슨 말을 내 귀에 전

---

67) 원문은 '눈섭'.
68) 원문은 '부뜰리어 가듯'.

(傳)해 줄는지? 나는 그 비어(秘語)를 들으려 멀리부터 귀를 기울입니다.

더구나 이번 길은 이군 청전 화백(李君靑田畵伯)과 노반(路伴)이 되었으매 짧은 동안이나마 혹 초제(草堤)를 나란히 빌려 호가(浩歌)로 가슴 열 때도 있을 것이요. 혹은 여침(旅枕)을 같이 베고 장소(長嘯)로 마음 쓸쓸한 때도 있으려니와 그게 다 우리 같이 한묵(翰墨)으로 일삼는 자들에게는 무엇보다 좋은 일이 아니오리까.

그러나 형이여!

글 쓰는 나로 말하면 혹은 차실(車室)의 흔들리는 무릎 위에서 혹은 여창(旅窓)의 어둑신한 촛불 아래서 몇 날의 탐고 감회(探古感懷)를 써지는 대로 쓸 것이매, 이것은 당초부터 사고(思考)로 보아 주실 것도 아니요, 또한 문장으로 여겨 주실 것도 아닙니다.

아마 형은 이 글이 두미(頭尾) 아울러 공소(空疎)한 것이라 하여 심히 꾸짖으실 줄로69) 압니다마는 내 딴은70) 끔찍이71) 여기는 내 역사 내 땅에 대하여 가진 내 조그마한 사랑 그것이 나로 하여금 자신의 천식(淺識)과 박재(薄才)를 잊어버리게 한 것입니다.

형이여!

나는 참으로 비범(非凡)한 문재(文才)가 내게 있기를 원합니다.

그러나 나는 그보다도 백천 배(百千倍) 더 원하는 것이 있으니 그것은 고도(高度)의 열애(熱愛)입니다.

나는 차라리 문재(文才)의 곰배팔이가 될지라도 학식(學識)의 소경이 될지라도 내 역사 내 민족 내 땅에 대한 사랑의 병신은 되고

---

69) 원문은 '줄도'.
70) 원문은 '나딴은'.
71) 원문은 '끔직히'.

申瑛澈 著

싶지 아니합니다.

조선은 노래할 것입니다. 그러나 거짓 곡조(曲調)로 노래한 자가 얼마입니까.

"소리 나는 꽹과리[72]와 울리는 북"을 요구하는 조선은 아닙니다.

"변(變)함 없는 사랑의 신도(信徒)"를 찾아 부르는 조선입니다.

애달다 저 목소리 사랑을 찾으시네.

우리 임 저 가슴이 어일고 다 타시네.

내노라 대답코 나설 이 누구시요 누구시요. (이하 생략)

(1936. 6월 동아일보)

울릉도 기행
— 식물 채집기(植物採集記) —

정 인 조

울릉도의 겨레가 바람과 물과 싸우고 있다는 것을 아는 사람도 적을 성싶다. 배를 타고 울릉도에 처음 닿는[73] 사람은 멀리 보이는 집이 기와집인 줄로 잘못 알기 쉬우나 실상은 너와를 잇고 무거운 돌을 올려놓은 것인데 무서운 바람이 몹시[74] 불고 눈이 많이 오기 때문이다. 유일한 항구인 도동에 배가 닿았을 때 절벽이 눈 앞에 막아서고 있는 데는 놀라지 않을 수 없었다. 그러나 이 조그마한 항구를 둘러싸고 있는 이 두 봉우리는 국유림으로 되어 있고

---

72) 원문은 '괭과리'.
73) 원문은 '닷는'.
74) 원문은 '몹씨'.

그 날카로운 바위 위에는 여기 아니면 볼 수 없는 나무가 붙어살고 있다는 것을 아는 우리는 배를 빨리 내리고 싶었다.

도동에 올라 보니 흰옷 입은 사람들은 우리 겨레에 틀림없었으나 우리 땅이라는 생각이 얼핏 나지 않았다. 길은 좁아서 우리 일행의 세 사람이 가로 서서 가면 다 차지하는 것이었고 이것조차 산길이라 등에 진 짐은 어깨를 누르는 것이었다. 좁은 길 양쪽의 함석 이층집들은 음침한 것이 마음을 괴롭게 하여, 배에 시달린 몸은 더욱 무거워졌다. 생각하여 보니, 이 도동만 하여도 이 점에서는 가장 문화의 혜택을 받는 곳이라, 왜놈들이 독차지하고 있었던 것이다. 지금은 일본에 쫓겨 가서 나막신 코끈이나 만들어 입에 풀칠하기가 바쁜 그네들이 여기서는 경찰서장이니 학교장이니 무슨 장이니를 다하여 먹고 함석 이층집에서 술만 마시며, 우리 겨레에게는 채찍질만 하였을 것을 생각하니 이가 갈리었다.

이러한 우리네의 겨레가 해방된 오늘날 우리 땅인 독도에서 귀한 피를 많이 흘리었다는 것은 나의 머리에 아직 새로웠다. 이 독도야말로 우리 땅의 동쪽 끝이며 우리의 삼천리강산을 지켜 줄 동해의 섬인 것이다. 섬은 비록 작고 사람은 살 수 없을지언정 우리의 피로 지켜야만 할 섬인 것이다.

이러한 생각으로 나의 머리는 무거웠으나, 작은 상점으로부터 가장 큰 도청에 이르기까지 우리글로 힘차게 쓰인 간판이 달려 있고 무슨 청년단이니 무슨 당이니 하는 간판은 하나도 볼 수 없는 것이 매우 기뻤다. 이 섬의 겨레들은 한 뭉치로 되어 바다와 싸우고 있는 것이었다.

× ×

도청과 삼림 보호구의 절대한 원조를 얻어 동식물의 채집을 하기로 한 우리는 이 섬에서 가장 높은 성인봉을 향하였다. 어제 배에서 내려 걸어오던 좁은 길이 이 봉우리로 그대로 올라가는 것이었다. 절로 난 것으로 유명한 오동나무들이 있는 곳을 지나 얼마 아니 가서 지게에 만병초를 가득 지고 내려오는 사람을 만났다. 이 나무의 잎은 그늘에 말렸다가 다려 위장약에 쓰는 것인데 높은 산꼭대기 가까운 곳에 나는 것이므로 그는 벌써 성인봉까지 갔다오는 것임을 알 수 있었다. "이거 풀을 캐면서 가면 저물겠는데요, 상봉은 이슬 때문에 못가리다" 한다. 서울을 떠나기 전부터 내리던 장맛비는 오늘은 멈추었으나 숲 속에 내린 비는 마를 틈이 없었던 것 같다.

길가에는 섬초롱꽃들이 여기 저기 뭉켜 있고 나무 아래는 섬꼬리풀이 나를 보소 하는 듯이 귀여운 푸른 꽃을 보여 주고 있다. 이러한 풀들이 이 섬밖에 없다는 것을 생각하면 선취하면서 바다를 건너 온 보람이 있는 것 같았다. 섬쥐똥나무의 흰 꽃의 향기와 섬나무딸기의 좋은 맛은 산길이 힘들다는 것도 모르게 하였으며 숲 속에 섬말나리가 꽃이 한창인 것을 보고는 누구나 "참 좋다!"고 아니 할 수 없었다.

이 섬의 식물을 이 산에서 모두 캐려는 듯이 구석 찾아다니는 우리에게는 성인봉까지의 길은 대단히 멀었다. 쥐다래나무, 바위수국, 넌출수국 들이 푹 덮이어 흰 꽃이 한창이며 말오줌대의 독해 보이는 새빨간 열매가 주렁주렁 매달린 곳을 지나 섬사람들이 비단풀이라 하여 그 잎과 줄거리를 간장약에 쓰는 큰 노루와귀 그 뿌리에는 독이 있어 먹으면 몹시 구역이 나는 연영초 같은 풀을 캐어 가며 성인봉 중턱에 닿았을 때는 벌써 해가 기울어지기 시작하였다. 우리를 안내하는 정군은 "빨리 갑시다"고 재촉하여도 쓸

데없는 것을 알았는지 또는 우리가 흥이 나서 그러는데 기분이 좋아졌는지 "저물면 산에서 자고 가도 좋지요" 한다. 이 섬에는 뱀 한 마리 없고 사람을 해할 짐승도 통 없다는 것을 아는 우리는 모두 "좋고말고요"라고 맞장구를 쳤다. 재목이나 화목에 좋은 너도밤나무, 고래솔나무, 섬피나무 같은 특산 식물이 무성한 산꼭대기에 닿았을 때는 안개가 끼어 방향을 알 수 없을 지경이었으나, 오늘밤을 지낼 남양동은 여기서도 이십 리 길을 내려가야 한다. 얼마 내려가지 않은 경사면에는 맹이와 큰 두루미꽃이 덮여 있었는데 두루미꽃의 잎이 이렇게 큰 데는 모두 놀라고 말았다. 맹이를 캐어 뿌리를 잘라버리고[75] 줄거리를 먹어 보니 마늘보다는 연하고 맛도 대단히 좋은데 섬사람들이 어린애가 울어도 이것을 주겠다고 달래는 것이 그럴 성싶었다.

세 길은 됨 직한 왕싱아가 무성하고 왕머루, 개다래나무로 덮인 골짜기[76]에는 해가 저물어 흐르는 물소리만 유난하고 길을 인도하는 정군이 없으면 한 발자국도 내어 걸을 수 없을 지경이었다.

남양동을 떠나 천부를 향하는 해안 일주 도로를 걷기 시작한 우리는 동백나무, 사철나무, 후박나무, 감탕나무, 식나무들의 상록수를 볼 수 있어 남쪽 나라에 온 것 같았다. 섬사람들을 통 만날 수 없는 것은 아마도 아침부터 내리기 시작한 가랑비가 제법 쏟아지는 탓인 듯싶었다. 길은 해안 일주 도로라고는 하나 바다를 통 보지 못하며 재를 넘는 길이라, 이 섬에는 한 대의 자전거도 없고 배를 타지 않으면 제 발로 걸어야 한다는 것을 깨달았다.

재목으로 좋은 후박나무와 종이를 만드는 닥나무의 아름드리가

---

75) 원문은 '짤라버리고'.
76) 원문은 '골짝이'.

있는 곳을 지나 현포 바닷가에 나서니 바람이 몹시 불었다. 동백나무들이 모두 바다로부터 고개를 돌리어 산을 향하고 있는 것도 이 바람의 탓이다. 이 섬에서도 단지 한 나무밖에 없는 가마귀쪽나무와 독한 새빨간 열매가 두 알씩 달린 섬괴불나무를 보면서 면사무소가 있는 천부에 닿았다. 마카오 무역에 울릉도의 오징어는 유명한 것이나 미끼도 없이 낚시로만 잡는 오징어를 한 마리 구경할 수도 없음을 알고 장맛비와 세찬 바람을 다시 한 번 원망하였다.

바닷가에 송곳 같이 뾰족이[77] 솟아 있는 추산을 오른쪽으로 바라보며 산으로 올라가면 수원지가 되는데 큰 돌을 던져도 다시 올라 올만큼 물이 솟아 나오는 때도 있었다 하나 지금은 메워진 돌과 바위틈에서 물이 샘솟는 것 같았다. 흘린 땀을 씻으려고 하였으나 물이 몹시 찼다. 도라지와 더덕을 캐면서 좀 더 올라가니 나리골이라는 곳이었다. 산 속의 유일한 평지인데 감자 옥수수를 심었으나 비행장으로 쓸 수도 있을 것 같았다. 여기서 거둔 것으로 만들었다는 엿청주의 대접을 잘 받고 기운을 돋군 우리는 나리동 봉을 넘어 도동으로 빠지기로 하였다.

여기 저기 부석(浮石)들이 흩어져 있는 것을 보니 언제인지 산이 폭발한 때가 있은 모양이다. 섬백리향의 귀여운 분홍 꽃으로 깔린 곳도 있다. 무엇보다 놀란 것은 맛이 별로 좋지도 못한 버찌를 따기 위함인지 섬벚나무라는 벚나무는 모조리[78] 베어 넘어뜨려버린 것이다. 더욱이[79] 자기의 키보다도 큰 톱을 짊어진 어린애를 만났을 때는 어이가 없었다. 나무를 보호하는 데는 산속을 엄중히 감

---

77) 원문은 '뽀죽히'.
78) 원문은 '모주리'.
79) 원문은 '더우기'.

시하여야 할 것은 물론이려니와 저자에서 버찌 같은 것을 팔지 못하게 하는 것이 좋을 것 같았다.

다른 나무보다 높이 우뚝우뚝 서 있는 것들은 대개가 솔송나무거나 섬잣나무였고 유명한 향나무는 바닷가나 산꼭대기[80] 같은 험한 곳의 바위 위에 붙어 있을 뿐이었다. 산골짜기에는 스기(杉)를 심은 곳도 있어 잘 자라 큰 것은 만 원을 넘는다고 한다. 산에는 대개 해송을 심어 거멓게 보였으나 섬의 신탄 문제를 해결하기는 대단히 곤란하다고 한다.

(1948. 8. 학풍 창간호)

하늘에 둥실

민 재 정

가냘픈 기체(機體)에 비해서 기자의 체중 33관이란 약간 미안하였다. 조종사(操縱士) 자리 바른편에 조심스러이 걸터앉아 튼튼한 "밴드"로 허리를 질끈 동여매는 동안 널따란[81] 활주로를 구르기 시작하니 때는 정각 상오 9시다.

김포비행장을 뒤로 정동(正東)의 햇빛을 담북 안은 채 관악산(冠岳山)을 지향한 우리의 탑승기는 점차로 상승을 시작하고 있다. 미덤직한 솜씨로 "핸들"을 꾹 잡은 최휘(崔輝)군의 가리키는 계기반(計器盤)을 바라보니 고도(高度) 2500 "피이트", 시속(時速) 100 "마일"이다. 일망 무제의 널따란 시야(視野) 인간 사바와 완전히 교섭

---

80) 원문은 '산꼭때기'.
81) 원문은 '넓다란'.

을 끊은 자아를 감각할 때 그지없는 고적을 느낄 뿐 부산 서울 사이의 항로도(航路度)는 144도나 동남풍을 안고 가는 비행인지라 160도의 나침반 "메트르"를 유일한 목표로 기수를 남남동으로 돌리어 바른편으로 경부(京釜) 철로를 따라 맥진하기 8분 어느덧[82] 수원(水原)을 지났다. 천리추색(千里秋色)은 질을 대로 질어 거둔 뒤의 논과 밭은 바둑판 같이 줄이 바르고 죽은 듯이 고요한 서호(西湖)는 조원(造園)의 연못 같이 빠끔히 반짝일 뿐 알뜰히 깎아버린 산 잔등이엔 황토(黃土)만을 보기 흉하게 드러내놓은 숨김없는 자연의 경개 평탄한 구능(丘陵)지대를 벗어난 애기(愛機)는 어느덧 항공로의 첫 난관인 차령 산맥(車嶺山脈)을 가로지르려 한다. 발 아래로 내려다보이는 마을은 충북 진천(鎭川)인 듯 30분 동안의 체공(滯空)으로 점차 마음의 안정을 얻은 기자는 각각으로 변하는 조화(造化)의 절묘함에 황홀하지 않을 수 없다. 태양을 그리는 기(機)는 치오르기를 좋아함인지 고도(高度) 6300피이트의 상공을 쾌상한다.

진홍빛으로 마구 물들여놓은 듯한 속리산(俗離山) 일대의 천자만홍도 충주(忠州)를 감도는 한강수(漢江水)의 쪽남(藍色)빛 구절구절 어쩔다 속세에서 우러러보는[83] 경승(景勝)의 비이랴, 지구(地球)가 둥글다 함을 굳이 부인하려 함이 아니로되 창공에서 본 대지(大地)는 어디까지나 평면이다. 오직 둥근 것은 한낱 푸른 하늘뿐 백면(白綿)같이 뭉게뭉게 편 갈래 구름의 지평선은 대지와 창궁을 베인 듯이 갈라놓으니 하늘은 오로지 "코발트"빛 쟁반과 다름이 없어라. 기운 데 없고 가리운 데 없는 글자 그대로 천의무봉(天衣無縫)의 창천에 둥실 떠가는 자아(自我) "옳지 내 위는 아무 것도 없

겠거니 내 앞을 가로막는 자 누구냐." 하는 억지와 자부(自負)를 억
누를 수 있는 것은 오직 탑승기의 두 날개다. 나의 머리 위를 가로
막은 까닭으로 몹시 미우면서 밉지 않은 것이 곧 이 두 날개였다.
햇빛을 받아 번쩍이는 두 쪽지는 흡사히 내 두 팔에 굳세게 달려
있어 땅 위에서 근 10리(里) 높은 구름 위를 훨훨 날아[84] 갈 수 있
게 하는 유쾌한 착각을 일으키는 때문일까. 달콤한 꿈에 잠긴지 5
분, 기체의 진동에 소스라쳐 바깥을 내다보니 속리산의 황홀경에
서 벌써 10리 남쪽이다.

　서울 가는 철마도 쉬어 가는 곳이요, 허덕이는 고개란 추풍령(秋
風嶺)의 험한 지대로 우리의 애기는 머리를 바로하고 있지 않은가.
충청, 경상, 전라 3도의 접합점이요, 태산준령이 깎은 듯이 솟아
잇고 가로 막는 줄기찬 산악 지대다. 따라서 기류(氣流)가 억세고
불규칙하여 항공권의 공포의 대상이 된 곳이 바로 이 고장이다.
소백산맥(小白山脈)의 머리빠기요, 영호(嶺湖)의 지방색을 달리하게
함으로써 점잖은 호서 사람, 약바른 호남 사람, 굳굳한 영남인을
색달리 마련해 준 인문의 장벽이 된 곳 또한 추풍령 지대다.

　상식으로만 들어 온 "에어포케트"란 과연 어떠한 것일까 하는
불안감은 허리의 "밴드"를 저절로 더욱더 굳세게 졸라매게 한다.
지금까지의 고도반(高度盤) 메트르는 역전(逆轉)을 거듭하여 4500
"피이트"를 가리킨다. 이때껏[85] 찾을래야 찾을 수 없던 뭉텡이 구
름장이 어디서 또 오는지 끝없이 덤벼든다. (이하생략)

(1949. 11. 5. 경향신문)

---

84) 원문은 '날라'.
85) 원문은 '입대껏'.

기전문(記傳文)

요령

사람의 전기에는 그 성행(性行), 열력(閱歷) 만을 기술하는 것과 그 일생에 대한 비평을 섞어 적는 것과의 두 가지가 있다.

이곳에서 말하는 것은 먼저 말한 것, 곧 서사적(敍事的) 전기문을 가리킨다.

비평을 섞어 적는 기전문은 비평문 안에 들어 갈 것이다.

이 서사적 전기문에도 타서체(他敍體), 자서체(自敍體)의 두 가지가 있다.

중국식으로는 사전(史傳), 가전(家傳), 탁전(託傳), 가전(假傳) 등이 있다.

하여간에 전기는 한 사람의 역사를 기록하는 것이니 가장 엄숙하고 공정하게 적어야 한다.

재료를 널리 구하고 순서를 잘 헤아리어 감정을 버리고 냉정 침착하게86) 기술해야 한다.

기전문의 조건들을 들어 보면

조상, 부모, 낳은 곳, 낳은 때, 사업, 성품, 죽은 곳, 자손……등이다.

이와 함께 시대의 형세, 풍로, 기호, 교제, 인물, 영향 등도 아울러 알맞게 기술되어야 한다.

흔히 역사적 인물은 아주 나쁘게 기술되며 또는 대단하지도87) 않은 인물을 굉장히 추키는 버릇들이 있으나 이런 짓들은 모두 감

---

86) 원문은 '침착ᄒ게'.
87) 원문은 '대단ᄒ지도'.

정과 파당심을 돋우는[88] 글자의 도적들이라 아니할 수 없다.

경솔히 기전문을 적을 것 아님을 거듭 느끼는 바이다.

사기열전(史記列傳)같은 것도 어느 정도 진실하냐는 별 문제로 치고 그 문장의 구성은 잘되었다는 것이 세평이다.

우리나라 과거의 인물지(人物志)나 전기는 대개 그 자손이나 제자들이 적은 것이 많았다.

환산 이윤재님 무덤의 비문

김 윤 경

공은 기원 사천 이백 이십 일 년 십이월 이십오일에 경상남도 김해에서 이용준씨의 맏 아드님으로 태어나서 김해공립보통학교를 졸업하고 김해합성학교에서 교편을 잡으시다가 다시 대구 계성학교에서 수업한 후 마산창신학교, 의신여학교에서 일곱 해 동안, 평안북도 영변 숭덕학교에서 한 해 동안 교육에 종사하시었다. 삼일 운동이 일어나자 그곳에서 일본 관헌에게 잡히어 평양 감옥에서 삼 년 동안 고초를 지난 후, 공은 큰 뜻을 품고, 중국으로 가 국립 북경대학 사학과에서 사천 이백 오십 칠 년 칠 월까지 삼 년 동안 역사를 연구하시었고, 고국에 돌아오자 그해 구월부터 평안북도 정주 오산고등보통학교에서 교편을 잡으시었다.

공의 목적은 왜적의 악정으로 잊어버려가는 우리말을 찾고, 시들어가는 배달넋을 살림에 있었다. 사천 이백 오십 팔 년 사월부

---

88) 원문은 '도두는'.

터는 우리의 수도 서울로 와서 앉은 자리가 더울 사이도 없이 동으로 서로 분주하게 협성학교, 경신학교, 동덕여자고등보통학교, 연희전문학교의 교편을 차례로 잡으시면서, 배재와 중앙의 두 고등보통학교와 감리교 신학교 등의 교직을 겸임하시었으니, 이 여러 학교에서 공의 가르침을 받은 사람은 실로 여러 만일 것이다.

그러는 한편에 "한글" 편집을 홀로 맡아 출판하기에 골몰하시는 가운데 씀이 부족하면 사천을 들여 발행을 계속하기도 하고, 혹은 전당을 잡히거나 저작권을 팔아 보태기도 하였으며, 또 동아일보, 조선일보 그 밖의 신문과 잡지 등에 글을 실어 새 맞춤법을 널리 펴며, 혹은 선조들의 끼친 문화의 역사를 소개하였고, 또 사전 편찬에도 종사하였다. 청백한 공은 끼니가 없어도 태연하였다.

그리고 공은 늘 빈곤한 중에 값없이 또는 몸을 돌보지 아니하고, 일만 많이 한 탓으로 때로는 빈혈증으로 졸도도 하고, 때로는 객혈로 넘어지기도 하였었다. 그러나 아무 갚음이 없고 빈곤만이 따르는 공에게 또다시 액운이 닥쳐왔다. 사천 이백 칠십 년 유월 칠일 동우회 흥사단 사건으로 검거의 선풍이 일게 되자 공은 서대문 감옥에서 한 해 동안 욕을 당하게 되었으니, 이 두 번째 영어의 고초다.

그러나 공은 출옥하자 곧 대동출판사에서 출판물의 글과 맞춤법을 바로잡는 일에 힘을 다하였고, 그 뒤 기독신문사의 주필이 되어 떨치지 못하는 교역자를 일깨우며, 여위어가는 신자들의 넋을 순결하게 하는 동시에 일반 사회보다 뒤진 교회 출판물의 한글 맞춤법을 바로잡기에 노력하시었다. 피 흘리지 않고, 우리 조선과 만주를 삼킨 왜적은 또 중국 침략전을 일으키는 한편 우리 조선 민족을 군티 없는 일본 사람으로 만들어 볼 양으로 학교에서 가정에서 우리말까지 없애려고 갖은 압박과 잔인무도한 악정을 베풀 었었다. 그리하여 사천이백칠십오년 시월 일일 조선어학회는 이 학정에 유린을 당하게 되자, 공은 그 중심인물로 함경남도 홍원경 찰서에 갇히게 되었으니, 이 세 번째 누설의 욕이다.

일 년을 하루같이 갖은 고문을 당하게 되었으나, 공은 오히려 웃음으로 악마 같은 그들을 타이르기도 하였다. 그러나 공은 그 악형과 고초로 말미암아 점점 쇠약하여졌던 것이다. 그리하여 그 다음 해 구월 십삼일에 함흥 감옥으로 옮기게 되고, 또 예심에 붙게 되던 그 해 겨울, 곧 사천 이백 칠십 육 년 십이월 팔일, 찬바람이 살을 에는 감옥 독방에서 병으로 고통 하다가 의약은커녕 따뜻한 물 한 모금 얻어 마실 길 없이, 한 많은 이 세상을 영원히 가시고 말았다.

공의 인격은 지극히 청렴하고, 결백하였다. 지극히 인자하고 겸손하였다. 지극히 평화스러워 성내는 일이 없었다. 종교로는 예수교의 장로였으며, 일생의 사업으로는 혀와 붓을 통하여서는 해외에서 흥사단에 국내에 와서는 수양 동우회에 관계하여 심력을 다하였고, 국사를 통하여 조선의 넋을 살리기 위하여서는 진단학회를 일으키었고, 우리말과 글을 바로 잡기 위하여는 조선어학회의 중진이 되었던 것이다.

공의 사사 생애는 원갑, 원주의 두 아들과 아우 만재가 문호를 지키고, 순경, 무궁화, 영애의 세 따님을 두었는데, 맏은 김병제에게, 둘째는 박종식에게 막내는 이혁종에게 시집갔다.

아! 아프고 쓰린 일이다. 공은 일생을 두고 분투 노력하던 조선의 자유와 독립을 보지 못하고 원수의 손에 희생되어 가시었다. 그러나 공은 저 누리에서도 원수의 몰락을 웃으면서 우리 겨레의 행운을 기뻐할 줄 믿는다.

기원 사천이백칠십구년 사월 육일
벗 한결89) 김 윤 경 지음
봄메 이 각 경 씀
환산 장의 준비회 세움

이 비석은 선생 최후의 은거처이던 경기도 광주군 중대면 방이리(芳夷里) 언덕 위 사과
나무밭 머리에 서 있어 나그네의 눈물을 새롭게 한다.

아부라함 링컨과 그의 어머니

☆　임 병 철

　미국 흑노 해방(黑奴解放)을 시킨 아부라함 링컨의 집은 아주 가
난하였습니다. 링컨은 1809년 2월 12일 미국 켄타키주에 있는 록
크 스푸링이라는 곳에 목수의 아들로 태어났는데 링컨이 난 집은
통나무를 우물정(井)자로 얼기설기90) 만든 단칸방91) 집으로 문이
라고는 짐승의 가죽을 내려뜨렸고 침상이라고는 마른 풀을 깔았
을 뿐입니다.

　이렇게 집이 가난한 까닭에 집에는 책이라고 성경 책 한 권 뿐
이었고, 그도 링컨의 어머님은 글자를 볼 줄 알지만 아버지는 아
주 까막눈이었습니다. 이러한 가정 형편 속에 자라나는 아부라함
링컨은 학교에도 다니지 못하고 어머님이 글자를 가르쳐 주고 성

---

89) 원문은 '할결'. '한결'의 오식인 듯.
90) 원문은 '얼게설게'.
91) 원문은 '단간방'.

경을 읽어 들려주었을 뿐이었습니다.

그 뒤 온 집안이 인디아나주로 이사를 가게 되었는데 여기는 깊은 산속이어서 여러 십 리를 나가야 인가가 있는 쓸쓸한 산골이었습니다. 아버지는 서투른 목수로 목수 일을 그만두고 산을 개간하여 밭을 만들려고 애를 썼으나 가난은 떠날 줄 몰랐습니다.

이 산골에 와서 지은 집도 아이들 침실로 선반을 매어 밤이면 링컨은 거기 올라가 자곤[92] 하였습니다. 이 선반에 올라 갈 때마다 사다리도 없어서 링컨은 누이동생의 어깨에 무동을 타고 침대로 오르고 내렸습니다.

1818년 링컨이 아홉 살 되는 해, 링컨의 집에는 가난보다 더 큰 불행이 찾아 왔습니다. 그것은 링컨의 어머니가 유행병에 걸리어 세상을 떠나게 된 것입니다. 병든 어머니의 곁에 아홉 살 되는 링컨은 어머님의 손목을 잡고 앉아 있습니다. 어머님은 인제 오래지[93] 않아서 세상을 떠날 것을 아시고 눈물을 지으시며 이야기하십니다.

"링컨아 잘 있거라. 인제 영 이별이다. 오랫동안 병구원 잘해 주어서 고맙다."

"어머니 죽지 마세요. 언제까지든지 살아서 계셔요."
하고 목이 메어 링컨도 누이동생도 어머니도 울었습니다.

"링컨아 울지 마라. 너는 참 마음이 고운 아이다. 네가 열다섯 살 될 때까지 만이라도 내가 살았으면……아니다. 모두가 하느님의 뜻이다. 이 어미가 죽더라도[94] 조금도 기운을 잃지 말고 아버

---

92) 원문은 '자군'.
93) 원문은 '오라지'.
94) 원문은 '죽드래도'.

申
瑛
澈
著

지를 잘 도아 드리고, 누이동생을 사랑해라.

설사 지금보다도 더 가난하게 살더라도[95] 결코 하느님의 뜻을 거스려서 나쁜 마음을 먹지 말아라. 사람이 귀한 것은 부자가 되거나 높은 사람이 되는 것이 아니요, 바른 마음을 가지는 것이 정말 귀한 사람이다. 링컨아, 나는 집이 가난하여서 너를 학교에 보내지 못하는 것이 가슴 아파서 견딜 수 없다. 그러나 나는 너에게 성경 읽기를 가르쳤다. 성경을 성경을……링컨아 나는 네가 어른이 되어도 성경 읽기를 잊어버리지 않는 사람이 되기를 저 세상에 가서라도 빌겠다. 네가 부자가 되는 것보다 높은 사람이 되는 것보다 나는 성경 읽기를 좋아하는 사람이 되기를 바란다. 링컨아 어머니하고 약속하자 성경을 좋아하는 사람이 되겠다고…… 물물……."

어머니는 이런 유언을 남기고 물 두어 모금 마시고 그만 세상을 떠났습니다.

링컨은 한 평생 어머님의 이 유언을 잊은 일이 없이 성경을 읽고, 성경대로 행하기를 힘썼습니다.

(1948. 10. 새살림)

---

95) 원문은 '살드라도'.

2. 논설문(論說文)

요령

    논설문이란 수사학(修辭學)에서 이른바 설명문(說明文)과 논의문(論議文)과의 합칭으로 설명문은 주지적(主知的) 문장임에 견주어 논의문은 주의적(主意的) 문장이다.

    이렇게 따져보면 서정문(抒情文)은 주정적(主情的) 문장임을 알 것이다.

    기사문(記事文)은 사람의 정감(情感)을 움직임이 임자된 목적이지만 논설문은 끝내 사람의 이성(理性)에 하소연하여 자기 의견이나 주장을 널리 퍼뜨려 읽는 이를 공명(共鳴)하게 해야 한다.

    논설문은 대개 다섯 가지로 나눌 수 있으니,

① 논의문(論議文)

② 해설문(解說文)

③ 변난문(辯難文)

④ 비평문(批評文)

⑤ 풍유문(諷諭文)

    ① 논의문은 흔히 "논문"이라고 일컫는다. 논문을 쓰려면 우선 여러 방면으로 관찰하고 많은 재료를 모아서 내용을 풍부하게 하고 자기 의견과 주장, 연구 등의 이론을 종시 일관하고 이로정연(理路整然)하게 기술해야 한다. 논의문은 논의로 문장을 기술함이요, 문장으로 논의를 만들어 내는 것이 아니다.

따라서 논문을 쓰는 데는 그 문제에 대한 확고한 신념이 있어야 하며 가슴 속에 큰 배포가 있어야 한다.

공연히 큰 소리만 한다고 논문이 저절로 되는 것도 아니요, 또는 어려운 문귀를 늘어놓는다고[1] 논문이 되는 것도 아니다.

세상 사람들은 논문이라면 중국 사람들이 오래 떠들어오는 소위 "기, 승, 포, 서, 과, 결(起, 承, 鋪, 叙, 過, 結)"의 형식에 사로잡혀 그 격식에 안 맞으면 논문이 아니라고까지 일러왔으나 점점 과학 사상이 진흥됨을 따라 문장도 그 "형식"보다 "내용", "기교"보다는 "자연"을 중시하게 되었다.

곧 겉의 체모보다도 논지(論旨)가 주요한 핵심으로 인식되기에 이른[2] 것이다.

그야 옛날식의 논문에도 품격(品格), 제정(齊整) 등의 좋은 점이 없는 것 아니지만 논문 원래의 목적으로 따질 때 형식에 너무 메일[3] 일이 아닌 것이다.

그러나 요즈음의 논문이란 글 가운데는 너무도 경솔하고 김빠진 것이 많다.

논문 작성의 순서와 심리적 근거를 학자들은 다음 같이 가리키고 있다.

첫째 내용 $\left\{\begin{array}{l} ① \ 독창적일 \ 것. \\ ② \ 공명(公明)할 \ 것. \\ ③ \ 과학적일 \ 것. \end{array}\right.$

---

1) 원문은 '느러놓는다고'.
2) 원문은 '이르른'.
3) 원문은 '매일'.

둘째 형식 {
① 예증(例證)이 객관적일 것.
② 용어(用語)가 명쾌할 것.
③ 논리(論理)가 정연할 것.

논문은 한 마디로 엄숙 철저하여야 한다.

옛말에도 "논의는 이치를 따져 글을 베풀지니 흰소리로 이치를 빼앗아서는 못쓴다" 하였다.

대개 논문을 쓰려면 먼저 초안을 잡아 재료와 구상을 정리하고 대들어야 한다.

물론 문장 대가는 댓바람⁴⁾ 논문을 적기 시작하지만 그런 일은 십 년의 수련이 없이는 흉내도 낼 수 없음을 깨달아야 한다.

논문의 보편적 형식은 우선

① 머리말 (논문의 목적을 알려야 함)

② 본   론 (논단과 증명이 있어야 함)

③ 결   론 (자기 주장을 나타내야 함)

이런 식이 가장 많고 또 무난한 형식이다.

끝으로 한 마디 더할 것은 논문의 문장은 특히 씩씩하고 힘찬 것을 요청한다. 맥 빠진 글, 힘없는 문구, 신념 박약한 논단으로는 읽는 이의 공명을 얻지 못할 뿐 아니라 도리어 역효과를 자아내기 쉽다.

申瑛澈 著

---

4) 원문은 '대바람'.

= 한글 반포 503 주년 =

국어 정책을 확립하라

신 영 철

[1]

인류 출현 50만 년, 유사 8천 년의 시간을 통하여 육성 발전한 세계의 문명과 문화는 이제 동서양을 막론하고 일찍이 겪지 못한 대규모적 동요와 변환 속에서 새로운 지성을 찾아 고민하고 있다.

문명이란 인류가 자연계를 지배하는 "에네르기이"의 체계요, 문화란 문명과 연관하는 인류의 생활 가치 체계다.

"르네이쌍스" 이래 4백여 년, 근대 문명의 진보 향상은 항상 미신적인 가지가지의 장애를 극복 개척하며 수행한 선구자들의 과학에 대한 위대한 슬기와 충성의 혜택인 것이다.

문화의 창조, 전승, 보급은 언어의 힘으로 비약적 결정적인 공효를 거두며 국토, 혈통, 역사와 함께 언어의 공유는 민족 구성의 기본 요소를 이루고 있다.

민족의 언어는 민족 공동의 표현 방법이며, 민족 성원 사이의 체험과 표현을 전달 매개하는 필수적 수단이다. 민족의 체험과 정서는 그 풍토와 언어를 통해서 형성 배육되므로 민족어는 역사적으로 생성 발전하는 문화인 것이다.

우리 민족은 현재 세계사적인 위대한 문명이 어울리는 민주주의 민족 문화의 건설이란 책무를 어떻게 수행할까 하는 중대한 모멘트에 직면하고 있다.

민족의 새로운 흥륭, 국가의 힘찬 발전은 오로지 지금 이 공간과 시간 속에서 땀 흘리며 분투하는 민족 문화 건설의 가치 있고

의의 있는 과학적 보람으로써만 기약할 수 있을 것이다.

[2]

한글 반포 503주년 기념일을 맞이하며 나는 다시금 우리나라 국어 정책 확립의 화급함을 논하여 정부와 국민의 국어에 대한 심각한 반성과 실천을 재촉하고자 한다.

국어 정책이 논의됨은 근대 국가의 특색이니 고대 국가에서는 이런 문제가 제기될 연유가 없었다. 근세에 이르러 인종적, 민족적, 국민적 자각이 강렬하여짐을 따라 그 인종적, 민족적, 국민적 특질을 수호 발전시키는 정책을 강구하게 된 것이다.

원래 언어와 인종, 민족, 국민의 관계는 필연적인 것은 아니다. 인종은 다르되 동일한 언어를 사용하는 경우도 있으며 동일한 민족이던 것이 나뉘어 별다른 언어를 사용하는 실례도 있다. 그러나 한번 언어와의 역사적 관계가 깊어지고 운명 공동체로서의 정신적, 물질적, 단결 이념이 확고하게 맺혀진 인종, 민족, 국민에게는 국어 문제가 곧 생존권과 자유권에 영향하는 문제로 대두되는 것이다.

우리 국어는 천 수백 년 한문 세력 속에서 시달려 많은 상처를 입었으며 일제 침략으로 국어운동이 거의 사멸할 지경에서 헤매다가 가까스로 살아난 피눈물 맺힌 국어다.

우리는 하루바삐 신흥 국가로서의 건전한 국어 정책을 확립 실천해야 하겠다.

국어 운동의 과학적 성공을 위해 나는 우선 다음 몇 가지를 제창한다.

① 한글 전용법을 실천하라.
② 성인 교육을 법령화하라.
③ 가로쓰기로 통일하라.

④ 국립 출판관을 설립하라.

⑤ 출판물 맞춤법을 단속하라.

[3]

이상 다섯 가지 나의 제안에 대하여 누구나 반대는 하지 않을 줄 안다. 조국을 사랑하고 민족 문화를 위하는 사람이면 바른 국어 생활을 하며 옳은 국어 운동을 진전시켜야 할 것이다.

아직도 맞춤법을 도외시한 출판물이 독립된 주권 아래 있을 수 있는가!

국어의 불통일은 민족의 수치, 국어의 무시는 국가의 치욕이다.

오늘날 우리 민족의 닥드려 있는 역사적 현실은 냉철히 파악되어야 한다. 흔히 이르기를 국어 운동자들은 민중을 공연히 귀찮게 군다고 한다.

이 무슨 망발인가. 인류 문화 수천 년의 과거 어느 세월 과학의 진보를 무시하여 발전한 민족과 나라가 있었던가. 우리 민족은 이미 "요보"가 아니다. 세종대왕 정음 창제의 위업을 추모하며 동서양 문명 제국의 흥륭 과정을 살피어 새로운 흥기의 기회를 놓치지 말 것이니 이제 세계의 풍운은 우리 민족을 웅대 심각한 시련 속에 몰고 있지 않은가!

아이어(愛蘭), 포오란드, 핀란드, 튈크, 중국, 일본 등의 국어 운동을 헤아리자. 헬리 4세여 나오라. 케말파샤여 나오라. 진실로 세종 정신이여 신생하라. 국어 운동을 과학화하고 국어 정책을 강화 실천하라.

우리 민족은 불쌍한[5] 민족이었다. 우리 민족은 노예 민족이었다.

---

5) 원문은 '불상한'.

우리는 바야흐로 역사의 무대로 나선다. 빛나는 조국의 깃발 아래 이상의 햇발을 우러르며 고전과 역사, 전통과 진보 속에 새로운 민족 정신을 재발견 하여 국제 정의와 공도에 기여 공헌할 민족 문화의 건설을 위해 이 땅의 문화인은 생명을 바쳐야 할 것이다.

(1949. 10. 8~10. 9. 서울신문)

申瑛澈 著

산아 제한론6)

정 진 욱

인류는 발생 이래 자연적으로 증가하고 있다. 때로는 기하급수적으로 때로는 산술급수적으로 증가의 방식은 다를지라도 점점 증가 일로인 것만은 틀림없다. 주기적이라고도 할 수 있는 천변, 지변, 인변이 일시적으로 인구 증가를 다소 조절하였을지도 모르나 대체로 본 상승(上昇) 곡선에 대변화를 줄 정도는 물론 아니었으며 대전 후에는 반사적으로 증가는 가속된 것을 알 수가 있다.

과학의 향상은 천변, 지변을 예측7)할 수 있게 되었으며 의학의 발달은 인변을 최소한으로 예방하며 구출하게 되었다. 그러므로 소위 문화 지역의 인구 증가는 일층 현저하게 되었다.

문화는 이 같은 인구 증가에 공헌하는 동시에 그 인구를 유지할 만한 생활 조건의 향상에도 공헌이 컸다. 농지의 개량과 화학 비료의 생산은 식량을 증산시켰으며 기계 공업의 발달은 일용품의 대량 생산을 가능하게 하여 자연적 조건 하에서는 도저히 감당 못

---

6) 원문은 '산아 제한논'.
7) 원문은 '예칙'.

할 인구 밀도를 보유하게 되었으나 이 균형 상태는 단시일 후에 파란을 일으키게 되었다. 즉 휴식을 모르는 인구 증가는 생활 조건에 비하여 포화(飽和) 상태를 지나 과잉 상태에 들어갔기 때문이다. 식량 부족으로 국민은 영양 장애를 일으키고 직장의 부족은 실업자를 속출시켰으며 물자의 부족은 가격을 상승시켜 일반 생활을 위협하게 되었다. 위정자는 이 현상을 타개하기 위하여 인위적 인구 이동을 도모하게 되며 결국 인구 밀도가 비교적 희박한 타민족의 생활 권내에 삼투하게 된다. 외교적으로 성공하지 아니하면 무력으로 타민족을 정복하여 국토의 확장을 강행한다. 이것이 인류 문제의 전쟁의 대부분의 원인이 되어 있다.

중세의 식민지 쟁투전, 근대의 일본·독일의 침략전은 이것의 좋은 표본으로 볼 수가 있다. 자유는 사람의 최대 본능이다. 그중에서도 생활의 자유는 절대적인 것이다. 의식주에 불안이 없을 때 사람은 가장 선량하며 온순하며 평화적이다. 그들은 자신의 생활을 미화하는데 가장 큰 취미를 느낄 것이다. 그러므로 생활의 위협은 사람의 평화성을 파괴하는 가장 큰 요소가 된다. 그들은 그 유래하는 근본적 원인을 탐구하기 전에 목전에 표현된 불합리만을 응시하게 된다. 위정자에 대한 불신이 그 초점이 될 때에는 혁명으로써 이를 해결하며 부(富)의 계급투쟁 등으로 발전한다. 그들은 이 운동만이 자기의 생활을 안정시키는 제일 확실한 길임을 믿고 생명을 걸어 투쟁한다. 그러나 혁명에 성공하여 투쟁에 성공하였다 할지라도 그 후의 생활 조건을 여전히 호전(好轉)되지 아니한 것을 우리는 알고 있다. 그 이유는 정치 형태와 사회 제도가 여하하게 변동됐더라도 생활 조건의 근원적 기준인 인구의 증가와 생활 요소간의 균형 상태는 조삼모사(朝三暮四)격으로 아무런 절대수

252

적 변동이 없었기 때문이다. 국가 간, 민족 간 또는 계급 간의 전쟁, 투쟁, 증오를 제거하고 평화스러운 세계를 항구적으로 건설함은 인류에 있어 당면한 최대 문제이다.

과거의 전쟁이 가져 온 비참한 결과와 현재의 사상전이 조장하고 있으며 또 조장할 장래의 암흑세계를 생각할 때 평화는 만인이 갈망하는 대상이다. 모든 무력 전쟁과 사상의 투쟁은 전술한 바와 같이 일 국가, 일 사회를 형성한 세포, 즉 개인의 생활 위협에서부터 출발하는 것이며 이 생활의 위협은 주로 인구 격증으로 인한 생활, 조건, 균형의 파란에 기인한다고 단언할 수가 있다. 이 관점에서 오인은 계획적 인구 감축 운동, 즉 산아 제한만이 평화 세계를 건설하는 유일한 방법임을 강조하는 바이다.

한국은 과거 반세기 간 일인의 방치적 정책에도 불구하고 이미 인구는 국토에 비하여 과잉 상태이며 앞으로 증가 곡선은 경이할 만한 상승을 보일 것이다. 도시의 식량난, 실업자 문제, 주택난, 교통난, 교육난은 더 말할 필요도 없거니와 인구의 8할을 점하는 농촌에 있어서도 농민은 농토 분배로써 재조정한다 하더라도 그 배부량은 자경 능력의 수분지 일에 불과할 것이니 농민 생활의 향상도 기대하기 곤란할 것이다.

오래지 않은 장래에 남북은 통일될 것이며 또한 반드시 통일해야만 할 것이다. 풍부한 자연 산물을 가진 우리 국토는 이 면적에 정당한 인구에는 자급자족할 수 있고 개인 생활을 윤택하게 할 수가 있을 것이니 국토 확장을 도모할 필요도 없을 것이며 또한 세계 안전보장 기구의 일원으로서 국토는 타민족의 침략으로부터 보호될 것이니 제국주의적 양병 목적으로 인구 감축 운동을 반대할 이유는 없을 것이다. 민생을 안정시키기 위하여 모든 우방 국가의 경제적 원조는 물론 필요한 것이다. 그러나 언제까지나 이에 의존할 수는 없을 것이니 내부적으로 적극적 인구 감축 운동 정책으로 원조의 성과를 배가함으로써 단시일에 인구 포화 상태에서 탈각하여 민생고의 근본적 문제를 해결하도록 노력할 것이다. 산아 제한은 문자 그대로 인위적 제한이기 때문에 정책으로써 용이하게 조절할 수 있는 것이니 일부 인사의 우려하는 것과 같이 민족 절종 운운은 문제가 되지 아니한다. 제한 정책의 완화로써 용이하게 증가 궤도에 오르게 되며 증식 정책으로써 가속도적 효과를 나타낼 수가 있는 것이니 이는 과거 외국의 실험 예로써 명백한 사실이다. 산아 제한을 종교적 또는 도덕적 입장에서 자연에 반역한다 하여 죄악시하는 일부가 있으나 인구의 팽창으로 기인하는 전쟁의 대량살생(大量殺生)을 어떻게 합리화시킬 것인가. 현재 용이한 일투족은 장래의 대참극을 충분히 면할 수 있는 절대적 가능성을 보유하는 것이다. 그러므로 산아제한은 결과로 보아 가장 도덕적이며 가장 종교적 양심에 합치된다 할 수 있을 것이다. 산아 제한의 실시는 의료[8] 기술자의 전문적 영역에 속한다. 사회적 계몽과 주밀한 개인적 지도와 간단한 시술(施術)로 써 충분한 성과를 기대할 수가 있으므로 요는 위정자가 이 필요성을 통감으로써 전문가에 협조하는 입법을 제정함에 있다. 보건부가 독립함으로써 종래의 수성에서 이탈하여 독자적 행정을 실시하려는 이때에 위정 당국, 입법 당국이 민족의 번영(繁榮)을 위하여 또는 세계 평화에 공헌하기 위하여 심교(深敎)가 있기를 요망하여 마지않는다.

(1949. 10. 18. 국도신문)

---

8) 원문은 '의로'. 의료의 오식인 듯.

해설문(解說文)

요령

　해설문은 논의문과 기사문과의 중간적 문장으로 그 목적이 사리(事理)와 일의 설명에 있으므로 먼저 말한 대로 주지적(主知的)문장이다. 그러므로 해설문은 사리의 어려운 것을 쉽게 복잡한 것을 간단하게 기술하여야 한다.

　되도록 알기 쉽게 써야한다.

　그리 하자면 흐릿한 용어는 쓰지 말며 조리가 명쾌하게 적어야 한다.

　문장이 명쾌하지 못하면 헝클어진 실마리 같아서 해설의 목적을 이루지 못할 것이다.

　논어(論語) 열 권도 "인(仁)" 한 자로 귀결된다 하였으며 노자(老子) 수천 마디 글도 "무위 자연(無爲自然)"의 한 마디로 귀결된다 하였다.

　해설의 순서를 바로하고 관계없는 군소리를 아주 빼어야 한다.

申瑛澈 著

의복빛 선택의 비결

김 영 애

1. 사물(事物)과 빛

우리들은 빛에 쌓여 있다. 옷 한 벌, 접시 한 개, 꽃 한 송이, 고기 한 마리, 하늘, 모두가 빛을 가지고 있지 않는 것은 없다. 태양이 있고 광선이 있는 이상 만물 위에는 빛이 존재해 있다.

우리들이 사물을 볼 때에 먼저 빛을 보고 다음에 형상을 보게 된다. 눈의 감각, 즉 시각(視覺)이 제일 먼저 오는 감각이기 때문이다.

빛으로부터 받는 자극은 퍽 풍부하다. 같은 형상의 것이지만 빛이 다르면 눈에 자극하는 감각이 달라진다. 예를 들면, 같은 산이라도 봄날의 꽃 핀 산과 첫여름 신록(新綠)의 산과 가을의 단풍 든 산과 겨울의 눈 온 산 모두가 빛을 따라 똑같은 산이지만 그때 받는 인상이 다른 것은 빛이 먼저 시각(視覺)을 감촉시키는 까닭이다.

먼저 눈으로 보아 빛을 구별하고 그 빛을 통하여 다시 사물을 알게 되며 따라서 감정을 움직이게 하는 것이다.

어린애기를 주의해 보면 어린애가 사물을 볼 때에 먼저 빛을 본다. 빛이 있는 완구(玩具)를 보이고 그 완구를 가만히 흔들면 어린애의 눈은 반드시 그 완구의 동하는 방향으로 쫓아간다. 즉 눈으로 빛을 보고 빛의 존재를 알게 됨을 증명하는 것이다. 만일 빛이 없는 완구를 보인다 하면 어떤 미련한 모형의 완구임에도 어린 아기는 그 완구를 보려고 하지 않는다. 이것을 보아도 모형보다 빛을 이해하는 능력이 빠르다는 것을 우리가 확실히 알 수가 있다.

2. 근대인의 생활과 빛

문화 발달을 따라서 사람들의 요구하는 빛은 점점 그 수를 느리고 새 빛을 만들어 내는 방법을 발견하였다. 그런고로 생활 정도가 높아가고 취미 생활이 벌어져[9] 갈수록 빛은 그 수가 많아져가며 빛의 존재가 더 귀해지는 것이다.

반대로 어린아이에게는 단순한 빛 외에는 이해를 못하고 문화 정도가 낮은 미개인에게는 원색(原色)의 빛으로 만족할 수 있는 것이 이상의 이유이다.

3. 빛의 정조(情操)

1. 흥분의 빛과 침착의 빛

선(線)이 동한다고 하면 빛은 정조(情操)를 표시한다고 말할 수 있다. 우리들이 빛을 볼 때에 빛을 따라서 받는 자극이 다르다. 예를 들면 붉은 빛(赤色)이 눈을 강하게 자극시키는 것이다. 위험한 때에 신호(信號)로 붉은 빛을 보고 그 강한 자극에 얼른 정신을 차리게 하는 것이다. 더욱 이러한 목적으로 쓰는 붉은 빛은 색도(色度)가 가장 강한 적색(赤色)이라야만 한다.

붉은 빛은 일반적으로 열광적(熱狂的), 침략적(侵略的) 빛이라 한다.

다음 빛의 명암(明暗)을 구별해서 표현하면 빛이 밝은 편이면 쾌활(快活)과 따뜻함을 가리키게 되고 빛이 어두우면 괴롬과 쓸쓸함과 찬 것을 표시하게 되는 것이다.

아름다운 빛을 보고 좋아하며 붉은빛을 보고 흥분하며 푸른빛(綠色)을 보고 침착해지는 것은 사람의 신경이 영향에 많은 반응을

---

9) 원문은 '버러저'.

받는 까닭이다.

2. 더운 빛과 찬 빛

빛을 구별하여 더운 빛, 찬 빛의 양 극단을 말하게 되면 중간에 많은 계급을 생각할 수가 있다.

더욱 빛의 중심되는 것은 오렌지 빛[10]이며 찬 빛의 중심되는 빛은 청색(靑色)이라 생각할 수가 있다. 오렌지 빛은 붉은 빛과는 달라서 침략적(侵略的), 열광적(熱狂的)은 아니나 역시 열정적의 빛이다.

스페인, 멕시코의 여자들의 옷은 대개가 오렌지 빛을 많이 쓰는 것도 남국 여성의 정열(情熱)을 표현한 것이라고 생각할 수가 있다.

다음으로 황색(黃色)은 따뜻한 빛 중의 하나이다. 붉은 빛이 열정을 표시하면 황색은 따뜻함을 표시하고 있다.

오렌지 빛이 더위와 열대(熱帶) 여름을 생각하게[11] 하면 황색은 봄 온대(溫帶) 따뜻함을 연상하게[12] 한다.

황색 다음의 빛은 녹색(綠色)이다. 녹색은 더위와 추위의 중간에 있을 빛이다. 이 빛은 온화하고 가장 평화스러운 빛이니 시각(視覺)에 있어서도 빛 가운데 가장 위생적인 고로 안력을 상하지 않게 한다.

오랫 동안 일을 하고 있는 책상 위에 녹색(綠色) 라라를 펴놓는 것은 이상의 이유가 포함된 까닭이다. 신록(新綠)이 아름다움도 녹색(綠色)을 가진 까닭이다. 피곤할 때에 교외 산보를 하면 마음이 상쾌해지는 이유는 신선한 공기를 흡수하여 심장과 폐의 혈액 순환을 잘 시키는 원인도 크겠으나 그 외에도 푸른 나무를 보고 눈

---

10) 원문은 '오랜지빛'.
11) 원문은 '생각ㅎ게'.
12) 원문은 '연상ㅎ게'.

을 쉬게 하고 정신을 침착시키는 원인도 크게 있다.

다음 찬 빛(寒色)의 대표가 되는 것은 청색(靑色)이다. 청색(靑色)이라면 얼른 깊은 바다나 호수(湖水)의 물빛을 상상하게 된다. 청색 가운데도 가장 추운 느낌을 일으키게 하는 빛이 컴컴한 청색이다. 얼음덩이[13] 아래 푸른빛 눈 오는 날 저녁 하늘빛이 즉 청색(靑色)이다.

3. 보랏빛

보랏빛은 역시 찬 빛(寒色) 중의 하나이나 청색과 같이 추운 느낌을 주는 빛은 아니다. 쉽게 말하면 찬 빛(寒色)보다 애수(哀愁)의 느낌을 주는 빛이다. 고상한 빛 중의 하나인 고로 중년 귀부인의 옷이나 승려(僧侶)의 옷으로 많이 쓰이는 빛이다.

더욱 젊은 아가씨들이 이 빛을 입고 얼굴이 흰 이나 침착한 이가 이 빛의 옷을 입으면 퍽 겸손해 보이고 명쾌(明快)한 느낌을 주게 된다.

서양에서는 이 보랏빛은 노인이 일반으로 좋아하는 빛이라 한다.

4. 검은빛과 흰빛

다음 의복 중에 제일 중요한 빛이라고 할 만한 빛이 검은빛과 흰빛이다. 이 두 빛은 더운 빛과 찬 빛을 초월하고 있다. 흰빛은 순백(純白)과 신성함을 표시하는 빛이다. 결혼식 예복에 순백을 입는 것도 이상의 이유이다.

검은빛은 순진(純眞)을 표시한 빛이다. 외국인의 상복과 승려의 복장 빛으로 검은빛을 입는 것도 역시 이상의 이유이다.

또 검은빛은 어떤 사람에게든지 싫증이 나지 않는 빛이다. 어떠

---

13) 원문은 '어르덩이'.

한 빛에나 잘 조화되며 얼른 눈에 띠우게 되는 빛이다. 그런 고로 양장에 있어서는 유행색 중에도 항상 검은빛만은 섞이게 되는 것이다. 다시 말하면 유행을 초월한 유행 빛이라고 볼 수가 있다.

얼른 생각할 때에 검은빛은 퍽 늙은 빛 같이 생각이 되나 빛을 이해하는 데에 있어서는 검은빛이 제일 빛을 내는 빛이다.

검은빛과 흰빛의 배색(配色)은 빛 가운데의 왕자(王者)라고 한다.

4. 인상과 표정을 따라서 빛을 택하는 법

1. 빛 택하는 것으로 인품(人品)을 알 수 있다.

사람은 인상(印象)과 표정을 따라서 그 개성을 잘 알 수가 있게 된다. 좋은 인상을 주는 것이나 좋지 못한 인상을 주는 것이 선(線)과 형상(型狀)과 빛에 있으나 그 중에도 빛이 더욱 큰 효과를 내고 있는 것이다.

가령 이런 예를 보아도 빛이 제일 중요한 효과를 가지고 있는 것을 알 수가 있다.

어떤 회합(會合)에 갔다 온 후에 제일 인상에 남아 있는 것은 누구누구는 누런 옷을 입었었고 누구누구는 붉은 옷을 입었었다는 기억이 제일 힘 있게 남아 있게 되며 선(線)이라든지 모형은 좀처럼 기억이 되지 않는 것이다. 간단한 이런 예를 보아도 빛이 얼마나 중요한 효과를 나타내고 있으며 빛과 인품(人品)을 연상하게 되는 것을 알 수가 있다.

2. 빛내는 빛과 빛내지 못하는 빛

먼저 자연의 인상과 표정을 아름답게 뵈기 위하여 빛을 선택한다고 하면 그 선택하는 방법을 두 가지 조건으로 나누게 된다. 하나는 자기가 상당한 자신의 특징을 가졌을 때 그 특징을 발휘(發

揮)하기 위하여 보조(補助)된 빛을 선택할 때……예를 들면 따뜻한 인상을 주는 이, 대개 몸이 조금 부하고 좋은 체격을 소유한 이, 이런 이가 자기의 훌륭한 체격을 어디까지든지 발휘시켜 당당한 태도를 가지려 할 때 이런 때에는 반드시 따뜻하고 밝고 힘찬 인상을 주는 빛을 선택하여야 한다. 이러한 빛은 오렌지, 분홍빛 붉은빛 등이다.

이상의 목적으로 이러한 빛을 쓰며는 활기 있는 태도를 가지고 사람에게 대할 수가 있다. 더욱이 오렌지 빛은 남국 여인이 좋아하는 정열적 느낌을 내는 빛이며 분홍빛은 봄과 같은 연한 느낌을 주는 빛인 고로 젊은이의 빛으로 가장 귀여운 빛이다.

그 다음 또 하나는 자기 특장이 자기의 마음에 맞지 않을 때 될 수 있는 대로 자기 자신을 자기만족으로써 발휘하려 할 때 예를 들면 전자에 말한 때와 꼭 같은 체격을 가졌을 때 (좀 부한 편을 말함) 먼저는 자기의 부한 체격을 특장으로 발휘시킨 것이나 이번에는 좀 부하고 큰 체격이 싫어서 좀 가늘게 보이고14) 싶고 강하게 보이고 싶은 때는 될 수 있는 대로 홀쭉하고15) 쌀쌀하고 서늘하고 적게 멀리서 보이는 빛을 선택하여야 한다.

이런 빛은 검은빛, 회색빛, 농록(濃綠) 등 소위 은빛이라야만 한다. 이런 빛을 쓰게 되면 어떤 정도까지 자기의 싫은 특장을 감출 수가 있다.

이런 방법으로 쌀쌀하게 여위어 보이는 이도 자기의 특색을 발휘하게 할 수가 있고 특색을 감출 수도 있다.

---

14) 원문은 '뵈이고'.
15) 원문은 '홀죽하고'.

3. 인품(人品)의 온도감(溫度感)과 빛

먼저 빛을 설명할 때에 빛의 찬 느낌과 더운 느낌을 구별하였지만 빛은 변화하고 변하여 다종다양(多種多樣)하게 된다. 이와 마찬가지로 사람의 인상도 찬 느낌과 더운 느낌으로 구별할 수 있다. 이 사이에는 각인각색의 성격을 찾아 내일 수가 있다.

더운 인상을 주는 사람으로서도 여러 가지로 다시 분류할 수가 있다. 즉 성격이나 표정으로부터 받는 정열(情熱)의 느낌을 주는 이, 무엇이나 태워버릴 만한 열의(熱意)를 가진 사람, 비대(肥大)한 체격의 소유자, 큰 얼굴을 가진 이 즉 체격상의 특색으로 더웁고 괴로운 느낌을 나타내는 이 등으로 분류된다. 이런 때에 열정이라는 것을 좋은 편으로 해석하여 전자의 방법으로 발휘시키는 것이 좋게 생각이 된다.

그러나 대개가 덥고 괴로운 느낌을 주는 이는 감심할 정도가 되기 어려운 고로 자기 특색을 발휘시키는 것보다 자기 특색을 감추어 되도록 자기의 인상과 반대의 빛 검은빛이나 농록(濃綠) 등을 쓰는 것이 무난한 법이다.

다음 따뜻한 인상을 주는 이, 보기 좋게 살지고 귀여운 체격을 가진 이, 이런 이는 누구에게나 원만한 느낌을 주는 편인 고로 되도록 특장 발휘시키는 것이 좋다.

이 따뜻한 느낌을 주는 이는 찬 느낌과 더운 느낌의 중간 인물인 만큼 이 타이프가 제일 많은 편이다. 따라서 이렇다 할 특색이 적으므로 신통스러운 효과를 내기가 어려운 반면에 일반적으로 어떤 빛을 써도 무난(無難)하며 빛을 선택하는 편으로도 제일 자유롭다.

다음 찬 느낌의 인상을 주는 이, 쌀쌀한 느낌, 이지적 느낌, 신비적 느낌, 회의적(懷疑的) 느낌, 예리(銳利)한 느낌, 신경질의 느낌, 히스테리의 느낌을 주는 이가 있다. 이런 이도 빛으로 자기의 인상을 더 발휘할 수가 있고 감출 수도 있다.

이런 이는 쌀쌀스런 느낌을 그대로 발휘시키려는 이는 어떤 편으로 보든지 적다. 더욱이 신경질 느낌을 주는 이는 대개가 자기 연령보다 늙은 생각을 가진 편이 되는 고로 되도록 젊은 기분을 가지고 젊은 빛을 많이 쓸 필요가 있다. 그러나 너무 정도가 지나야한 빛이 되면 분수없이 보이기 쉽다. 빛으로는 오렌지나 붉은빛의 색도가 강하지 않은 빛 모형으로는 무늬 있는 편이 좋다.

이러한 사람의 체격은 대개가 불건강해 보이는 타이프며 가슴이 욱어진 편이 많으므로 크게 보이는 빛 붉은 편의 빛을 쓰는 것이 적합하다.

이상 말한 것은 대체를 말한 것이므로 각 개인에 따라서 살빛이 검은 이, 흰 이, 살결이 부드러운 이, 부드럽지 못한 이를 따라서 자세한 주의가 필요하다. 예를 들면 해수욕 후에는 보통보다 얼굴과 몸이 몹시 껄었을 때니 평상시에 입던 빛을 그대로 쓰지 않는 것이 좋다. 몸의 빛과 대조가 되는 흰빛이나 누런빛 등이 어울릴 것이다.

이상 말한 빛을 선택하는 법에 대해서는 일반적으로 간단히 설명한 것이므로 더 자세히 쓰지 않음은 각 개인의 취미와 옷의 데싸인 감의 선택이 많은 보조력을 가지고 있으므로 상과 표정을 따라 빛의 선택 방법을 원칙을 따라서 참고표로 이 삼류를 써서 문제의 몇 분이라도 보충하려 한다.

申
瑛
澈
著

인상과 표정을 따라 빛을 찾는 법16)

① 더운 느낌에 따른 타이프

(1) 열정적	특색을 나타내는 법	빛-단색, 오렌지, 분홍, 적색
		모형-꽃무늬줄
	특색을 내지 않는 법	빛-떫은 빛, 엔지 농록(濃綠)
		모형-잔무늬
(2) 압도적(壓倒的)	특색을 나타내는 법	빛-단색, 오렌지, 적색
		모형-큰무늬
	특색을 내지 않는 법	(1)과 같음.
(3) 육감적(肉感的)	특색을 나타내는 법	빛-강한 빛, 육색 오렌지, 검은빛
		모형-굵은 선, 꽃무늬
	특색을 내지 않는 법	(1)과 같음.
(4) 요부형(妖婦型)	특색을 나타내는 법	빛-강하게 붉은빛, 검은빛에 적색, 검은빛에 육색
		모형-큰무늬, 큰줄
	특색을 내지 않는 법	(1)과 같음.

② 따뜻한 느낌에 따른 타이프

(1) 영양형 여학교 졸업 후에 기품 있는 이	특색을 나타내는 법	빛-분홍 옥색, 녹색, 황색, 백색
		모형-이쁜 꽃무늬, 접무늬
	특색을 내지 않는 법	일반으로 이런 타이프면, 특색을 나타내지 않을 필요가 없다. 내지 않을 때면 감색(紺色) 혹은 적색을 배합시킬 것
(2) 여학생형	특색을 나타내는 법	빛-수수한 빛, 감색 금향색, 낙타빛, 백색, 자주빛
		모형-전연 없는 것이 좋다.
	특색을 내지 않을 필요가 없다.	
(3) 둥글둥글한 이	특색을 나타내는 법	빛-대개 (1)일과 같다. (1)보다 좀 더 야해도 무방. 침착한 빛으로 검은빛 엔지-차빛-크림빛, 흰빛
		모형-조그만 무늬로 똑똑한 편이 좋다.

---

16) 원문의 도식을 편의상 표로 바꾸었음.

		특색을 내지 않을 필요가 없다.
(4) 건강형 (스포오츠형)	빛을 내는 법	빛-선명한 빛-늙은 빛, 흰빛, 검은빛, 감색(紺色) 크림빛, 연분홍, 적색 대체로 찬 빛을 피함이 좋다.
		모형-무지, 직선
	특색을 내지 않을 필요가 없다.	

③ 찬 느낌에 따른 타이프

(1) 이지적형 (理智的型)	특색을 나타내는 법	빛-분명한 빛, 검은빛, 흰빛, 녹색, 적색, 황색, 감색(紺色)
		모형-줄, 점, 작은 무늬.
	특색을 내지 않는 법	대체로 특색을 낼 필요가 있다.
(2) 신비적형 (神秘的型)	특색을 나타내는 법	빛 검은빛, 철색, 회색, 은색, 백색.
		모형-무지
	특색을 내지 않을 필요가 없다.	
(3) 신경질적형 (히스테리형)	특색을 낼 필요가 없다.	
	특색을 내지 않는 법	빛-강한 빛을 피할 것, 차빛, 감색, 백색, 녹색
		모형-평범한 모형

(1934년 10월호 신가정)

변난문(辯難文)

요령

변난문은 꿩 잡는 매가 바람을 차고 나르듯 또는 사자(獅子)가 뭇 짐승을 호령하듯 우렁차고 씩씩하며 웅장 당당해야 한다.
전투 정신이 넘치어 조금도 굽힘이 없이 왕성한 기개와 틈 없는 논리로 적을 완전히 압도시켜야 한다.

그렇다고 욕설을 하며 인신공격을 일삼으며 또는 거짓을 섞어 남을 공격하는 짓은 참된 문장도가 아닌 것이다. 남의 잘못을 변난 공격하려면 그 급소를 질러야 한다.

과녁을 놓친 총알은 아무리 쏘아도 소용없다. 산돼지식으로 그저 물불을 헤아리지 않고 뛰어 덤비는 것은 이른바 "저돌(猪突)"이란 만용(蠻勇)이다.

문장을 일삼는 사람 가운데 가끔 이런 괴물이 있었다.

변난문은 전쟁과 같다. 적병이 있는 곳을 잘 탐지하여 적의 병력, 기능, 장비, 전투의식을 잘 헤아리고 복병(伏兵)이 있는가 없는가를 살피어 함정이나 전탐(電探) 들에 걸리지 않게 공륙(空陸)으로 또는 바다로 공격해야 한다.

상대자의 인격, 취미, 식견, 목적 등을 헤아리지도 않고 그저 제 생각만 옳다고 그야말로 "고집"을 부리는 것은 마땅한 변난문이라 할 수 없다.

변난은 공정한 인류 정의의 이념에서 나와야 한다. 사감이나 당파심에서 나오는 변난문은 참된 변난이 못될 것이다.

사립학교 설립 불허가설(私立學校 設立 不許可說)
— 당국의 진의 여하 —

[1]

당국에서는 금년부터 사립학교를 일층 통제하여 민간 기부에 의하여 설립하려는 사립학교도 전부 공립학교로 전환할 것을 종용(慫慂)하되 만일 이에 응하지 않으면 불허가할 방침이라 한다.

말이 너무도 상식을 벗어났으므로 허설(虛說)일 것을 믿고자 하는 바이나 이미 이런 말이 당국의 입을 통하여 나온 이상 당국의 방침으로서 이것을 비판하지 않을 수 없다.

[2]

대저 금일 같이 조선에 입학난이 심함이 과거의 조선에나 다른 사회에 없다.

그러므로 당국은 학교를 증설(增設)하고 학급을 증가하여 이 입학난을 다소라도 완화할 의무를 가진 입장에 있다.

그런데 최근 당국의 교육 정책을 보면 대정(大正) 13년에 공립 고보(高普) 14곳이 된 것을 최종으로 그 후는 일체 설립을 중지하고 있고 여자 고보도 현재 공립은 7개 대로 있다. 그뿐더러 사립학교까지 설립을 허가하지 않을 방침이라니 이것은 결국 조선인의 돌아오는 교육의 맹아(萌芽)를 산제(刪除)해 버림과 마찬가지다.

[3]

당국은 통제를 운운하는지도 모른다. 그러나 현재 당국은 사립학교에는 교장 이하 교원의 명령에 인가를 요하며 교과서 및 교수 내용은 일체 당국의 감독 하에 있다. 최근은 정원(定員) 수까지 엄히 하여 모든 것을 통제하지 않는가.

이 이상 통제의 필요가 어디에 있는가. 당국의 사립학교 불허가 이유로서 조선인은 재단 관리(管理)능력이 없고 교원간의 분규(紛糾)가 많은 것을 든다.

그러나 이것은 1,2학교의 예를 보고 전체를 비판하는 말이니 경성 시내를 중심하고 사립 중등 전문학교로서 훌륭히 경영해 나가는 학교는 얼마든지 있지 않은가.

또 교원간의 분규 운운도 1,2교에 예를 들면 말려니와 전체로 보면 원만히 해 나가는 것이 많지 않은가.

이것은 1, 2교의 예를 들어 전체를 평하려는 편견(偏見)이라 않을 수 없다.

[4]

하물며 조선의 고등교육 받은 자의 많은 것을 꺼려서 사립학교를 불허한다 할진대 더욱 편견이라 않을 수 없다. 왜 그러냐 하면 조선에 우민(愚民)을 많이 둠이 통치(統治)에 유리(有利)할까, 지식 계급을 많이 둠이 통치에 불리(不利)할까 함은 생각하지 않고 자명(自明)한 때문임으로써다.

"가사유지(可使由之)요, 불가사지지(不可使知之)"는 옛날 전제(專制) 정치 시대의 유물이지만 현재와 같이 민중의 지지(支持)없이 정치를 해할 수 없는 처지에는 우민을 많이 둠보다 고등 교육자를 많이 둠이 선정(善政)을 할 수 있다.

[5]

이와 같이 민중의 교육에 대한 요구가 절실하거늘 이 민의(民意)를 무시하고 당국의 편견을 고집한다 할 것 같으면 이는 정치의 불합리(不合理)를 말하는 동시에 영속성(永續性)을 가지지 못할 것이라 않을 수 없다.

결국은 후세(後世) 아무 총독(總督), 아무 총감(總監), 아무 학무국장(學務局長) 시대에 이런 악제도(惡制度)가 생겼다는 통치상 오점(汚點)을 영구히 남기고 감에 불과할 것 아닌가.

방금 동경에서는 정치의 일대 전환(轉換)을 꾀하여 교육에 있어서도 관립 사립대학의 차별 철폐, 학교 졸업생의 특권 철폐를 운운하는 이때, 조선에는 어찌 시대에 역행(逆行)하는 이런 불가해(不

可解)의 행정(行政)을 행하려는가.

당국의 일대 맹성(猛省)을 촉(促)하는 바이다.

(1936. 4. 15. 조선일보 사설)

申
瑛
澈
著

비평문(批評文)

요령

비평문의 대상은 많다. 정치, 사회, 문학, 역사 등 일체 문화의 부면 비평문의 대상 아님이 없다.

얼른 생각하면 비평은 남을 비평하는 일 같으나 따져 생각하면 결국 제 자신을 비평하는 노릇이다.

영웅이라야 영웅을 알며 성인군자라야 성인군자를 안다.

어떠한 대상이거나 비평하고자 하면 그 방면에 대한 깊은 인식과 풍부한 경험 또는 취미 연구가 없이는 경솔히 덤빌 일이 아니다.

세상에는 얼마 연구나 공부도 안하고 기회를 얻어 펜 끝을 놀리어 함부로 남을 비평하는 얼치기 비평가가 있으나 이 따위는 모두 문장도의 파괴자라 아니할 수 없다.

참된 비평가의 문장은 예의를 갖추어 그 상대자로 하여금 수긍(首肯)하게 하여야 한다.

감정을 크게 일으킨다든가 반감을 사게 하는 비평문은 그 목적에서 벗어졌다 할 것이다.

고문 국역의 새로운 경지
— 위정 신영철씨 "고문신석"에 대하여 —

설 의 식

얼마 전에 "고시조 신석"을 내어서 우리 어문(語文)[17]의 연구와 감상과 활용에 올바른[18] 본보기의 일공을 쌓은 위정 신영철 씨는 이제 또다시 "고문신석"을 지었다. 두 가지가 모두 무서운 노력이요, 빛나는 결정이거니와 이 "고문신석"에 있어서 필자는 보다 더 무게를 느낀다. 여기에 실은 고문 자체가 우리 어문의 밑천[19]이요, 줄거리가 되는 까닭만이 아니다. 또는 그 고문 해석이 시조보다 더 한층 어렵다는 까닭만도 아니다. 마디마디를 알맞게 따져가는 그 솜씨도 솜씨려니와 그보다 더 그 마디마디의 "새김"에 흐르는 그 곡진한 정성에는 누구나 머리가 숙여질 것이다. 더구나 그 초고는 일제의 압정 밑에서 몰래 다듬고 숨어 엮은 눈물의 자취인 것이다. 그 자서문 "……먼저 나 영어(囹圄)에 잡히매 숙매는 중요 서책을 천정에 감추었더니 이제 그는 이미 사남매의 어미 되었고, 나 놓이어 다시 원고를 숨어 적으매 아내는 이를 꽃방석 속에 간직하여 압수를 면하게 하였다." 함을 보아도 알 수 있으려니와 이 책은 그 같은 가시밭에서 키워진 꽃이다.

× ×

훈민정음 주해를 머리로 하여,

월인석보(月印釋譜), 석보상절(釋譜詳節), 어제월인석보서(御製月印

---

17) 원문은 '어(語) · 문'.
18) 원문은 '옳바른'.
19) 원문은 '미천'.

釋譜序), 월인석보 제일, 제이, 제이십 일, 금강경국해(金剛經國解), 동 발문, 동사실, 두공부시언해의 대부분을 미끈한 현대 어문으로 풀어 놓은 것이니, 특별한 구절과 숙어, 성어 등에 차근차근한 설명이 따로 있음은 물론이다. 용어 하나를 설명함에 있어서도, 그 출처, 유례, 용례, 고사 등을 낱낱이 들추어 밝히었으며 특히 우리 옛말풀이에는 한 고비 힘쓴 바20) 있으니 가령,

| 고 어: | 아ᅌᆞ라히, | 날호야, | 나외야, | 괴오하도다, | 가새더니 |
| 현대어: | 아득하게, | 천천히, | 다시, 거듭, | 고요하도다, | 달라지더니 |

| 고 어: | 남진, | 매, | 새배, | 허튀, | 입펴 |
| 현대어: | 남자, | 들, | 새벽, | 정강이, | 읊어 |

이 같은 옛날 말을 시방말로 따짐에 있어서도 그 한 마디 한 마디를 확증할 만한 용례를 십수 조씩 들었으며 겸하여 그 출처의 원적까지를 분명히 하였으니 진선진미라 하여도 지나침이 없을 것으로 필자는 믿는다.

장황하여 그 실례를 들지 못하거니와 이 같은 노작을 가질 수 있다는 것은 우리 어문학계만의 행이 아니라 보다 넓은 의미로 우리의 자랑이 아닐 수 없다. 수록된 고문 그것이 본디 우리 어문의 진가를 위하여 절대한 보배거니와 이 신석이 또한 고문 연구의 지침 만에 그치는 것이 아니다.

저자는 독실한 어학자다. 따라서 어문 해석에 조예(造詣)가 깊은 것쯤은 오히려 당연한 일이다. 그러나 이 저자는 학자면서도 또 글이 깨끗한 문필인이요, 지조와 정열을 가진 애국자다. 그러므로

---

20) 원문은 '배'.

그는 이 신석에 있어서도 기계와 같이 정확하게 빈틈없이 따져가는 학자의 냉철을 잃지 않으면서도 그러면서도 어느 구석에서나 민족을 위하여 민족 문화의 새로운 앞날을 위하여 울고 부르짖는 정성을 잊지 않았다. 그리고 이 모든 것을 표현하기에 타당한 어휘(語彙)와 매력 있는 행문을 고누고 엮은 것이다.

고문으로 된 언해 원문을 현대문으로 바꾸는 솜씨도 그러하거니와 한문을 우리 글로 옮기는 저자 자신의 방법에 있어서도 저자의 빛다른 틀(型)과 맛을 엿볼 수 있으니 보기를 들면 아래와 같다.

"금강경사실(金剛經事實)" 해석 중에 나오는 "석가여래(釋迦如來) 사리 분신(舍利分身)"을 설명하기 위하여 인용한 흥천사(興天寺) 신주종명 병 서(新鑄鐘鍾銘並序) 일절의 번역,

원문: "命永順君博 傳于承政院曰 近日 孝寧大君 於檜岩寺 設圓覺法會 如來現相 甘露降 黃架裟僧 三繞塔精勤 其光如電 又有放光如晝."

번역: "영순군 보에게 명하사[21] 승정원에 말씀 내리시어 가라사대 요즈음 효녕대군이 회암사에서 원각 법회(圓覺法會)를 베풀었었는데 여래가 나타나시고 감로가 내리며 누른 가사를 입은 중이 탑을 세 번 싸고돌아 정근하니 그 빛이 번개와 같고 또 빛을 쏘아 뿌리니 대낮과 같더라."

"두공부시언해(杜工部詩諺解)" 해설 중에 나오는 그 원서문의 후반 일절의 번역―.

원문: …… "至於亂離奔竄之際傷時愛君之言出於至誠忠憤激烈足以聳動百世……豈後世嘲風詠月刻削性情者之所可擬議耶"

---

21) 원문은 '명ᄒ사'.

번역: …… "어지러워[22) 헤어지고 뛰고 쫓기는 즈음에도 때를 슬퍼하고 임금을 생각하는 말이 지극한 정성에서 나왔나니, 충분 격렬은 족히 백세를 흔들어 움직일 것이다. …… 어찌 뒷세상의 바람과 달을 읊조려 성정을 깎는 무리에게 얼추 견주어 말할 바이리오!"

얼마나 원문에 충실한 정확한 번역인가? 그러면서도 우리말을 고누기와 글월을 다듬기에 얼마나 자연스러운 솜씨인가? 이 신석이 단순한 해설서(解說書)가 아닌 것은 이것으로도 알 수 있거니와 필자가 더욱 일컫고[23) 싶은 점은 한시(漢詩)의 번역이다. 산문과도 달라서 번역이란 지난한 것이다. 그런데 이 저자의 역량은 어떠한가?

두시의 "해민(解悶)" 중에 나오는 "예지(荔枝)"란 과일을 설명하기 위하여 여러 가지 고사를 끌어오는 정성도 정성이려니와 그 중에서 소동파(蘇東坡)의 초식 예지(初食荔枝) 시 번역은 정말 빈틈없는 번역이었다.

海山仙人絳羅襦 紅紗中單白玉膚
　항라 적삼 입으셨네 해산의 선인
　붉은 삼팔 그 사이로 옥 같은 흰 살!
不須更待妃子笑 風骨自是傾城姝
　양귀비 그 웃음을 바랄 것 없이
　요 맵씨 멋이로고 마음 홀리네!
不知天公有意無 遺此尤物生海隅
　하늘의 속 마음을 누가 알소냐.

---

22) 원문은 '어즈러워'.
23) 원문은 '일컬으고'.

외지게 이런 보배 감춰 두심을

我生涉世本爲口 一官久己經薷鱸

  나는야 먹기 위해 떠도는 신세

  벼슬 길 도는 새에 모두 맛보니,

人間何者非夢幻 南來萬里眞良圖

  사람의 온갖 일이 한 판 꿈임을

  남쪽의 만리 길을 내 잘 왔구나.

羅浮山下四時春 盧橘楊梅次第新

  나부산 아랫 물은 사철 봄이니

  노귤, 양매 맛난 것 차례 차례로

日啖荔枝三百顆 不妨長作嶺南人

  하루도 예지 열매 삼백을 먹네

  영남에 아주 산들 그 어떠하리.

단순한 학자적 솜씨가 아닌 것은 이것으로도 짐작될 수 있는 것이다. 화석 같이 싸늘한 지능이 아니라 숨결이 들리는 듯이 생동하는 "젊은 정열"이다. 진실로 이 젊은 학자에게 기대되는 앞날의 공적도 이 같은 점에 있지 않을까 생각되는 바이다.

그는 자서 중에서 이렇게 술회(述懷)하였다. ―

"……진실로 하늘 아래 망국민(亡國民)의 슬픔보다 더함이 없음을 뼈에 사무쳐 느끼었다.

스러져가는 조국의 옛 모습, 허물어져가는 민족의 향기. 꺼져가는 인민의 살림 속엔 허전한 36년의 해와 달이 뜨고 잠겼을 뿐이매, 이스라엘의 백성 아닌 우리에게는 오직 예언서와 율법(律法)대신 조종(祖宗)의 숨결 스며 흐르는 모어(母語)만이 마음의 고향이었다.

구성진 한 가락의 민요(民謠)에 눈물을 숨기며 좀먹은 고전의 먼지를 털어 끝없는 수심을 날리었다.

그러나 이 나라를 근심하며 이 민족을 생각하는 모든 정성은 항상 모욕과 박해(迫害)로 갚아졌으며 조국의 주권을 찾고 민족의 문화를 되살려 인민의 자유를 돌이키고자 하는 온갖 보람은 기한(飢寒)과 철창(鐵窓)으로 나타났다. ……"

얼마나 느꺼운 글인가? 얼마나 미끈한 글인가? 그 용어에 있어서 그 조사에 있어서 또는 그 운필에 있어서 나타난 속힘(實力)이 그 얼마나 미쁘고 든든한 것인가.

저자는 이 같은 힘과 정성으로써 이 신석을 지은 것이다. 그는 대가(大家)의 층층24) 시하에 자안하는 젊은 학자다. "햇내기"로 자처하는 겸손한 학자다. 햇내기로서 이러하거니, 그러므로 하여서 그의 앞날은 탁 트인 만 리다. 나이로 젊고 마음으로 젊고 그리고 공부로도 젊었다고 자양(自讓)하는 그에게는 그를 위하여 남겨진 시간과 세대가 아직도 아직도 무궁한 폭이다.

필자도 더욱 더 젊어지기를 힘쓰는 사람이거니와 따라서 "젊은 매"를 존경한다.

"꿩 잡는 젊은 매"를 지극히 존경한다. 이 같은 의미에서 이 고문신석을 마음 놓고 추키는 것이다.

(1948. 3. 7. 서울신문)

---

24) 원문은 '칭칭'.

풍유문(諷諭文)

요령

풍유문은 문장의 수련을 오래 쌓은 사람 아니고는 어렵다.

도리를 설명함에 간접적 유머[25]를 섞어 쓰는 방법도 있을 것이며 또는 은근히 상대편이 알아듣도록 돌려서 이끌어 가는 방법도 있을 것이다.

다만 풍유라 해서 만문(漫文)을 가리킴이 아님을 알아야 한다.

물론 풍유문의 기술법도 논의문의 요령에서 벗어나는 것이 아니다.

영감 대감
― 대칭 세계의 경관(景觀) ―

설 의 식

대칭에 "너"를 비롯하여 자네, 그대, 임자, 당신, 궐댁으로부터 군, 공, 형, 노형, 선생에서 첨지(僉知), 주사, 나으리, 생원님, 영감, 대감 등 그 수가 많기로는 아마 우리가 세계에 으뜸일 것이다. 여기에 또 남녀, 성별을 따라서 호칭이 자별하고 존비귀천(尊卑貴賤)을 부치어 특수한 용어가 그야말로 불가승수(不可勝數)다. 단세포로부터 갈래 갈래가 생기는 것이 생물의 진화요, 간단으로부터 복

申
瑛
澈
著

잡해지는 것이 분명히 인류 문화의 진보다. 이런 의미로 이 대칭의 복잡은 진화요, 진보임에는 틀림이 없다.

위정하(僞政下)의 비빔밥이 빌미로 "樣"(상)이란 신어가 첨가(添加)되어 해방 직전까지 이것이 일반 용어로는 단연 압도적[26]이었다. 숙청이 미급하여 지금도 그 여세는 대단하다.

그러나 어원인 "일본"이 우리의 물심에서 떨어진 바에 그것도 자연 시일을 따라서 없어질 것이다. 걱정은 우리 자체에서 생겨난 저 천문학적 숫자 같은 대칭들이다. 봉건적 기구는 실상 보잘 것도 없으면서도 봉건적인 진영은 왜 그리도 볼 만한지 알 수 없는 일이다.

해방 이후로 우리는 또 한 번 진보하여 북 38엔 "따와리스취"요, 남 38엔 "미스터"를 배웠다.

엎친 데 덮친 데다 그리고 난데없는 "박사"와 "떡터"가 혜성 같이 나타나서 항성(恒星) 같이 빛난다. 여기에 영감, 대감이 우후의 죽순 같이 부활되어 대칭 세계는 그야말로 백화난만의 세월 좋은 경관이다.

영감 대감은 원래 벼슬아치의 위계(位階)에 따르는 칭호다. 그러므로 관도 이외(官途以外)에서는 써질 수 없는 용어였다. 그러나 매관매직에 따르는 돈 영감, 돈 대감이 생기고 첩지 영감(帖紙令監)이 퍼져서 거개가 영감 나으리요, 대감 나으리로 되었다. 이 영감, 대감의 등쌀에 민중이 얼마나 지질렸던가? 민생이 얼마나 고달펐던가? 관존민비의 고약한 풍조는 이리하여 팔도강산을 덮었다. 그리고 필경 팔도강산을 팔았다. 이것은 오랜 일이 아니요 안전에 생생한 어제 일이다.

---

26) 원문은 '압두적'.

행인지 불행인지 "일본"이란 "신관"에 의하여 그 철없는 "구관"
은 한때 풀이 죽었다. 풀은 죽었어도 정은 연연하여 안방 구석과
행랑 뒷골목에서 여전히 흥야라 부야라 하였다. 관존의 봉건 잔재
는 이 같이 뿌리가 깊었다.

관권의 악성 추몽은 이 같이도 천일을 몰랐다. 그러다가 해방을
만났다. "준재"(俊才)가 "발탁"(拔擢)되어 "신관"이 속출하였다. "관"
은 "신"이되 "관미"는 "구미"라 영감, 대감의 낡은 세도가 새로운
단장으로 활개를 뻗는다. 구석에서 골목에서 기지개를 편다. 아지
못게라 이 "신관료"의 빛 다른 신 영감, 신 대감 등쌀에 민중은 또
얼마나 시달릴 것인가? 민생은 또 얼마나 시들을 것인가? 민주 조
선! 영감, 대감의 용어부터 말살하자! 새 술(新酒)을 위하여 낡은
부대를 청소하자!

(1946. 12. 29. 동아일보)

이상 설명과 문범으로 논설문의 줄거리를 알았을 것이다.
이하 여러 예문을 보이고자 한다.

문장론 수칙(文章論數則)

양 주 동

나는 세간의 기행문을 읽고 세상에 참으로 잘 유상(游賞)하는 사
람이 없는 것을 알았다.

대저 잘 유상하는 사람은 천하의 일체 해산(海山), 방악(方嶽), 동
천(洞天), 복지(福地)에 대하여 진실로 천 리 만 리를 멀다 하지 않고
반드시 한 번 이르러 모조리 그 기(奇)를 탐(探)하고야 만다. 그러나
그의 가슴 속의 일부(一副) 별재(別才)와 눈썹 밑의 일쌍(一雙) 별안

278

(別眼)은 반드시 정작 해산 방악과 동천 복지에 이른 뒤에야 비로소 내가 그 기(奇)를 탐하노라 함이 아니다. 대저 어느 날에 한 동천에 이르렀으니 그 동안에 무릇 몇몇 날의 족력(足力), 목력(目力), 심력을 다하여 이미 그 일을 끝마쳤고 밝는 날에 또한 복지에 이를 터이니 그 동안에 또 몇몇 날의 족력, 목력, 심력을 다하여 그에 종사할 터이거늘 저 무심한 동행자는 그 까닭을 알 길이 없는지라. 그저 말하되 "연일의 유상이 쾌하다! 처음에 한 동천을 끝마치고 이에 또한 복지에 이르렀고나" 할 뿐이다. 그러나 어찌 알랴, 선생은 정히 그렇지 아니하니, 그는 앞의 동천을 떠나 뒤의 복지에 이르기까지에 그 중간이 멀지 않아 비록 그 상거가 삼이십 리에 불과하고 또 보다 더 적어 혹 팔, 칠, 육, 오, 사, 삼, 이 리에 그친다 하여도 이 선생은 그 일 리, 반 리의 중간에 있어서 그 가슴 속의 일부 별재와 눈썹 밑의 일쌍 별안이 그 중간을 미상불 동천 복지를 대하는 법으로써 대하지 않는가. 대저 조물주가 그의 큰 본령, 큰 지혜, 큰 역량으로써 문득 창조 결구(結構)하여 한 동천, 한 복지를 만들었으니, 이는 참으로 눈에 놀랍고 가슴을 울렁거리게 할 만한 일이라, 다시 말할 것이 없다. 그러나 나는 매양 자세히 보건대 천지 사이의 모든 것은 아무리 작은 것이나마 한 새, 한 고기, 한 꽃, 한 풀 내지 새의 한 털, 고기의 한 비늘, 꽃의 한 잎(瓣), 풀의 한 잎새가 모두 당초에 조물주의 큰 본령, 큰 지혜, 큰 역량을 허비하여 창조 결구해 내지 않은 것이 없다.

속담에 이르기를 "사자는 코끼리를 침에 온힘을 쓰고, 토끼를 침에도 또한 온힘을 쓴다" 하였으니, 저 조물주가 바로 그러하다. 동천 복지를 만듦에도 온힘을 썼고 비록 작으나마 한 새, 한 고기, 한 꽃, 한 풀 내지 한 털, 한 비늘, 한 꽃잎, 한 새를 만듦에도 또한 온힘을 모조리 쓰지 않은 것이 없었으니, 이로써 말하건대, 세간의 이른바 눈에 놀랍고 가슴을 울렁거리게 할 만한 일은 하필 반드시 동천, 복지에 이르러서야 비로소 그것이 있을 것이 아님도 분명한 일이다. 대관절 이른바 동천 복지란 것도 기실 어떻게 창조 결구된 것인지 헤아려 보았는가. 장생(莊生)이 말하되, "다 말(馬)의 백체를 가리킴이 말이 아니로되 말이 앞에 매어있는 것은 그 백체를 세워 놓고 말이라 이름이다." 하였다.("장자(莊子)" 칙양(則陽)편)

이를 대택에 비하건대[27] 거기엔 백가지 재목이 다 건너가고 큰 산을 보건대 거기엔 나무와 돌이 단(壇)을 같이 하였으니 대저 사람이 진실로 백재 만목이 잡연히 단을 같이 한 것이 대택, 대산이 됨인 줄을 안다면 그는 유상에 비로소 묘리(妙理)를 얻었다 할 것이다. 그 층층한 멧부리와 깎아지른 듯한 벼랑은 기실 돌을 쌓아서 울룩줄룩을 이룬 것이요, 그 나는 듯한 급류와 내려치는 폭포는 기실 샘물을 쌓아서 줄줄 콸콸을 이룬 것이니 진실로 돌돌히 살펴보면 거의 애초에 조막만한 것과 다름이 없고 시험하여 샘샘히 찾아보면 거의 애초에 가는 물줄기와 다름이 없는 것이다. 또한 그뿐이냐 노씨는 말하였다. "삼십폭(三十輻)이 일곡(一轂)을 같이하여(單輪車) 그 수레(車) 없음의 용에 당하고, 진흙을 버무려서 그릇을 삼아(土器) 그 그릇 없음의 용에 당하고, 호(戶), 유(牖)를 뚫어서 실을 삼아(土窟) 그 실이 없음의 용에 당한다"고("老子" 上), 그런 즉, 하나하나의 동천 복지의 중간에 있는바 돌려 보면 봉우리인 것, 늘여 보면 고개인 것, 우러러보니 벼랑인 것, 굽어보니 골짜기[28]인 것 내지 반듯한

---

27) 원문은 '비하건댄'.
28) 원문은 '골째기'.

것인 벌판, 기울어진 것인 언덕, 껑충 뛸 것인 도랑, 껴 있는 것인 시냇물―그것들의 그 기기묘묘한 품이 도저히 무엇으로 비유할 것이 없으되 나는 아노니 그 기의기한 소이(所以)와 묘의 묘한 소이는 진실로 이른바 "없음에 당하"는 곳에 있는 것이다. 대개 그 없음에 당하면 이는 곧 봉우리가 없고 고개가 없고 벌판, 언덕, 도랑, 시내가 없는 땅이로되, 그러나 그 없음에 당하여사 곧 진실로 나의 가슴 속의 일부(一副) 별재가 훨훨 날고(翔翔) 눈썹 밑의 일쌍 별안이 활개 치며 휩쓸어 나갈(排蕩)것이다. 대저 나의 가슴 속에 그 별재가 있고 눈썹 밑에 그 별안이 있어 또한 그것들이 다 반드시 "없는 곳에 당한" 뒤에 훨훨 날고 활개 치며 휩쓸어 나간다면 나는 참으로 왜 하필 동천 복지를 가야만 할 것인가. 아까 말한 대로 앞에서 떠나 뒤에 이르기 전의 주간의 이삼십 리보다 적어서 일 리(一里), 반 리(半里)―그 어느 땅인들 이른바 그 없음에 당할 곳이 아니랴. 한 초라한 작은 다리(橋), 한 앙상한 오똑 선 나무, 한 물, 한 마을, 한 울타리(籬), 한 개(犬)에도 나는 훨훨 날며 활개 쳐 휩쓸어 나가리니, 이는 저 동천 복지의 기기묘묘함이 진실 저에 있고도 또한 이에 있는 때문인지 모르겠다. 또한 돌이켜 생각건대, 사람이 반드시 모두 가슴 속에 참으로 별재가 있고 눈썹 밑에 참으로 별안이 있는 것이 아니니, 반드시 먼저 별재가 있은 뒤에는 훨훨 날고 먼저 별안이 있은 뒤에야 활개 치며 휩쓸어 나간다면 그야말로 잘 유상하는 사람이란 세상을 온통 뒤져도 만나지 못할 것이다. 내 생각 같아서는 천하에 무슨 별재와 별안이 따로 있는 것이 아니니, 다만 훨훨 날면 그것이 곧 별재요, 활개 치며 휩쓸어 나가면 그것이 곳 별안인 것이다. 미로(米老)[비(芾)]가 돌을 염상(艷賞)하듯 하지 못할 따름일망정 진실로 내가 그 빼어난 곳, 주름진 곳, 뚫린 곳, 여윈 곳이 정작 여기

있는 것을 본다면 아무리 여기서 훨훨 날지 않으려 하고 아무리 여기서 활개 치며 휩쓸어 나가지 않으려 한들 어찌 하지 않을 수 있으랴. 또 생각건댄 저 동천 복지의 봉우리가 되고, 고개가 되고, 벼랑이 되고, 골짜기가 되고, 벌판 언덕 도랑 시내가 된 것-그것들도 또한 무슨 기기묘묘한 것이 많아서 그러한 것인가. 그것들도 역시 다만 제법 빼어날 수 있고, 제법 주름질 수 있고, 제법 뚫릴 수 있고, 제법 여월 수 있음에 불과한 것이다. 이에 의하여 말하건댄 사람이 반드시 동천, 복지에 이르러서야 비로소 유상한다 함은 그것은 그의 유상하지[29] 않은 곳에 대개 이미 많고 많았음이요, 또한 반드시[30] 동천, 복지에 이르러서야 비로소 유상한다 함은 그가 정작 동천 복지에서도 마침내 유상하지 않았음이다. 왜냐하면 그는 한 울타리 한 개의 기묘한 것을 아지 못한 자이니 반드시 그의 본바 동천 복지는 모두 마침 그 불기(不奇) 불묘(不妙)한 것만을 얻었음이다.

만수실리보살(曼殊室利菩薩)이 극미(極微)한 것을 논하기를 좋아하였으니 예전에 내가 듣고 매우 즐겨하였다. 대개 사바세계(裟婆世界)의 큼이 무량유연(無量由延)에 이르되 그 까닭은 애초에 극미한 것에서 일어났고 내지 사바세계 중간의 일체 소유도 그 까닭은 하나하나 극미에서 일어나지 않을 것이 없으니 이는 너무나 큼직한 일이어서 지금에 논할 바가 아닌지라. 여기는 다만 보살의 극미 일언(一言)을 빌어 써 글쓴이의 심경을 보려 한다. 이제 밝은 가을 저녁때쯤 하늘은 맑았고[31] 땅조차 깨끗한데 가벼운 구름이 아

---

29) 원문은 '유상ㅎ지'.
30) 원문은 '반듯이'.
31) 원문은 '맑알고'.

른아른하여 그 가늚이 실낱같으니 이것은 참으로 천하의 지묘(至妙)이다. 물오리(野鴨)가 떼를 지어 공중에 나라 가거늘 어자(漁者)가 그물로 잡아서 그 배(腹)의 털을 보매 얇은 먹빛이 아른아른하여 마치 하늘의 구름과 같고 그 가름이 솜털 같으니 이것도 또한 천하의 지묘이다. 식물의 꽃이 악(萼)가운데에 오무려 있다가 펴지자 화판(花瓣)이 되는데 진실로 한가한 마음으로 그 화판을 자세히 보면 밑으로부터 끝에 이르기까지 그 빛깔[32]이 모두 다르니 이것은 한 천하의 지묘이다. 등불의 불꽃을 보건댄 아래로부터 위에 이르기까지 그 염심(焰心)에 가까운 데는 담벽색(淡碧色)을 이루고, 조금 올라가선 담백색을 이루고, 또 올라 간 담적색(淡赤色), 또 올라 간 간홍색(乾紅色)을 이루나니 그제야 거림(煤)이 되어 세말(細沫)처럼 뿜으니 이것은 한 천하의 지묘이다. 이제 세상 사람의 마음이 세로는 높이와 가로는 넓이에 도리를 헤아리지 않고 호호(浩浩)탕탕(蕩蕩)히 우마를 분하지[33] 않는지라. 설사 누가 있어 이 일을 말한다 하여도 그들은 가슴을 헤 벌리고 크게 웃으며 말하되 사람이 한 세상을 삶에 귀한 것이 옷과 밥의 풍영(豊盈)함이니 어느 틈에 그러한 심계(心計)를 쓰겠느냐 할 것이나 이것이 워낙 쓸데없이 허비하는 공연한 심계가 아님을 그들은 아지 못하는 것이다. 가을 구름이 아른아른하여 그 가늚이 솜털 같은데 그 솜털이 유무로 사이를 두어 무늬를 이루었으니 이제 저 아른아른한 짬은 겨우 유무의 상간(相間)이 있을 따름인가. 사람이 밑에서 바라보매 구름과의 상거(相去)가 몇 천백 리인 줄을 모르겠으니 그 아른아른하게 보이는 것이 그사이가 반드시 한 치(寸)도 못되는 것 같으나 만일 정작

---

32) 원문은 '빛갈'.
33) 원문은 '분ㅎ지'.

구름이 가서 재어 본다면 진실로 몇 심(尋) 몇 길(丈)이지를 모를
것이다. 이제 시험하여 생각해 보라. 몇 심 몇 길이 되는 상거를
겨우 유무의 상간이라 말할 뿐인즉 내가 밑에서 바라볼 때에 그
묘함이 결단코 여기 이르지 못할 것이거늘 이제 밑에서 바라보아
그 묘함이 이에 이르니 이로써 생각하면 그 아른아른한 조각과 한
조각도 그 사이엔 무한한 층절(層折)이 있어 서로 의지한 듯 서로
맞붙은 듯 이른바 극미가 거기에 있으니, 이를 살펴야 할 것이다.
하늘 구름의 아른아른한 것이 그 상거가 몇 심 몇 길이요, 따라서
그 중간에 많은 층절이 있는 것은 오히려 논할 거리가 못된다. 저
물오리의 배의 털이 아른아른한 것은 어떠한가. 그 상거가 아주
핍근(逼近)하여 좁쌀알만도 못한데 이제 시험하여 그 솜털 같이 경
묘(輕妙)함을 보건대 다만 유무의 상간일 따름에 불과한가. 만일
참으로 유무의 상간일 따름에 불과하다면 내 시험하여 가는 붓을
가져다가 저 묽은 먹을 찍어 가늘게 그린 것을 어찌하여 삼척동자
도 오히려 크게 웃으면서 비슷지도 않다 하는가. 그런즉 이는 진
실로 옛날의 이말(離末)과 같은 눈 밝은 사람을 얻어 자세히 살펴
보고 익히 보지 못하는 것뿐이라. 진실로 자세히 살펴보고 익히
본다면 그 중간의 층절이 서로 의지한 듯 서로 맞붙은 듯 반드시
아른아른한 한 줄 한 줄이 정작 몇 심 몇 길의 상거가 있을 것이니
이른바 극미란 것을 여기서 살피지 않을 수 없다. 식물의 꽃이 악
(萼) 가운데 오므려 있다가 펴지자 화판이 되매 사람은 말하되 무
릇 화판이 몇인데 이것이 한 꽃이다 한다. 사람은 워낙[34] 어젯 날
에 전혀[35] 이 꽃이 없었음을 아지 못하고 다시 그 어젯 날에 그

---

34) 원문은 '원낙'.
35) 원문은 '전여'.

악(蕚)과 그 화병(花柄)조차 없었음을 아지 못하나니 화병도 없고 악(蕚)도 없고 꽃도 없는 가운데서 문뜩 화병이 있고 문뜩 악(蕚)이 있고 문뜩 꽃이 있었는지라. 이로써 보면 여기에도 그 중간에 극미가 있어서 마치 사람이 천천히 걸어서 점점 멀리 가는 것과 같다. 그런 즉 한 꽃잎이 비록 작으나 그 꽃잎 밑에서 꽃잎 끝에 이르기까지 여기서부터 저기까지에 힘줄(筋)이 불룩거리고 맥(脉)이 팔락거리며 아침엔 얕고 저녁엔 깊으며 화분은 어리고 향은 쇠하는 것이라. 사람이 보건대 한 꽃잎의 크기는 손가락 만할 뿐이로되 꽃의 입장으로 헤아리면 그 어찌 그 도리가 맥(陌)을 건너고 천(阡)을 지나는 먼 거리가 아닌 줄을 알겠는가. 사람으로 보면 꽃이 피기부터 지금까지에 눈 한 번 깜짝할 사이이나 꽃의 입장으로 계산하면 어찌 그 목숨이 몇 승 몇 겁(劫)의 오램인 줄을 알겠는가. 이것도 또한 극미이니, 살피지 않을 수가 없다. 등불의 불꽃이 담담(淡淡)하니 이는 세간의 오색(五色) 가운데 무슨 색인 줄을 모르겠다. 내가 일찍이 살펴보매 염심(焰心)으로부터 이상 거리매 끝난 곳까지는 연벽으로부터 연백되었으니 그 짬은 어떻게 된 것이며 또 연적에서 간홍으로 간홍에서 거림으로 들어가매 그 짬은 어떻게 된 것인가. 거기는 반드시 중간에 극비가 있어 나누이 나눌 수 있고 또 천천히 나뉘어서 사람으로 하여금 나눌 수 없게 하니 이것을 또한 살피지 않을 수 없다. 사람이 진실로 이 마음을 미루어 나가면 붓을 들어 향당(鄕黨)에서 한 병의 장(漿)을 궤(饋)하는 것을 써도 반드시 글이 있을 것이요. 길가의 행인이 잠깐 인사하고 드디어 작별하는 것을 써도 반드시 글이 있을 것이다. 왜냐 하면 그 사이에 다 극미가 있는 때문이니 딴 사람이 거친36) 마음으로 이에 대한다면 어쩔 수가 없어 드디어 털썩 붓을 던질 뿐이겠다. 그러

申瑛澈 著

나 나는 이미 마침 만수실 보살 대지(大智)의 문하여서 이 법을 배워서 보니 그렇다면 비록 길가에 씹다 남은[37] 감저(甘蔗) 꽁다리를 집어 들어도 오히려 졸졸 그 진을 짜내어 족히 한 섬(石)이 가득 차도록 할 것이매 저 천하에 다시 무슨 핍근(逼近)한 제목이 있어서 내 팔을 결박하여 놀리지 못하게 하겠는가.

(문예 1949. 1월 특대호에서)

학도는 명일의 인재로

설 의 식

국가의 흥망성쇠는 구경에 있어서 인재에 있습니다. 유능(有能)한 인재가 많고 적음에 달린 것입니다. 당대만이 아니라 차대를 이어 갈 인재가 계승되어야 하는 것입니다.

오늘의 학도는 명일의 인재인 것입니다. 명일에 계승될 인재의 꽃인 것입니다. 그러기에 "학도는 국가의 희망"이라고 하는 것입니다. 희망인지라, 항상 앞날을 지향하는 진보적 사도인 것입니다. 인재로서의 임무가 앞날에 있는지라. 오늘의 세속에 국척 되어서는 생명이 없습니다. 차대를 이어 갈 "희망의 존재"가 될 수 없는 것입니다.

"만물은 유전(流轉)한다"고 헤라크리토스는 우주의 진상을 "동"에서 발견하였습니다. '움직이는 것이 곧 존재'라고 헤겔은 발표 형태를 정반합으로 설명하였습니다. 음(陰)양(陽)으로 따지는 동양

---

36) 원문은 '거츤'.
37) 원문은 '나믄'.

식 '역리'(易理)도 바로38) 그것입니다. "易"자가 진작 "변천"을 의미하는 것입니다. 과거와 현재가 얼마나 달라서 온 것은 이론보다도 실증으로 체험한 바입니다. 그러므로 현재를 미루어 또 미래도 예단(豫斷)할 수가 있는 것입니다.

천 년 백 년 전이 아니라 십 년 전과 오늘이 엄청나게 다릅니다. 십 년 전은 고사하고 일 년 전과 금년 어제와 오늘이 다른 것입니다. 오늘과 내일이 다른 것입니다. 일 년 후는? 오 년 후는? 굉장하게 달라질 것입니다. 정치적으로 경제적으로 혹은 민족적으로 인류적으로 변형도 할 것이요, 변질도 할 것입니다. 이 같은 세상(世相)에 처해서 "앞날의 희망"인 학도가 "오늘의 현상"에 국척되고야 어떻게 그 자재한 생명을 창달(暢達)시킬 수 있을 것이며 그 유위한 임무를 실천할 수가 있을 것입니까? 그러기에 학도는 본질적으로 보수적일 수 없는 것입니다.

새해가 왔습니다. 빛 다른 제약에 시달린 이른바 해방(解放)도 벌써 다섯 해째가 되는가 봅니다. 자유로운 해방을 추구하여 오 년째의 이 해를 맞는 것입니다. 자주적 민주적 통일 조국의 민족적 자유를 완전히 거머잡기 위하여 각 방면으로 모든 인재가 동원되어야 하겠습니다. 허울 좋은 껍데기 인물이 아니라 실속 있는 알맹이 인재가 등장되어야 하겠습니다. 학도여! 명일을 위하여 인재로 자처하라! 진리를 깨치기 위하여 심혈을 다하라!

(1949. 1. 1. 학생신문)

申瑛澈 著

---

38) 원문은 '바루'.

민족 문화의 진로

안 재 홍

조선은 그 산하가 수려(秀麗)하고 풍광이 명미(明媚)함과 같이 그 인민도 매우 총명 성실하고 강인(强靭) 근면(勤勉)하다. 그러나 상대에 있어서는 한토(漢土)문화의 거대한 침식(侵蝕)으로 말미암아 그 독자적 성장 발전의 길을 마음껏 밟아보지 못하였으며, 내려와 근세 누세기(累世紀) 동안에는 봉건적 쇄국적(鎖國的) 국민적 침체(沈滯)와 문화적 퇴영(退嬰)과 사회적 원심 경향이 하나의 고루(固陋)한 정치 문화적 특수 경향으로 되었었고, 더구나 최근 반세기에 가까운 포학(暴虐)한 외족의 지배는 그 야만적인 탄압과 비굴(卑屈) 종순(終巡)의 강요 중에 퍽 많은 병적인 사회 기습(氣習)을 조장하였다. 이러한 역사적 불리한 조건 외에 우리는 또한 과거 몇 세기 간의 도학(道學) 편중의 교화 경향에 화(禍)를 입어 여러 가지 정신적 병폐를 가지고 있는 것이 사실이다. 예컨댄 사물에 대한 일종 관념병적인 정신적 태도 또는 숭외(崇外) 사대(事大)의 악풍이 어설핀 배외적(排外的)인 기습과 병존(並存)하는 상태 등등.

이를 광정(匡正)하려면 무엇보다도 국민 문화−민족 문화의 순화(醇化) 앙양(昻揚)이 필요한 것은 물론[39]이나 그것은 반드시 현대적, 사회적 현실에 조화되고 다시 국제적인 인류 대동(大同)의 사조(思潮)와 잘 조화 병진되어야 할 것이다. 그러므로 우리 민족 문화의 순화 앙양은 재래와 같은 일부 계급의 그것이 아닌 농민, 노동자 등 광범한 근로 대중의 그것임을 요하며 그 효과로서는 민족

---

[39] 원문은 '무론'.

적 긍지(矜持)와 자부(自負)가 순화 앙양되는 반면 국제적으로는 화동(和同) 협진(協進)의 기풍을 촉진(促進)함이 긴긴(喫緊)한 일이다. 그런데 그 실천 수단으론 여러 가지 길이 있으려니와 요컨대 넓은 의미의 교육의-우선 무엇보다도 역사 언어 예술 등을 통한 대중적, 계몽적 교화가 필요하다고 본다. 다만 유감(遺憾)인 것은 그만한 것을 똑바로 실천할 재료가 아직 우리에게 준비되어 있지 않는 것이다. 우리에게는 동일 문화와 공동 운명의 유대(紐帶)에서 걸리우고 컹기고 하면서의 감격 많은 추진 발전으로서의 국민적 역사서가 아직도 완성된 것이 없어 사단(史壇)은 의연(依然)히 처녀지적 경역(境域)을 멀리 벗어나지 못하였고 일부의 국어사전조차 퍽 많은 파란곡절을 겪어 오면서 아직 그 대성 완비(完備)를 보지 못한 터요, 일방 가요(歌謠), 희곡(戲曲) 등은 참신(斬新)과 통일을 지향(指向)하는 채 한 편에는 의연 중세적인 잡박(雜駁)한 형태가 아니면 천박 비속(卑俗)한 유행적 저조(低調)에 저미(低迷)하는 상태이니 이들의 기초적인 국민 문화의 추진 발전은 대중적, 계몽적 국민 교화를 뜻하는 이의 중요한 관심사가 아닐 수 없다.

문화의 민족성이 반드시 배타(排他) 독선의 국수주의적 경향과 혼동(混同)되지 않아야 할 것은 물론이나, 조선적인 사상 이념을 걸핏하면 고루(固陋) 그것과 완명(頑冥) 그것인 것처럼 시의(猜疑)함도 청년 문화인의 웬간치 않은 병폐(病弊)라 생각한다. 문화와 사상과의 신구(新舊)는 그 취재의 신구에 있지 않고 그 인식 방법의 신구에 달린 것이니, 구 안건(舊案件)에도 신 인식이 있는 것이요, 고 문화에도 신생명은 잠겨 있는 것이다. 그 자료(資料) 생장의 연대기적(年代記的) 신 고가 결코 문화성의 신 고로는 아니 되는 것임을 알아야 한다. 농민 노동자는 만국의 농민 노동자와 혹은 어깨를 겨누고 혹은 어울리어 나갈 것이다. 그렇다고 반드시 비 민족적 초국가적인 문화 경향으로 대번에 무리하게 비약(飛躍)함을 요치 않나니 농민, 노동자도 조국의 역사와 전통적인 문화에서 당연히 민족적 취미 속상(俗尙)과 궁지(矜持) 정열을 가질 만큼40) 그 교화와 생활에 여유 있기를 기함이 신 시대 창성으로서의 민족 국가 건설의 요무이어야 하는 것이요, 청년 문화인의 착안(着眼) 구상(構想)과 용의(用意) 노력도 마땅히 이 방면에서 하나인 경지를 가져야 할 것이다. 요컨대 신문화 건설의 진체(眞體)는 구 사회에 있어서 귀족이나 부유인 등 특수 계급의 독단하던 문화소(文化素)를 무조건 무분별로 일체 타쇄(打碎), 소탕(掃蕩)하여 일단 황무(荒蕪)한 경지를 만든 뒤에 그 황무지 위에 새로 수입할 해의 문호를 전연 딴 것으로서 하종(下種)함이 아니요, 오히려 일부 계급이 독점하고 있던 예술과 예법과 도의(道義)와 기타 온갖 생활양식으로서의 문화소를 그 부패(腐敗) 정체(停滯)한 부면일랑41) 영리한 메스로써 떼어치우며 썻어버리고 거기에 청신한 신 생명과 발랄(潑刺)한 신 활용을 부여(賦與)하여 그 새로운 문화적 맹아(萌芽) 조장을 시급히 촉진시키는 동시에 이를 평민적 대중적 실생활의 영역에 보급 침투(浸透)하게42) 함에 있는 것이니, 일례를 들자면 저 귀족적인 품위(品位)나 아치(雅致) 같은 것은 일부 계급의 독단적인 문화 양식이었으나 그 침체(沈滯) 부패한 부면을 척거(剔去)한 뒤에 농민 노동자적인 질서와 관용으로써 약동(躍動)하는 신생명의 문화적 소지를 육성(育成)함이 그것일 것이다. 또한 이를테면 저 홍익인간(弘益

---

40) 원문은 '만치'.
41) 원문은 '부면을랑'.
42) 원문은 '침투ㅎ게'.

人間)의 이상과 같은 것도 그것이 원래 사천 수백 년 전 단군 건국의 이념으로 되어 있으나 현대에 있어서 대중 공생의 신 사회를 건설하려 함에도 의연히 새로운 지도 이념이 됨에 아무런 지장이 없다. 더구나 침략 세력에 오래 압복(壓伏)되었던 조선의 현실에는 복고적(復古的)인 반성이 큰 혁신적(革新的) 의도로 될 수 있는 것이요, 숭외(崇外) 사대의 뿌리 깊은 인습(因襲)을 가진 우리 사회에는 민족적 긍지(矜持)와 자부(自負)가 그대로 진보적인 추진 세력(推進勢力)이 됨을 방해하지 않는다.

국민 문화의 순화(醇化) 앙양(昂揚)과 함께 현하 우리의 당면한 현실에 있어서 또 하나의 절실히 요청되는 조건은 과학과 기술과 관리의 간능(幹能)에의 고조와 정진(精進)이다. 나는 이에 공총(倥傯)한 일필로 우리 문화인 제씨 특히 그 방면의 신진 청년 제씨에게 보내어 이 깊은 내성적 자기비판과 민족 문화 앙양 순화에의 새로운 의도를 갖기를 권진(勸進) 또 고조한다.

(1945. 12월. 문화창조 창간호)

체험의 문학

석 촌

체험이라는 말은 반드시 몸소 겪는 것을 의미하지는 않는 것 같다. 위대한 체험, 좋은 체험, 높은 체험에서 큰 작품이 나온다는 것은 거지반 누구나 아는 일이 되었다. 그런데 그 체험을 작가의 몸소 겪는 경험이 뿌리가 되고 줄거리가 될 것은 물론이지만 작가는 다시 자기의 개인적 경험을 자위로 해가지고 유추(類推)와 이해를 통해서 자기의 경험을 넘어선 일과 처지와 인물의 세계마저 껴안아 들이는 것이다. 그리해서 유추를 통해서는 늘 인물이나 정황의 적확한 전형을 붙잡아[43] 내며 이해를 통해서는 작은 주시(主視)의 문을 열어 커다란 객시(客視)의 세계에 자기를 용해시키는 것이다.

세계는 이러한 높은 의미의 체험을 거쳐 작가에게 있어 주체화하는 것이며 그의 주관은 세계와 교류하는 것인가 한다. 큰 작품이 태나는 것은 바로 이렇게 해서 깊어지고 부풀어가고 충실해진 체험을 산모로 가졌을 때인 것 같다. 그런 까닭에 어떤 유별난 경험이 체험으로 기어가고 높아져서 큰 작품으로 모양을 갖추기까지는 상당한 시간이 걸릴 밖에 없다. 그런데 여기서 한 가지 주의할 것은 그 체험이 가령 프루스트의 경우와 같이 작가 개인의 세계에 집중하는데 그치지 않고 톨스토이와 같이 민족에서 다시 인류에게로 퍼져 갈 적에 더 심각한 감동을 사람들에게 줄 수 있다는 일이다. 이런 의미에서 본다면 오늘날 문학을 하는 우리는 매우 유리한 처지에 있는 것 같다. 8.15 이후 몇 해 동안의 남다른 경험은 작가 개인의 것이라기보다는[44] 보다 더 민족의 운명에 연결되어 있는 것이며 만약에 그것을 작가의 체험의 세계로 높이고 또 안을 채워간다면 우리는 머지않아 큰 문학을 기대할 수가 있이 보인다. 또 남다른 역사적 체험을 자위로 삼아 가지고 우리는 일제 40년 동안의 여러 가지 큰 사건들 예를 들면 3.1 운동 같은 것으로부터 저 개화기의 위대한 고통, 임진왜란 같은 민족적 사건이 새로운 의미와 생기와 구체성을 띠고 문학 속에 다시 살아날 수도 있을 것이다. 8.15 이후 어느덧 4년이 지났다. 우리의 작가들도 그

---

43) 원문은 '부짭아'.
44) 원문은 '것이라니보다는'.

동안 엄청난 격동을 거쳐 인제야 차츰 자기의 경험을 정리하고 수습하며 체험을 정돈해서 그것을 작품으로 살리고 길러낼 때가 찾아 온 것 같다.

일찍이 대 톨스토이는 1854년으로부터 56년까지의 크리미아 전쟁에 참가해서 특히 55년의 세바스토폴 공략전을 몸소 겪고서 작품 "세바스토폴"을 남겼거니와 그는 다시 이 체험을 기초로 해가지고 짜아 올린 결과 1815년 나폴레옹의 모스코 원정을 절정으로 한 러시아 국민의 일대 서사시라고도 할 대작 "전쟁과 평화"를 능히 쓸 수 있었던 것이다. 유로파에서도 미국에서도 아직은 이번 대전을 테마로 한 큰 작품이 나오지 않는 모양으로 겨우 노오만 메일러의 "벌거숭이와 죽은 사람들" 따위의 전쟁 풍경 소설이 나오고 있는 모양이라고 한즉 위대한 전쟁 소설은 인제부터 나올 것이나 아닌가 한다. 제일차대전의 체험이 전쟁 문학다운 작품을 낳기까지는 역시 10년 가까운 시일이 걸렸던 것이다.

이 풍랑(風浪)에도 비길 이 몇 해 동안의 민족의 수난을 작가의 체험으로서 연소 승화(燃燒昇華)시키고 다시 그것을 인류의 미래에까지 연결시키는 큰 작품들이 우리들 속에서도 나와 무방하다.

(1949. 1. 1. 경향신문)

풍우 중국(風雨中國)

송 지 영

상하(上下) 몇 천 년이더냐? 육조 문물(六朝文物)의 꿈같은 자취를 남기고 자금산(紫金山)이 굽어보는 곳 석두성하(石頭城下)의 강조(江

潮) 오늘도 예와 다름없이 적막히 돌아드는 중화민국의 수도 남경은 바람 비 걷잡을[45] 사이 없이 성쇠(盛衰) 무상한 진적(陳跡)만을 번복(飜覆)하며 이제 와서 또 한 번 양유(楊柳) 의의(依依)한 금릉(金陵) 풍물(風物)의 모색(暮色)을 자아냄으로써 전동(轉動)하는 새 역사의 한 페이지를 꾸며가고 있는 것이다.

하늘을 우러러 땅을 두드려[46] 호소할 곳 없는 사억 육천만(四億六千千萬)의 아우성이 장성만리(長城萬里) 뻗히어 높아간들 황하(黃河) 장강의 무심한 탁류(濁流)가 맑아질 리 없는 것인가? 동북으로 화북(華北)으로 중원(中原) 천지를 석권(席捲)하며 밀려오는 도도(滔滔)한 홍류(洪流) 속에 "화평"을 부르짖는 소리 조야(朝野)에 넘쳐 높아가건만 승승(乘勝) 장구(長驅)의 중공(中共)은 인민 의사(意思)에 배반하여 혁명 사업을 중단(中斷)할 수 없다는 냉연(冷然)한 일축(一蹴)으로써 간과(干戈)를 거두려 하지 않음에 한때 소강(小康)을 전하던 남경은 다시금 풍등(風燈)의 위기(危機)에서 천식(喘息)이 급박(急迫)하지 않을 수 없으며 사십 년 혁명의 단에서 강철 같은 의지를 굽히지 않고 "감란 건국"(戡亂建國)의 호소(呼訴)로써 전국에 영하여 새로운 대공 팔 년 항전(對共八年抗戰)의 태세(態勢)를 갖추도록 결심하였으며 객년 십일월 팔일 국민당 중앙당부 기념주(記念週) 석상(席上)에서

"동북에서 군사가 실패한 이후로 공비(共匪)들은 요언(謠言)의 공세(攻勢)를 맹렬히 하여 그 극(極)에 달하고 있어 일반 민중이 현혹(眩惑)되어 공황(恐惶)을 느낄 뿐만 아니라 지식분자들까지도 국가의 참된 이해를 인식하지[47] 못하고 심리적으로 동요를 일으키게

되어 최근에 이르러[48] 남경에서 몇몇 지식 분자들이 공공연하 문자를 발표하여 화평을 제창하고 있게 되었다. 이야말로 스스로 민족정신을 상실(喪失)한 투항주의자(投降主義者)인 것이다. 일찍이 손총리(孫總理)는 임종할 무렵에 그대들은 절대로 적과 타협(妥協)하여서는 안 된다고 말씀하였는데 이것은 왕정위(汪精衛)에게 타일러 둔 것이었다. 후일에 이르러 왕정위는 다만 공비와 타협하였을 뿐만 아니라 일본과도 타협하였던 것이다. 이로 말미암아 그 개인이 신패명렬(身敗名裂)한 것은 물론이고 전체의 혁명 사업에 막대한 손실을 끼쳤던 것이다. 오늘날 몇몇 분자들이 국가의 이익을 말살(抹殺)하며 국민된 입장을 상실하여서까지 공비들의 요언 공세에 향응(響應)하여 공비에게 투항을 주장하고 있는 것은 다만 그들 자신만이 공비의 노예됨을 감심(甘心)할 뿐만이 아니라 우리 중화 민족에 해를 끼치어 영원히 이족의 노예와 우마(牛馬)됨을 요구하는 자들이다.

국가 민족을 훼멸(毁滅)하는 매국 반도(賣國叛徒)인 공비들과 더불어 무슨 화평을 말할 것이랴? 국군의 감란 소비 방침(戡亂剿匪方針)은 이미 확정되어 있는 것이니 반드시 이를 전력으로 관철(貫徹)하여야 할 것이며 일체 화담(和談)의 요언(謠言)은 공비들의 선전 공세(宣傳攻勢)일 뿐이요, 절대로 우리의 정부와 국민의 결심에 영향될 바 없는 것이다"라고 견결(堅決)히 말한 장개석(蔣介石) 총통이 불과 두 달을 격한 원조(元旦)에 이르러 중국을 위하여서는 화담(和談)을 하여도 좋다는 말을 선포하게 되었고 최근에 와서는 국가 민족에 이롭다면 하야(下野)도 사양하지[49] 않겠다는 비장(悲壯)한 결

---

47) 원문은 '인식ㅎ지'.
48) 원문은 '이르런'.

의(決意)를 표명(表明)하게쯤 된 것은 이 사이의 급난(急難)한 정세가
얼마만큼 남경에 박도하였다는 것을 추상(推想)하기에 어렵지 않
으며 또한 이삼 개월 내로 내외(內外)에 선전되고 있는 화담(和談)
의 호성(呼聲)이 실은 중공의 선전 공세(攻勢)가 아니라 남경 치하
의 애절(哀切)한 성랑(聲浪)임을 넉넉히 알 수 있는 것이었다. 중공
이 이를 일축(一蹴)함에 남경은 마지못하여 성하(城下)의 맹(盟)을
맺을 것이 아니라 사백주(四百州) 넓은 지역에 어딘들 구안(苟安)할
터전이 없으랴? 드디어 파천(播遷)이 전해지고 있던 대만(台灣)과
광동(廣東) 등지(等地)로 천도(遷都)를 개시하였다고 외전(外電)은 전
해 온다. 이로써 남경은 거듭 "육조여몽"(六朝如夢)의 사인적(詞人的)
감개(感慨)를 자아내지 아니하지[50] 못하게 된 것이다.

　원래 정벌(征伐)과 혁명의 화중(渦中)에서 오천 년(五千年)의 역사
를 빚어 온 중국이며 합구(合久)면 필분(必分)이요, 분구(分久)면 또
반드시 합하고야 마는 유수(有數)한 흥망(興亡)을 필부(匹夫)의 마상
(馬上)에서 조작(造作)하여온 중국이라 내전 장년(內戰長年)의 고통이
산궁수진(山窮水盡)한 마당에서 화평의 성세(聲勢) 울려올 것도 사
실이나 그러나 더 말할 것 없이 어렵고 그렇다고 화해도 그리 용
이하지[51] 않음이 종횡(縱橫)으로 얽혀져[52] 있는 판국이라 그 귀취
(歸趣)를 낙관(樂觀)할 수 없었던 바이며 더욱이 객동(客冬)에 남경
각 대학 교수 유부동(劉不同)씨 이하 수십 명이 화평 청원문을 장총
통(蔣總統)에게 호소하였을 때에 위에 인용(引用)한 말과 마찬가지
의 이유로써 이를 도외시(度外視)하였으며 국민 정부 기관지인 남

---

49) 원문은 '사양ᄒ지'.
50) 원문은 '아니ᄒ지'.
51) 원문은 '용이ᄒ지'.
52) 원문은 얽흐러져'.

경 중앙일보는 사설(社說)로써 "아직도 화평을 몽상(夢想)하느냐"는 제하(題下)에 화담(和談)의 의(議)를 통렬(痛烈)히 공박(攻駁)하여 "지식인들이 목전의 표면 현상에만 현혹(眩惑)되고 사물의 밑바닥에 흐르는 내면 현상을 통찰(洞察)하지 못하며 정치의 불량성(不良性)을 국가의 걸어가야 할 노선과 혼동하는 것은 잘못이다. 현하(現下) 국가의 동란(動亂)을 저권의 쟁탈전(爭奪戰)에 유인(由因)함이라 하지만 오늘날 우리가 공당(共黨)과 더불어 작전하는 것은 정권의 이동을 우려(憂慮)함이 아니요, 실은 국가가 독립하느냐 민족이 자유를 얻느냐 문화 전통이 연속할 수 있느냐?의 중대한 싸움인 것이다. 가령 만일에 불행하여 공당(共黨)이 그 야심(野心)을 달성한다고 보면 중국은 반드시 동 구라파의 모든 약소국가와 마찬가지로 되어 강자(强者)의 부용(附庸)이 되며 인민이 노예의 치욕(恥辱)에서 자유를 얻지 못할 것이며 역사와 문화의 전통은 필연코 중단되고 말 것이며 모든 생활 방식도 개변되어야 할 것이다. 지금 소공전(剿共戰)이 가장 긴요한 관두에 임하여 "和平"을 부르짖는 것은 투항을 선창(先唱)함과 다름없으며 공당(共黨)에의 투항은 중국의 부용화(附庸化)와 인민의 노예시와 역사며 문화의 변혁(變革)을 부르짖음과 다름없는 것이니 이 어찌 진정한 책임을 가진 애국 애족자의 말할 바이랴. 지식인은 책임감을 가진 애국 애족자의 말할 바이랴. 지식인은 국가 민족에게 대해 엄숙한 책임감을 느껴야 하며 자신이 먼저 현실에 대한 실상과 역사의 전도에 정확한 인식을 가지어 참다운 지성으로서 시대를 지도하여야 할 것이다."라고까지 부설(敷說)한 것으로 보아 남경의 의사가 전혀 화담을 염두에도 두지 않았다는 것을 알 수 있는 바인데 이와 때를 같이하여 민주동맹의 간부로서 이름이 알려져 있는 장신부(張申府)씨가 상해에서 발행되

申瑛澈 著

고 있는 소위 자유주의자의 평론지인 관찰(觀察) 지상(誌上)에 화평 호소문(呼訴文)을 발표한 것을 선두로 하여 중국 지식인층에서 화평의 열망(熱望) 점차 고조(高潮)되어 가고 있었는데 얼마 후 향항에 본부를 둔 민주동맹에서는 장씨를 제적하는 한편 동맹의 이념과 노선에 배치하는 반동적(反動的)인 언동(言動)이라 하여 이를 크게 탄한 바 있었다. 남경에서는 화담을 배격하고 중공과 기맥(氣脈)이 통한다는 민맹에서도 이를 박척(駁斥)함을 볼 때에 오인(吾人)은 소위 "화담"(和談)의 정체를 추단하기에 어렵지 않았던 것이다.

돌아보아 1946년 정치 협상 회의의 실패와 1947년 국민참정회(國民參政會)의 화평 결의안의 수포화(水泡化)로써 금차(今次)의 화담도 동일한 형태 하에서 성세(聲勢)만을 허장(虛張)하는데 그치는 것이 아닌가도 하였으나 그러나 정치 경제 군사의 궤란(潰亂)과 민심의 향배(向背)가 세월과 함께 워낙 변모(變貌)한 작금(昨今)이라 동일한 화담이로되 그 취의(趣意) 판이한 것이며 당(黨) 군(軍) 정(政)을 통솔하고 있는 장씨의 하야(下野) 표명까지 잇게 되고 보매 전국(戰局)의 일장 일이(一張一弛)와 함께 중화민국의 운명이 백척단애(百尺斷崖)에서 어디로 투족(投足)하느냐를 아슬아슬하게[53] 쳐다보는 가운데 미국으로부터의 원조 중지의 성명이 있었고 이어서 중공의 전쟁 관철의 결의가 솔직히 표명됨으로 말미암아 부득이한 조처로써 배수 일진을 파천(播遷)으로 시(試)하려는 금일의 남경을 슬퍼하지 않을 수 없는 바이다.

오늘에 이르러 남경을 떠나지 않으면 안 되게 된 중국의 비극은 시일로 따져볼 것이 아니라 멀리는 민주주의를 창도(唱導)하고 신

---

53) 원문은 '아슬아슬히'.

해(辛亥) 혁명을 일으킨 손중산(孫中山) 생전에 이미 그 씨를 뿌린 것이며 가까이는 제2차 마아샬 조정(調停)의 실패에서 직접적인 화단을 빚어낸 것이다. 국민당 완고파로부터 매국(賣國)의 책난(責難)을 받아가면서까지 가릉(嘉陵) 강두(江頭)에서 비탄(悲嘆)을 자아내며 정협(政協)의 연극을 꾸며내고 있던 국부측의 중요한 인물인 손과(孫科), 소역자(邵力子), 장치중(張治中) 삼씨가 오늘 다시금 석두(石頭) 성하에서 대각(臺閣)에 자리를 같이하여 화전 기로(和戰岐路)에 방황하고 있는 중국을 이끌어 퇴세(頹勢)를 만회(挽回)하다 못해 남경으로부터 분산하게 된 심경(心境)은 제2차 마아샬 조정의 실패로 전화(戰火) 만연(蔓延)됨을 방임하지 않을 수 없던 그때와 또는 정협(政協)의 결렬로 고궁 비행장(故宮飛行場)에서 중공 대표단을 메별(袂別)하던 그때의 감정과는 달리 더 한층 비분감개(悲憤感慨)에 사로잡히는바 깊음을 깨달을 것이다.

마아샬 장군이 마지막 중국을 떠나 갈 때에 모(某) 장군더러 "당신들이 공군(共軍)과 싸우면 처음 4개월쯤은 이길 것이다. 그 다음엔 힘들 것이다."라고 말할 바 있었음을 들었던 바인데 불행하게도 마 장군의 예언(豫言)은 적중(的中)한 것이었다. 마아샬 장군이 떠나 간 뒤 1947년 봄 중공을 향해 일대 공세(一大攻勢)를 전개(展開)할 때에 당시의 참모 총장인 진 성 장군(陳誠將軍)은 석 달이면 공군(共軍)을 소탕(掃蕩)할 수 있다고 호언(豪言)하였는데 3월이 지나고 1년, 2년이 지나 가는 동안 형세는 천하 양분(天下兩分)이 아니라 주종(主從)이 전도(顚倒)되다시피[54] 하였으며 호언(豪言)하던 진 장군(陳將軍)은 최근 양병(養病)을 말하며 대만(臺灣) 온천(溫泉)에

---

54) 원문은 '싶이'.

누워있다는[55] 소식이 들려온다. 세사(世事)는 창상(滄桑)이요 인정은 믿을 수 없음이 이렇듯 심한 것이다.

　냉전(冷戰)의 각축하(角逐下)에서 앞으로 다가올[56] 제3차 대전을 연상하여 그날이 올 때까지 내전(內戰)을 연장하여 세기의 비극으로써 중국의 비극을 결속(結束)지으려는 것이 남경을 떠나는 심정의 한 구통일른지는 모르나 그러나 다음에 올 승패(勝敗)를 따질 겨를이 없이 오늘에 전개(展開)된 사태가 시간적으로 기회를 엿볼 만한 여유를 남겨 주지 않음이 더욱 비극을 자아내는 것이 아닐는지? 왕년(往年)의 손전방(孫傳芳), 오패부(吳佩孚)는 백만의 대병을 거느리고도 1년이 넘지 못해 혁명군에게 궤멸(潰滅)되지 않았던가? 패하는 병력은 결코 양호(良好)한 장비(裝備)와 정밀한 전술(戰術), 전략(戰略)으로써만 구(救)할 수 없는 것임은 사상(史上)에 나타난 모든 제왕(帝王)의 말일(末日)을 봄으로써 역연(歷然)한 것이 아닌가? 오늘날 20세기의 50년 대(代)는 더 말할 것 없이 인민의 세기인 것이다! 민심을 이탈(離脫)당함은 일체를 잃어버리는 것이니 나치 독일 히틀러와 흑취(黑鷲) 이태리의 무쏠리니는 적군에게 패한 것이 아니라 그들의 철권(鐵拳) 밑에 신음(呻吟)하는 인민들의 손에서 장송된 것이다. 순천자(順天者) 창(昌)하고 역천자(逆天者) 망(亡)은 중국의 철리(哲理)가 아닌가? 천심이 곧 민심임을 옛 중국의 철인(哲人)은 말하였거니 하물며 인민 세기인 오늘에서랴?

　풍우 동주(風雨同舟)의 처경(處境)에서 중국의 금일을 슬퍼하는 우리의 감개는 자못 깊은 바 있나니 명일의 중국을 내다보며 금일의 우리를 성찰(省察)할 때에 인민 세기의 보람 있는 생을 향유(享

有)하기 위하여 각히 재사 삼성(再思三省)이 있어야 할 것이며 중산 능원(中山陵園)에 방초(芳草) 푸르른 날 삼각산(三角山)아래에도 봄이 올 것을 굳게 믿음으로써 서로의 책려(策勵)를 삼고 붓을 놓는 바이다.

> 江雨霏霏江草齊 六朝如夢鳥空啼
> 無情最是江上柳 依舊煙籠白沙堤
> 題金陵圖…唐 韋莊.

(1948. 1. 9. 국제신문)

申瑛澈 著

3. 서정문(抒情文)

요령

"목석(木石) 같이 무정하다" 하여 가장 쌀쌀하고 냉정한 사람을 견주어 말한다.

그러나 정 짙은 사람 마음 따스한 사람은 목석의 숨결조차 함께 느끼는 것이다.

현상(現象)은 하나지만 정서(情緒)는 그지없고 눈과 귀는 서로 비슷하지만 심금(心琴)은 사람마다 다르다.

글은 마음의 창문이니 기사문이거나 논설문이거나 또는 서한문이거나 의식문(儀式文)이거나 서정(抒情) 아님이 없을 것이다.

그런데 따로 서정문이라 함은 웬 까닭인가?

이는 다른 글보다도 두드러지게 정감(情感)이 많이 나타난 글을 이름이다.

향기롭게 웃는 꽃송이에 미운 느낌을 품는 이 어디 있겠으며 달 밝은 저녁 시원한 바람결에 노여움을 품을 이가 어디 있겠는가?

정신 이상이 아닌 사람이면 두루 진, 선, 미, 성(眞善美聖)을 그리며 육정 칠욕(六情七慾)의 나타남이 있을 것이니 서정문은 진실로 그 느낌과 생각을 문학적으로 기술한 문장이다.

둔감(鈍感)한 사람이나 각박(刻薄)한 사람, 잔인(殘忍)한 사람은 좋은 서정문을 쓸 수 없다.

풀꽃 한 송이, 구름 한 점에도 인생과 역사를 읽을 수 있는 마음의 수양이 필요하다.

평범한 생활을 누리는 사람들은 웬만한 기사문이나 논설문쯤은 쓸 수 있겠지만 여남은[57] 사람 이상의 깊은 감격성이 있는 사람 아니면 참된 서정문은 나오지 않을 것이다.

그러나 감격성이란 결코 이기적(利己的) 감정을 가리킴이 아니다. "슬프다, 슬프다!"를 늘어놓으며[58] "기쁘다, 기쁘다"를 늘어놓아도 읽는 이는 왜 슬프며 무엇이 기쁜지 모를 것이다. 또는 꾸며서 사실 이상으로 나타내고자 풍을 떨어도 사람이 공명하지 않는 것이다.

문장은 지성 진정(至誠眞情)에서 우러나와야 한다. 서정문은 특히 깨끗하고 맑고 뜨거운 지기(志氣) 속에서 나와야 한다. 백 년 천 년을 지나도 공명할만한 문장을 지으려면 피눈물 나는 반생의 수양이 필요할 것이다.

해내버리는 말은 거짓을 섞을 수 있으리라. 그러나 문장은 속일

---

57) 원문은 '여나믄'.
58) 원문은 '느러놓며'.

수 없을 것이다.

거리의 약장수를 웅변가로 추키지 않으며 바람같이 지나가는 시체 노래(유행가)를 천박하다 함과 같이 진정에서 나오지 않은 문장을 가리켜 "써어나리즘(Journalism)의 비속(卑俗)"이라고 비웃는 것이다.

따지고 보면 서정문은 문학적 소질 없는 사람이면 쓰지 못할 문장이다.

비록 크나 큰 문장가는 못되어도 웬만큼 노력하면 서정문 쓰기가 하늘의 별 따기 아님을 스스로 체득할 때가 돌아올 것이다.

서정문 적는 데 조심할 점은 무엇인가?

첫째, 감정을 속이거나 꾸미지 말 것이다. 남의 글에 이런 좋은 구절이 있었으니 나도 한 번…하고 쓴대도 시들은 꽃이다.

마음에 크게 느낌이 있을 적에 비로소 펜을 잡아야 한다. 감격도 안하고 감격한 체하며, 슬퍼도 기쁜 체하는 따위는 문장의 길이 아닐 뿐더러 사람의 길이 아니다.

남이 슬퍼했다 하여 나마저 슬퍼하는 듯이 쓸 이유가 어디 있으며 옛 사람이 탄식했다 하여 오늘날 사람이 덩달아59) 탄식하는 체할 까닭이 어디 있는가?

둘째, 너무 지나치게 표현하지 말 것이다. 감상(感傷)에 사로잡히거나 염세(厭世)에 흐르는 일, 또는 과격(過激)한 표현들은 삼가야 한다.

욕설이나 저주 같은 마디는 더구나 티가 되기 쉽다.

서정문은 맑은 거울 같아야 한다.

---

59) 원문은 '덩다라'.

셋째, 이론을 따지지 말 것이다.

서정문 속에 이론을 늘어놓는 짓은 객쩍은[60] 노릇이다. 진정을 그리되 읽고 난 뒤까지도 때때로 향기롭게 읽은 이의 가슴에 떠오르는 그 어떠한 인상을 주도록 적어야 한다. 그러자면 남의 글귀를 이용한다든지 어려운 말을 자랑삼아 섞는다든지 하는 버릇을 버려야 한다.

넷째, 개성(個性)과 품격(品格)이 넘치도록 적어야 한다.

백 사람 백 마음, 한 송이 꽃, 한 마리 나비춤에도 마음의 실마리는 모두 다르다.

글 쓰는 이의 개성이 나타나야 한다. 품격이 있어야 한다.

천박하고 거칠어서는 안 된다. 고려자기처럼 언제 보아도 한결같은 인상을 줄 수 있어야 한다.

푸른 하늘처럼 날마다 우러러도 시원하고 밝은 마음의 가락을 움직일 수 있어야 한다.

달이 비춰건만

서 은 숙

"달아 달아 밝은 달아 이 태백이 노던 달아" 하고 노래하며 이리저리 몰려다니며 놀던 때는 어제와 같거늘.

옆집 동무 앞집 동무 지금은 어디 가 있고 나만 이곳에,

"야 옥돌아 저 달은 왜 나만 따라 오니 우리 저리로 가볼까 그래

---

60) 원문은 '객적은'.

도 따라 온다." 하고 달과 숨바꼭질하던 생각은 오늘에 남은 똑똑한 기억.

오늘 영창으로 새어 들은 밝은 가을 달은 어려서 나를 따르던 달과 어이 다른고.

일 년 전 가을 깊은 잠에서 깨우게 하던 달빛과 같이 문 밖에 요란한 밤 사람 소리 내 가슴을 몹시도 놀라게 하던 전보.

달이 사라지기 전에 나도 가게 하소서 하고 싶도록 내 맘을 슬프게 하였던 비보는 다만 나에게 하나이었던 오빠는 오지 못할 길로 아주 갔다는 것이었다.

그럴듯한61) 가을 달이 다시 내 방으로 새어 풀기 시작했던 때 간 사람을 추억하면서 가을 달과 같이 가신 사랑하는 오빠여, 달은 와서 비춰건만 가신 이는 어디로……

주검을 손에 쥐고 살기를 바라시던 오빠여, 지금 가신 그곳이 어디라고만 일러 주시구려.

오빠 다니시던 병원은 작년과 다름없이 오빠 같은 병인은 왔다 갔다 하건만 오빠 자취는……

오빠 못하신 부모 봉양 이 동생 하오리다.

저 달아 내 오빠 갈 때에 비춰던 달아, 나는 너를 오빠인가 하고 그리워한다.

(1934. 신가정 10호)

---

61) 원문은 '그렇듯한'.

4. 수필문(隨筆文)

요령

　보고 들은 일, 느낀 일을 소박하고 간결한 문장으로 기술한 것을 수필이라 한다.

　인사 자연에 걸쳐 일상생활 속에서 또는 연구 사색 속에서 가장 솔직하고 속임 없이 자신의 감상, 주장, 비판, 호소 등을 나타낸 글이다.

　종류를 나누어 보면 ① 문학사상 방면인 것이 있고, ② 지식 학술 방면인 것이 있으니, ① 은 창작적, 평론적인 내용이며, ② 는 엄정한 학술적인 것, 흥미중심의 단편적 기록들이다.

　형식상으로는 짜임이나 조직에 매이지 않고 문장의 길고 짧음62), 내용의 단순 복잡을 따질 것 없이 쓴 자유로운 기술이다.

　따라서 문예적 사실(寫實)이 많아지고, 가공적(架空的)인 구상은 적으며 시대색과 개성이 잘 표현 함축된 문장이다.

　그러므로 수필은 일기, 소설, 기행 등 문예에 연관성이 깊고 자연 그대로의 인격과 품성이 서리게 된다.

　그렇지 못한 문장은 수필이 못된다. 수필은 감흥적(感興的)이며 고고(孤高)한 문장이다. 취미와 여운(餘韻)이 어울린 꽃밭이다.

　수필은 가면과 꾸밈이 없는 천성 진정의 표현이니 가장 쉬운 글 같지만 실상 좋은 수필이란 그리 하루 이틀의 문장 공부로 쓸 수

---

62) 원문은 '짜름'.

는 없는 것이다.

고상한 인격, 결백한 정감의 수풀 속에서 솟아나오는 맑은 샘이야말로 수필의 본체라 할 것이다.

훌륭한 수필을 쓰기 위해 우리는 선구자들의 수필을 많이 읽고 음미해야 하겠다.

다음에 싣는 수필론은 좋은 참고가 될 것이다.

申瑛澈 著

수필 소론

김 진 섭

수필은 대개 누구라도 쓰면 쓸 수가 있다는데 확실히 장점과 친근한 맛이 발견되는 것이나 그런 까닭으로 또 그 반면에는 수필이 중시되지 않는 단점도 있는 것이 사실이다. 원래가 대단한 것도 아니요, 또 대단하게 여기지들도 않으므로 누구나 다 여기(餘技)로 심심풀이로63) 또 잡수입의 일조(一助)로 수필을 초하며 또 초해서 되지 않지도 않으므로 대개는 다른 소위 신변잡기에 가까운 내용의 수필을 쓰고 있는 것을 보게 된다. 그래서 수필이라면 의례히 신변잡기와는 거의 동의어가 되다시피 되어버렸다. 이것은 수필 자체의 성질상 조금도 괴이할 것이 없으며 또 그다지 나쁜 현상이라고 할 수도 없는 것으로 이렇게 해서 차차로 그 수준이 올라가기만 하면 좋은 것인데, 근래 문단 내부에 수필 범람(汎濫)에 대한 일종의 원성이 있음을 들을 때 이것 역시 수필의 수준을 향상시키

---

63) 원문은 '심심푸리로'.

고자 하는 열의의 반영으로 해석되어 문장에 대한 식자의 관심이 양면으로 표현된 것이라고 나는 보고 나도 수필을 간혹 쓰고 있는 일인으로 이 현상을 저으기 경상(慶賞)하여 마지않는 바이다.

시나 소설이 일정한 한 형식을 구비하듯이 물론 수필은 여하한 형식도 필요로 하지 않는다.

수필은 산만과 무질서와 무형식을 그 특징64)으로 삼고 있는 것으로 스스로 느끼고 보고 들은 바를 기억하면 되는 것이기 때문에, 소설을 소설가가 쓰고 시를 시인이 쓰는 것 같은 한정된 일가의 자격을 또한 수필은 처음부터 요구하지 않는다.

다만 자기를 말하는 문장이기만 하면 그것이 곧 수필인 것이요, 사람에게 감상이라는 것이 있는 이상 누구라도 써서 되는 것이 곧 수필인 것이다. 그러나 확실히 이런 점은 있다–누구라도 쓰기 쉽고 또 쓰면 되는 안이한 문장이므로 사실은 남의 눈에 띠이게 잘 쓰기가 어렵다면 어려운 것이 또한 수필이 아닌가 나는 생각한다.

수필은 이와 같이 제약도 없으며 질서도 없으며 계통도 없이 자유롭고 산만하게 쓰인 모든 문장까지도 포함할 수 있는 까닭으로 수필은 흔히 비문학적인 인상을 사람에게 주는 것이지만, 사실 문학은 자기의 협애(狹隘)하고, 경묘(輕妙) 쇄탈(灑脫)하고, 변화무쌍(無雙)한 양자를 포용하기 어려운 감이 없지 않다.

그래서 설사 분망 중에 쓰인 일편의 서한, 남몰래 적힌 일엽의 일기라도 그 문장 속에 필자 그 사람의 생명이 약동하고 있기만 하면 그것이 훌륭한 수필 문학일 수 있음은 물론이요, 또 수필은 항상 형식을 무시하며 그 점에 있어서 문학으로부터서의 이탈을

---

64) 원문은 '특증'.

선천적으로 꾀하는 자인 까닭으로 필자 자신이 전문적 수필가 내지는 전문적 문인에만 한할 필요가 없음은 두말할 것이 없고, 그 체재 역시 그것이 반드시 "문학적인 것"일 필요도 조금도 없는 것이니, 여기 가령 과학자가 과학을 말하든 정치가가 정치를 말하든 혹은 여행가가 막연한 견문을 말하든 여하간에 말하는 사람의 누구임과 말하는 대상의 무엇임을 막론하고 말하는 그 사람의 심경이 전 인생 위에 확충되어 있기만 하면 그 말은 반드시 문학적 가치를 갖게 되기 때문이다. 그러므로 과연 저 토오마스·쁘라운의 의가의 종교라든가 파아브르의 곤충의 생활이라든가 소로오의 삼림생활이라든가 러스킨의 진애(塵埃)의 윤리라든가 메에테르링크의 밀봉(蜜蜂)의 생활이라든가 루우쏘오의 참회록이라든가, 이 모든 저작은 물론 이른바 문학적 작품은 아니지만 그런 그 전부가 전통적 수필의 명감(名鑑)으로서 천고에 빛나는 문학적 생명을 가지고 있는 것은 누구나 다 알고 있는 일이다.

가령 여기 지적한 파아브르는 문학자가 아니요, 과학자였고, 따라서 그의 저작인 곤충의 생활도 문학적 작품이 아니요, 철두철미 과학자적 연구와 관찰의 소산에 틀림없지만 그것이 문학으로서의 생명을 갖게 되는 이유는 다름 아니라, 과학자로서의 풍부한 지식을 가진 과학자 파아브르가 곤충의 생활상을 순전히 연구적으로 냉정하게 관찰한 결과를 보고 기록함에 그치지 않고, 그는 한 사람의 신인으로서 곤충의 생활 상태를 관찰하여 그것을 시화하고 인간화하기에 성공하였으므로서다.

사람이 이 세상에 살매 우리 인생이 과연 어느 정도까지 풍부한 지식을 가져야 할지 그런 문제는 별로 흥미를 끄을 수 없는 문제에 틀림없을 뿐 아니라, 한 사람이 가져야 할 지식의 한계라는 것도 시대에 따라 변동하여 마지않는 것이지만, 수필은 실로 수필을 쓰는 사람에게 최대한으로 해박(該博)한 지식을 요구 하는 것만은 속일 수 없는 사실이니, 이것은 우리가 본격적 수필의 조(祖)로서 명성이 높은 미쉘·드·몬테이뉴가 그 수필 속에 얼마나 풍부한 화제와 일화와 묘구를 교묘하게 점철하여 있는가를 보더라도 명백한 일이거니와, 모든 종류의 전문 지식을 토대로 삼고 흉금을 열어 감춤 없이 자기의 심경을 하소연하고 총망한 주위의 생활 동태를 고요히 방관한 결과를 말할 때, 그곳에 좋은 수필은 필연코 나타나고야 만다.

그러므로 수필은 모든 영역에서 발견될 수 있는 것이고, 문학적 영역과 문학인의 필단에서만 생산되는 것은 결코 아니다.

고도의 지혜와 관찰력을 구비한 사람이 방관자적 태도로 인생 사상(事象)을 관찰하며 거기서 느낀 감흥을 솔직히 고백할 때 필자의 지성과 감성이 아울러 풍부하면 풍부할수록 또 그것을 고백하는 심정이 고결하면 고결할수록 그 수필의 문학적 생명이 장구할 것은 두말할 것이 없다.

수필의 주요 특종은 숨김없이 자기를 말한다는 것과 인생 사상에 대한 방관적 태도 두 가지에 있는 것이므로 이를 기초로 삼고 붓을 고요히 들을[65] 때 제목 여하는 물을 필요가 없다. 수필은 그 속에 무엇을 담을까 하는 것은 물론 필자의 자유다.

그래서 수필은 그 담는 내용과 그것을 요리하는 필자에 의하여 그 취향이 변화할 것은 자명한 일이니 필자의 소질 여하 기호(嗜好) 여하에 의하여 혹은 경쾌한 만문(漫文)이 될 수도 있을 것이니

---

65) 원문은 '드를'.

모든 사람에게서 그리고 모든 영역에서 올 수 있는 이 수필의 종별이 또한 변화무쌍할 것은 이(理)의 당연한 일이다.

문학은 확실히 수필에 의하여 자기의 영역을 넓히고 있고 또 자기를 풍부하게 하여가고 있는 것이 사실이니 현대 소설의 수필화는 평가들이 지적하는 바와 같이 엄연한 문학적 사실로서 그것의 경향으로서의 호오는 불문하고 수필의 매력은 자기를 말하는 데 있는 것이 아닐까 하고 나는 생각한다. 수필은 소설과는 달라서 그 속에 필자의 심경이 약여(躍如)히 나타나는 것을 특정으로 하고 그래서 그 필자의 심경이 독자에게 사람적 친화를 추진하는 부드러운 세력은 무시하기 어려울 만큼 강인한 것이 있으니 문학이 만일에 이와 같은 사랑할 조건을 잃고 그 엄격한 형식 속에서만 살아야 된다면 우리는 소설은 영원히 가질 수 있을지 모르지만 작가의 마음은 찾아내는 일이 없을 것이다.

우리들 현대인은 소설이 주는 흥취에 빠지려기보다 소설가가 보여 주는 작가의 마음에 부닥치고 싶은 경향이 농후해진 것이다. 그리고 작가 자신도 허구(虛構)와 가작의 세계에서 뇌장(腦漿)을 짜는 거짓된 비애보다는 자기의 신변과 심경을 아울러 고백하는 참된 열락에 취하고 싶은 경향이 농후하게 된 것이다. 소설의 수필화는 확실히 이런 각도로도 설명되어야 할 것이다. 대문호의 소설은 예외겠지만 그 이외의 군소 소설은 후세인이 구태여 서점에서 구하여 읽는다는 일이 극히 드문 것으로 그 시대적 유행을 초월할 수는 없는 것이로되 수필은 그 사람의 심중을 솔직히 말하는 것이므로 어느 때든지 되풀이하여 중시되고 탐구되는 일이 불소한 것으로 보더라도 수필의 문학적 가치는 쉽사리 몰각될 수는 없다.

사실 수필만큼 단적으로 쓴 사람 자신을 표시하는 문장은 다시

없으며 원래 호수필(好隨筆)에는 그 근저에 특이한 사람의 마음이
있지 않아서는 아니 된다.

수필은 문학권내 뿐만이 아니라 다른 영역으로부터서도 와서
문학 자체의 영역까지 널린 것은 사실이나 좋은 소설이 흔하지 못
한 사실은 확실히 문학의 권위를 실추시키고 있다. 그러나 물론
그 죄는 문학적 형식으로서의 수필 자체가 질 것은 아니요 좋지
못한 수필을 쓰는 사람들이 져야 할 것은 두말할 것이 없다.

(1949. 10. 29. 태양신문)

한양의 봄빛

최 영 수

[1] 성지(城址)의 봄빛

헐리어진 헐리어가는 성지에 봄볕의 사선이 내려쪼여 잔디 위
에 봄빛이 물들어간다. 잠식적(蠶食的)으로 쫓기어가는 무리들은
북한산을 향하여 오르고 있으니 성지로 달려드는 그들의 정경(情
景)은 마치 향항(香港)의 계단가(階段街)를 연상하게66) 하여준다.

-그러나 그들의 계단가에도-토막(土幕) 지붕에도-찢어진 창과
헐벗은 몸에도-봄바람은 날아들고67) 있다.

-잔디에 속잎이 나고 나뭇가지에 싹이 돋고 그리고 화창(和暢)
한 봄볕이 젊은이-더욱이 도회인의 향락적 기분(享樂的氣分)을 더
하여 준다. 그러나 성지의 봄빛은 만고의 추탄(愁嘆)을 주면서 오

---

66) 원문은 '연상ㅎ게'.
67) 원문은 '나라들고'.

고-또 갈 뿐이다.

[2] 한강물(漢江水)

한강수 푸른 물에 봄소식 전한지 기구(旣久)하니 강변의 수양(垂楊)은 홀로서 찬앙(讚仰)의 춤을 추듯 봄바람에 나부끼고 있다.

가는 바람이 이 강물을 스칠 때마다 봄빛에 번쩍이는 잔물결은 강변의 쪽배를 유혹하는 듯!

춘궁(春窮)에 울던 토막민의 애달픈 소리도 이제는 찾을 수 없으니 한강수의 봄소식은 무엇을 상징(象徵)함일까?

해마다 사람을 울리니 비애(悲哀)의 상징일까?-젊은이의 활무대(活舞臺)이니 자유의 상징일까? 북한산 밑 토막민을 바라보니 단장(斷腸)의 호소인가? 알 바이 없으니 내 가슴만 답답.

[3] 광화문

쫓김의 선구자 광화문에도 봄빛이 내려 쪼인다. 전날의 영화를 추상(追想)하면서 감개의 가슴을 안고 그는 봄빛을 맞이하고 있다. 세인은 "봄"을 말하여 갱생(更生)의 시즌68)이라고 한다.

-그러나 광화문이 맞이하는 그 봄은 오직 감개와 회억(懷憶)을 더할 뿐이다. 긴 한숨과 쓰린 눈물을 퍼부으면서69) 뒤로 앞으로 호소하되 듣는 이 말하는 이 하나도 없으니 오! 광화문 봄은 오고 또 가도…….

아하! 인왕산(仁旺山) 허리를 감도는 한 줄기 바람이 광화문을 스쳐 무한계(無限界)로 사라질 뿐이다.

[4] 교외(敎外)의 봄

___

68) 원문은 '씨이즌',
69) 원문은 '퍼부면서'.

교외의 봄소식은 산등성이에서 나물을 캐는 처녀의 빨간 댕기에서 보다도-잔잔한 시냇물가에서 맑은 물에 빨래하는 표모(漂母)의 방망이 소리로부터 전하여진다.

　수양버들이 실 같이 늘어지고 잔디풍은 파랗게 싹트고 있다.-그러나 이 맑고도 깨끗하며 귀여운 교외의 봄빛도 행락지(行樂地)로 달리는 자동차일래 무참히도 먼지와 가솔린70) 냄새에 짓밟히고 마는구나.

　[5] 탑골 공원(塔洞公園)

　한양의 봄빛을 그리고 말하는데 탑골 공원을 빼놓을 수는 없다. 그는 우리 한양인이 늘 보며 서로 속삭이며 서로 고락을 하소연함이 오직71) 이 탑골 공원이기 때문이다……．

　이곳의 주인공인 십층탑에도 봄이 기어들기 시작한다.-세조(世祖) 십일년 봄-일대 위풍(威風)을 떨치며 그가 생기어난 지 사백 육십 육 년이라는 세월이 흐르니 이 해 이 봄이 역시 사백 육십 육 회째로 그를 찾아 든다. 이 봄을 맞는 그도 감개가 무량하려니와 보는 자도 또한 비통한 감회가 없지 않다.

　한때 영화롭던 과거도 꿈결같이 역사의 한 페이지만을 남기고는 이제는 종로 옆구리에서 이가 갈리는 듯한 교향(交響)과 코가 빠질 듯한 악취(惡臭) 속에서 장한(長恨)의 날을 보낼 뿐이니 이 봄이 아무리 정답게 그를 찾아 든대도 그는 아무런 쇼크를 받지 못한다.

(1932년 3월 13일~18일 동아일보)

---

70) 원문은 '까소린'.
71) 원문은 '오오직'.

경견(競犬)

신 영 철

개는 언제부터 사람과 친해졌는지 모르오. 하여간 개는 사람의 울타리 안에 있는 동물이요. 사람도 "진보"하고 개도 "진보"하나 보오. 벌써 한 달 전부터 한가람 모래터에는 개 경주회가 열리어 다리 위로 오가는 사람들의 주목을 끌었소. 전차에 잔뜩 통조림이 되어 매달려 다니는 우리 눈앞에 자못 특이한 광경이 열려지는 것이니 왜 호기심이 안 나겠소. 그러기에 전차가 이 경기장 보이는 앞에 이르면 사뭇 내다보느라고 애꿎은[72] 어린애와 부인네를 더 한층 아우성을 치게 만드오. 어느 날 무심히 모래터로 거닐던 나는 먼발치로 그곳에 모이는 사람들을 볼 수 있었소. 대개 한 마리씩 좋은 쇠사슬로 모가지를 매어 주인이 시늉만 하면 덮어놓고 뛰고 닫고 짖고 물고 참 볼 만하였소. 그런데 웬일인지 검은개와 누런개가 싸움을 시작하여 막 물어뜯어 입과 귀에서 피가 나오고 두 개의 주인은 서로서로 입에 침을 물고 응원을 하였소. "그놈의 개 목을 물어라……", "저 놈의 개 눈알을 빼라……", 이처럼 마치 개가 사람의 말을 다 잘 알아듣는 듯이 서로 욕설을 하며 팔을 내밀고 허리를 굽혔다 폈다 하며 호통을 쳤소.

그러던 판에 누런 놈이 그야말로 검은 놈의 목덜미를 물어뜯자 검은개는 슬픈 소리를 내고 쓰러지고[73] 누런 놈은 더욱 거세게 물었소.

바로 그때였소! 작대기[74]로 그 누런개 대가리를 으스러져라 패

---

72) 원문은 '애꾸진'.
73) 원문은 '쓰러 지고'.

는 사람이 있었소.

돌아서 보니 그는 검은개의 주인이었소. 이에 누런개의 주인은 대노하여, 주먹으로 검은개의 주인 턱을 쳐 받고 드디어 개싸움은 사람 싸움이 되었소.

참 우습고 딱한 일이요. 개는 개대로 싸우고 사람도 사람대로 때리고 치고 구경꾼들도 어이가 없어 말리지도 못했소.

한참 만에 두 사람의 싸움도 개싸움도 끝났소. 슬픈 노릇이요. 피 묻은 개와 사람! 나는 울고 싶었소. 외국인들은 카메라로 사진을 찍으며 웃었소. 나는 울고 싶었소.

흥망 승패를 모르는 듯이 한가람의 물굽이는 고요히 흐르고 있었소.

한숨에 섞여[75] 나온 노래 한 장.

> 서울이라 장안 만호
> 　　한가할 손 활량님네
> 한가람 모래터에
> 　　개싸움질 차려 놓고
> 날마다 개떼와 함께
> 　　뛰고 닫고 노누나.

싸움을 즐기는 무리여! 진실로 회개하라. 목숨을 겨누는 세월이여, 진실로 회개하라. 공의와 평화를 꺼리는 궤변이여, 소돔 고모라의 심판을 두려워할진저.

(1949년 1월 9일 자유신문)

---

74) 원문은 '작때기'.
75) 원문은 '섞겨'.

길

나의 소년 시절은 은빛 바다가 엿보이는 그 긴 언덕길을 어머니의 상여(喪輿)와 함께 꼬부라져 돌아갔다.

내 첫 사랑도 그 길 위에서 조약돌처럼 집었다가 조약돌처럼 잃어버렸다.

그래서 나는 푸른 하늘빛에 홀로 때 없이 그 길을 넘어 강가로 내려갔다가도 노을에 함북 자주 빛으로 젖어서 돌아오곤[76) 했다.

그 강가에는 봄이, 여름이, 가을이, 겨울이 나의 나이와 함께 여러 번 댕겨 갔다. 가마귀도 날아가고 두루미도 떠나간 다음에는 누런 모래둔과 그러고 어두운 내 마음이 남아서 몸서리쳤다.

그런 날은 항용 감기를 만나서 돌아와 앓았다.

할아버지도 언제 난지를 모른다는 마음 밖 그 굽은[77) 버드나무 밑에서 나는 지금도 돌아오지 않는 어머니 돌아오지 않는 계집애 돌아오지 않는 이야기가 돌아올 것만 같아 멍하니[78) 기다려본다. 그러면 어느새 어둠이 기어와서 내 뺨의 얼룩을 씻어 준다.

(1936년 3월 조광)

---

76) 원문은 '돌아오군'.
77) 원문은 '구븐'.
78) 원문은 '먼하니'.

목욕(沐浴)

목 욕 학 인

　나는 목욕하기를 대단히 좋아한다. 자리에서 일어나는 대로 오전 아홉 시를 맞추어 수건과 비누를 들고 나선다. 아침 기상하는 대로는 늦지마는 목욕 시간으로는 어지간히 이르다. 할머님께서 보시면 또 가느냐고 걱정이시고 아내에게 들키면 제발 조반이나 먹고 가라고 야단이다. 그러나 일요일과 야간 같은 사람 많은 때는 싫고 아침 일찍 조용할수록 좋다. 멸시(蔑視)할 사람이 있을는지도 모르지만 내가 어느 상사 회사(商事會社)를 사퇴(辭退)하고 나오게 된 중요한 원인의 한 가지로 출근 시간을 어기고 오전 중에 목욕하는 습관이 있기 때문이었다. 하여간 편안한 것 좋아하고 게으른 데는 고만이다.

　아무도 없는 것보다 한 사람이라도 먼저 온 손님이 있으면 그리 흡족(洽足)하지가[79] 않다. 제일착을 한 사람에게 대하여 야릇한 일종의 시기심(猜忌心)을 가지게 된다. 의복을 벗고 들어가서 욕조(浴槽)에다 몸을 담그려고[80] 하니까 "여보 이 양반 발 먼저 씻고 들어가슈" 이렇게 시비를 거는 분이 있었다. 이런 것은 누구나 일수 당하는 일이겠지마는 지금은 그 성질이 좀 다르다. 봐하니 먼저 오기는 했어도 아직 물에 들어가지는 않은 모양이다. 그러면 내가 나보다 먼저 와서 욕장을 점령하고 있는 사람을 반가워 안 하듯 이분 역시 자기보다 남이 먼저 욕조를 침입하는 것을 꺼리는[81] 것

---

79) 원문은 '흡족ㅎ지가'.
80) 원문은 '담글려고'.
81) 원문은 '끄리는'.

이 아닌가 아침 일찍 목욕하는데 남다른 재미를 붙이고 있는 사람들은 피차일반으로 괴벽(怪癖)을 가지고 있는 성싶다.

"댁이 무슨 관계란 말이요" 사실 나는 거의 매일 목욕을 하다시피 하므로 나의 발이 더러울 까닭이 없어 이렇게 강경 외교(强硬外交)로 일축(一蹴)을 하고는 물에 들어갔다. 사람마다 목욕하는 방법이 다 각각 다르지마는 처음 시작할 때에도 어떤 이는 발 먼저 씻고 가슴과 어깨에다 물부터 끼얹는 사람도 있다. 나는 다짜고짜로82) 우선 따뜻한 욕장에다 푹 몸을 담그고 있는 버릇이다.

보통 온탕욕(溫湯浴) 외에도 증기욕(蒸氣浴), 냉수욕(冷水浴), 우유욕(牛乳浴), 양유욕(羊乳浴), 온천욕 등이 있고 마호메트가 창정했다는 사욕(砂浴)이 있으며, 분란(芬蘭)과 노서아(露西亞)에서 시행되는 빙욕(氷浴)이 있다. 들으면 옛날 청국(淸國)에는 소아(小兒) 소변욕이라는 것이 있었다는데 이것은 최근 신문지상으로 보도되는 소위 "호르몬 요리"라는 것과 그 취의(趣意)를 같이하는 것으로 이를테면 호르몬 목욕이다.

호르몬이 포함된 식물을 먹는 대신 이것은 호르몬이 섞긴 액체를 가지고 몸을 씻는 것이다. 우리 조선에도 양기를 돕는다고 소아의 소변을 먹고 손길을 곱게 만든다고 요강에 두 손을 꼭 박고 배기는 여인네도 보았으나 과연 그렇게 신통한 효과가 있는지는 보증하기 어려울 일이다. 물론 우리가 현금 실행하고 또 가장 좋아하며 적당하기도 한 것은 온탕욕인데 이것도 온탕에다 냉수를 타서 사용하는 것과 순전히 온탕으로만 하는 터어키(土耳其)83)식의 두 가지가 있다.

---

82) 원문은 '닷자곳자로'.
83) 원문은 '토이기'.

제일 기후 관계로 우리의 생활에는 끽다(喫茶)[84]와 목욕의 풍속이 발전하지 않았다고 믿는다. 화창(和暢)한 조선의 기후는 이 땅에 사는 민족에게 이 두 가지의 것을 강요하지 않았다. 고유한 것으로 한증(汗蒸)을 들 수 있으나 이것도 전연 의료를 목적으로 하여 유습된 것이요, 요새 보는 공동 목욕장의 발달은 근래의 일이다. 우리가 매일 세수를 할 때마다 외국인에게 비하여 유난이 야단스럽게 두 팔과 목과 어깨를 씻는 습관도 결국은 그들보다 목욕을 자조 안하는 데서 연유된 것이라고 해석하는 사람이 있다. 완전히 수긍(首肯)할 수는 없으나 얼마쯤 그럴 듯한 말이다.

　물이 몹시 뜨거워도 나는 들어 갈 자신이 있다. 또 남보다 몇 배 오래 앉아 있을 수도 있다. 그러면 정신이 건하하여지는 것이 기분이 썩 좋다. 좀 더 참고 있으면 발한하기를 시작하는데 혈액중의 모든 불결한 것이 땀으로 되어 배출되는 신진대사(新陳代謝)의 현상이로구나 생각하면 또한 상쾌한 일이다. 나는 술 먹은 이튿날[85]이면 절대로 목욕을 하고야 배기는데 그러면 숙취(熟醉)로 말미암아 고생하는 것이 홱 풀리고 다시 정력이 회복되어 원고 같은 것도 쓸 수 있게 된다. 루이 11세는 전간병(癲癇病)을 고치기 위하여 목욕은 비단 피로를 없이해줄 뿐 아니라 중풍병, 신경통, 류마티스[86] 등에 유효하고 건강에 좋은 것은 말할 나위도 없다. 그러나 좋다고 마구 덤빌 것은 아니다. 뇌충혈(腦充血)과 심장마비(心臟痲痺)에 대하여서는 누구든지 주의할 필요가 있다.

　신체의 지방이 빠지고 오히려 몸에 해롭다 하여 완강히 목욕하

---

84) 원문은 '긱다'.
85) 원문은 '이튼날'.
86) 원문은 '류마치스'.

는 것을 거절하는 노인이 왕왕 나타난다. 단명 감수(減壽)해지는 것이라고 역설하는 분도 있다. 심지어는 머리털 몇 개 빠지는 것이 무서워서 반대하는 사람도 있고 몰락 도중의 소시민의 가정에 남의 앞에서 나체(裸體)가 되는 것을 대기(大忌)하여 아직도 목욕장엘 못 오는 부녀들이 있는데 물론 현대인들은 아니다. 피부가 한번도 온탕에 씻기워진 일이 없어서 때 두께가 시커멓게 앉아 있는 봉건 사회의 신사 숙녀들이시다. 중세기 구라파에서도 위생적으로나 풍기 상으로나 용서할 수 없는 것이라고 목욕을 비난한 일이 있지만 지금에는 이러한 우론이 깨끗이 세탁되어 있다.

생키비퀴의 쿼봐디스를 읽어 본 사람이면 로마 귀족들의 사저(私邸) 욕실이 얼마나 호화로웠다는 것을 잘 알고 있을 것이다. 소설을 안 읽었어도 최근 폭군 네로라는 제명으로 나온 영화를 보았으면 포피아황후의 목욕하던 그 요염하고 찬란한 장면만은 잘 기억될 것이다. 캬바네의 저작인 세계 목욕사라는 진기한 책에 의하면 네로의 황금궁의 이야기를 한 다음 카르카라 황제의 공동 목욕장은 이백 개의 대리석 원주(圓柱)로 장식되고 천 육백의 같은 대리석 의자가 배치되었으며 삼천 인이 동시에 입욕(入浴)할 수가 있게 되었다. 길이가 370m요, 넓이가 400m이다. 경기장, 유희실, 체육관의 설비가 갖추고 건축은 재료의 미와 장식의 미로 거기는 화려한 예술의 화원을 이루어 있다. 대리석, 청동, 조상(彫像), 모자이크[87] 등이 마음껏 낭비되어 있다. 지오구레시안 제(帝) 공동 욕장은 제일 웅대하고 호사한 것으로 옥조가 삼천이며 실로 일 만 팔천인이 동시에 목욕할 수 있게 된 것이다.

---

87) 원문은 '모사익'.

현대 중국인의 목욕장은 땀 흘리고 나와서 얼큰하게[88] 배갈 한 잔을 먹고 침대 위에 누어 한잠 잘 수 있다지만 이 시대 로마의 목욕탕에는 정원과 서재와 학교까지가 부속되어 있었으며 중세기 불란서에는 욕장에 음악 반주가 있었다 한다. 이러한 것을 우리의 자격에 맞추어 소규모로 모방해서 공중 목욕장을 하나 경영하면 돈벌이가 될 성싶다고 일전 박태원(朴泰遠)씨를 만나 그런 말을 했더니 씨는 보총(寶塚) 이야기를 하였다. 이것에 대하여는 나는 자세히 모른다. 당나라 궁정에도 어지간히 사치한 풍속이 있었던 것 같다. 화청궁의 향탕천(香湯泉)이니 어욕지(御浴池)니 하는 데는 사면 보석으로 뜰을 쌓았으며 문채 좋은 목제의 오리, 원앙새, 기러기 등을 띄워[89] 놓고 불시로 비빈들에게 목욕을 시키었다. 궁녀들이 선유하고 나면 금붙이, 은붙이의 장신구가 수도 구멍[90]에 모래[91] 같이 쌓여졌다 한다. 천보 십 년 안녹산(安祿山)의 생일날 양귀비(楊貴妃)는 호노(胡奴)와 함께 목욕을 하고 천하 난득의 비단으로 강보(襁褓)를 만들고는 그 속에다 안녹산이를 벌거벗겨서 눕혔다 재쳤다 했다고 二十一사(史) 제구 권에 적히어 있다. 현종(玄宗)이 들어오니까 귀비는 애교를 떨면서

"이것은 내가 낳은 자식이니까 목욕을 시켰습니다."

"간난[92] 애기를 그럼 이렇게 해 주어야죠."

"오오 녹아야, 녹아야" 현종은 간간 대소하면서 은 금 보화를 끼었었다는데 만약 이런 것을 연극으로나 영화로 한다면 먼저 말한

---

88) 원문은 '얼카하게'.
89) 원문은 '띄워'.
90) 원문은 '구먹'.
91) 원문은 '모새'.
92) 원문은 '갖난'

포피아황후의 목욕하는 장면 이상으로 화려하고 에로틱할 것이다. 흥행 가치 백 퍼센트다. 다비드왕은 목욕하는 것을 창으로 바라보고는 그 여인을 연모하게 되었다지만 사실 그럴는지 모른다. 등하 미인이니 뭐니 여러 가지 모에서 부인들의 아름다움을 말하나 나는 목욕장에서 갓나오는 여인들의 그 청초한 모양이 제일 마음에 든다.

건강에 유익할 뿐만 아니라 목욕은 빚쟁이를 피하는 데도 고만이다. 채권자(債權者)와의 여간 약속쯤은 집어먹어도 떡하니 욕탕에 와서 몸을 적시고 있으면 모든 것이 안심이다. 쫓아올 일도 없겠지마는 교활(狡猾)한 빚쟁이가 집사람에게 물어서 욕장에까지 따라 온대도 일없다. 가령 양복의 월부(月賦)를 받으러 왔을 경우이면 나는 실로 나체대로 나가서 서슴지 않고 한 일 개월 후에나 올 것을 명령한다.

하목 수석(夏目漱石)이가 "나는 고양이다."라는 유모어 소설 속에서 목욕하는 사람을 가리켜 현대의 아담이라는 말을 썼지만 문자대로 아담의 몇 천 대 몇 만 대 손자와 흡사할 이 벌거벗은 나체가 무슨 까닭으로 당장 양복의 가격을 책임져야 하느냐 말이다.

몸을 담그고 있다가 나와서 나는 마음껏 쉰다. 별별 공상을 다 해본다. 그리고는 제이차로 다시 들어가서 이번에는 가장 오랫동안을 땀을 흘리고 있다. 이렇게 세 번을 한 다음에야 나는 비로소 몸 씻기를 시작하는데 이때부터는 일사천리(一瀉千里)다. 이를 닦고 비누 거품을 뒤집어쓰고 냉수를 몸에 끼얹고 한 다음 머리와 얼굴을 씻는다.

"동양 사람들은 대개 수족과 신체를 먼저 씻고는 최후로 안면을 닦는다." 풍속사가 카바네가 이렇게 말하고 기이하다고 하였으나 할 수 없는 일이다.

의복을 입고 나면 욕후(浴後) 독특한 쾌감을 맛볼 수 있다. 보니까 타인의 습관을 무시하고 나에게 발을 먼저 씻고 욕조에 들어가라고 요구하던 친구도 벌써 옷을 입었다.

나는 대님도 안치고 고무신짝에 동저고리 바람주의이지만 이것이 가장 적당하고 안전할 것 같다. 주머니 속에 들어 있는 소지품도 도적맞기가 쉬우려니와 지능에 장한 절취범(窃取犯)은 남의 의복을 자기의 옷인 척하고는 입고 달아난다. 남루(襤褸)하기 짝이 없는 것을 남기어 놓고는 지갑과 시계 등이 들어 있는 채 남의 좋은 의복을 훔쳐 입고는 그 위에 있는 대로 타인의 외투를 입고 남의 모자를 쓰고 또 남의 구두까지를 신은 채 도주해 버리는 일이 발생한다. 그러면 이번에는 좋은 의복을 입고 욕장에 왔던 신사가 어쩔 수 없이 도적놈의 옷을 입고 거지꼴을 할 수밖에는 없게 된다.

동경 문단의 탐정 소설가 소율 충태랑(小栗虫太郎)의 출세작인 "완전 범죄"는 목욕실의 욕조 안에서 절명하게 만드는 살인 사건을 다룬 것이지만 도적질하는 외에도 욕장에는 이러한 전율(戰慄)할만한 많은 범죄 사실이 있다. 콘스탄친제와 마라가 욕 중에 암살된 것은 사상의 유명한 이야기요, 보험마(保險魔) 스미쓰의 손으로 된 무수한 신처(新妻)의 살해는 전 세계를 경악(驚愕)하게 한 일대 사건이다. 여자가 벌거벗고 욕조에 들어갔을 때쯤하여 그는 아내 앞으로 갔다. 수도의 고동을 틀어서 물 쏟아지는[93] 소리를 나게 하고는 키스나 하려는 것처럼 여자의 목을 잡아 다렸다. 그러나 그는 아내의 얼굴[94]을 눌러 온탕 속에다 박고는 완전히 호흡이

---

93) 원문은 '쏘다지는'.
94) 원문은 '얼골'.

끊어질95) 때까지 손을 놓지 않는다. 의사는 심장마비의 급사로 진단을 하고 그는 즉시 다대한 보험금(保險金)을 수중에 넣었다. 이러한 방법으로 피살된 여자가 무려(無慮) 일책(一冊)의 목록을 꾸밀 만큼 다수였고 그는 마침내 체포(逮捕)되어 사형 집행 전에 벌써 실신(失神)했다고 한다.

"불 좀 빌리십죠"

"네 여기 있습니다."

우리 오전 목욕당(沐浴黨)의 두 동지는 서로 불을 나누어 담배를 피웠다. 나는 그가 나보다 먼저 온 것을 좋아하지 않았고 그는 자기보다 내가 일찍 욕조에 들어가는 것을 싫어하여서 옥신각신하였지만 욕 후 담배를 일끽(一喫)하는 우화등선(羽化登仙)의 기분은 그러한 사소한 감정을 그야말로 연기같이 소멸시키었다. 담배 뿐 아니라 목욕하고 나서는 온갖 음식이 맛있다. 목노집에 가서 약주를 한 잔 해도 좋고 다방(茶房)에 가서 이상(李箱)씨의 문자대로 커피를 한 뚝배기96) 마셔도 훌륭하다. 그리고 집으로 돌아와 아내의 눈총을 맞으며 몇 시간씩 놓아두게 하였던 조반을 늦게 서야 먹고 앉아 있는 것도 보통 때에는 없는 별미이다.

(1936. 9. 조선일보)

---

95) 원문은 '끊칠'.
96) 원문은 '툭배기'.

경추(驚秋)

신 영 철

맑은 바람이 좌우로 오니 나그네 뜻에 하마 가을인가 놀라노라.
깃이 하니 물새 싸우고97) 잎이 칙칙하니 우는 매미98) 하도다.

(淸風左右至 客意已驚秋. 巢多衆鳥鬪, 葉密鳴蟬稠)

(杜詩諺解 卄二)

어허! 가을이로구나! 풀숲의 벌레는 새도록 임을 불러 지칠 줄
모르고 다시 차는 달빛은 또 한 해 가위로다.

봄풀에 졸던99) 다사로운 꿈을 버텅(階)앞 바람소리에 놀라니 주
희(朱熹)와 더불어 배움의 이루기 어려움을 탄식할 손가.

굽이돌아 흐르는 한강의 물줄기 하늘로 함께 한빛으로 이으니
외로운 따오기의 날개와 잠자리100) 꿈의 엷음을 읊조려 왕발(王勃)
로 더불어 등왕각(藤王閣)을 찾을 것이뇨.

이슥 깊어 고요 잠드는 한밤에 고추 앉아 서늘한 마음을 어루만
지니 나그네의 허술한 거문고를 가득 찬 달빛에 뉘로 더불어 노래
하려노.

내 소부(巢父)와 허유(許由) 아니어든 기산(箕山) 영수(潁水) 별건곤
(別乾坤)이 어디인 줄 찾을 길 있으며, 내 태백(太白)이 아니어든 채
석강중(采石江中)에 두주(斗酒)를 빗기 띄우고 파주문월(把酒問月)하
여 푸른 하늘에 달이 뜬 지 몇 세월임을 노래할 길 있으랴.

하물며 임술(壬戌)의 가을 칠월도 아니거니 저 교아(驕兒) 소식(蘇

---

97) 원문은 '사호고'.
98) 원문은 '매아미'.
99) 원문은 '조을던'.
100)　　원문은 '짬자리'.

326

軾)의 적벽유(赤壁遊)를 부러함이 있을까보냐.[101]

어허! 가을이로구나! 흘러드는 산들바람결은 인생의 시름을 풀어주고자 함인가, 풍진 세월에 낡아가는 마음의 시위를 튀기어 아름다운 노을에 물드는 깁구름 넘어 신기루(蜃氣樓)를 그리라 함인가.

한무제(漢武帝) 아니어니 추풍부(秋風賦)를 뉘 부르며 구양수(歐陽修) 아니어니 추성부(秋聲賦)를 뉘 부르랴.

서화담(徐花潭) 아니어니 행여 긴가 바랄 임도 없고 황진이(黃眞伊) 아니어니 공산 명월에 잡을 임도 없구나!

한가위 송편 빚어 조상의 무덤을 찾는 이 나라의 가을이매 고향산 잔디 푸른 어버이 산소를 그려 눈물짐인가.

어허! 가을이로구나! 한산섬(閑山島) 찬 기러기떼 높이 날던 가을밤 이 통제(李統制) 우심 전전(憂心輾轉)하던 가을이로구나.

"통곡 관산월(痛哭關山月)하니 처량 압수풍(凄凉鴨水風)이라" 선조(宣祖)의 탄식한 가을이로구나. 내 이미 나그네 되었거니 술과 달이 무슨[102] 인연이며 나라가 두 갈래 되었거니 잔월(殘月)이 비췰 궁도(弓刀)인들 떳떳하랴.[103]

호화로운 겨레들이야 철 따라 즐기기도 호강스러우련만 찬 이슬 맺히는 듯 서늘바람 일기도 무섭게 가슴 설레는 헐벗은 우리에게는 눈물어린 두보(杜甫)의 글귀[104]만이 뇌까려지는구나!

"맑은 바람이 좌우로 오니 하마 가을인가 놀라노라.

깃이 하니 물새 싸우고 잎이 칙칙하니 우는 매미 하도다."

(1947. 10. 1. 한성일보)

---

101) 원문은 '있을까부냐'.
102) 원문은 '무삼'.
103) 원문은 '떠떳하랴'.
104) 원문은 '귀글'.

허탈(虛脫)의 가을

박 영 준

식구 하나가 죽은 뒤의 방이 넓어만 보이듯 가을 하늘은 어째 높기만 해 보일까요.

어두운 방안에서 성냥불을 켜는 순간처럼 가을 달은 어째서 그렇게도 밝아만 보이는 것일까요.

그 소란스러운 서울 한 복판에서도 가로수(街路樹) 한 잎이 떨어지면 스르륵하고 그 떨어지는 소리가 들리는 듯 가을은 왜 그리 조용하기만 한지를 모르겠습니다. 정말 모를 일입니다.

지난 일요일 회사 직원들과 같이 불암산(佛岩山)에 놀러 갔었습니다. 기차에서 내리어 들길로 배나무 밭과 작은 동네를 지나며 걸었습니다. 비가 온 뒤라서 그런지 시골길이 어쩌면 그렇게도 정갈하겠습니까. 헌 구둣발로 밟기가 아까울 정도였습니다. 그러한 길에서 보이는 산과 들이 열병을 앓고 털이 빠진 사람의 머리처럼 엉성했지만, 그 엉성한 것이 꼭 허탈한 사람의 마음처럼 고즈넉하게만 보이었습니다.

과실이라고 한 알도 남아 있지 않고, 누더기 옷처럼 누래빠진 잎사귀만이 군데군데 붙어 있는 배나무에도 아무런 의욕(意慾)이 있는 것 같지가 않았습니다. 그 역시 허탈 그것이었습니다.

조그마한 동네는 어째 그렇게도 고요할까요.

어리었을 때 살던 고향 시골에는 낯선 사람 하나만 보여도 온 동네 개가 한꺼번에 짖곤 했는데, 개소리 하나 들리지 않습니다. 다들 어디로 나갔는지 마당에서 붉은 고추를 너는 부인네밖에는 사람 그림자도 보이지 않았습니다. 고향 뒷산에서 큰 소리를 치면,

그 꼭대기에 꽂힌 측량대에 귀신들이 나와 재주를 넘는다던 옛날 이야기가 생각났습니다. 정말 누구의 이름을 부르면 그 사람이 눈앞에 걸어 나올 것만 같은 고즈넉한 산이었고 물이었고 또 마을이었습니다.

마을을 지나고 들을 지나 불암산에 오르니 흐르는 물의 맑기란 어떻겠습니까. 만주(滿洲)에서 들로 나가기만 하면 무엇보다도 그리워하던 고향의 맑은 물 그것이었습니다.

어찌 그 깨끗한 물에 내 땀내 나는 더러운 손을 씻을 수 있었겠습니까. 그 흐르는 물이 졸졸 소리를 내고 있습니다마는 무서움을 느낄 만큼 조용한 산비탈에서 물소리는 조용함에 화하여 땅속으로 젖어 들어가는 것만 같습니다. 커다란 바위들이 처처에서 절벽을 이루었습니다마는 불광사(佛光寺) 위 산꼭대기에는 암자(庵子)가 있을 만큼 으슥한 숲도 있습니다. 바위가 침묵과 나무들의 묵상(黙想)이 정말 가을을 생각하며 일부러 입을 다문 것처럼 보인 것은 이것이 처음이었습니다. 일부러 그러지 않고야 어떻게 그리 조용할 수가 있겠습니까. 그래서 그런지 나는 나도 모르게 자꾸만 높은 데로 올라가고 싶었습니다.

천수암(泉水岩)으로 올라가는 비탈길은 가파르기 짝이 없었습니다. 하나하나 돌을 고이어 쌓아 올린 것이 흡사 사다리 같았습니다.

한 걸음 발을 뗄 때마다 숨이 가쁜 것 같았습니다마는 그래도 끝까지 오르고 싶은 마음에 몸은 가벼워지는 것 같았습니다. 좀더 높게 좀 더 넓게 고요함을 맛보고 싶은 때문이었을까요.

단숨에 암자까지 올랐습니다. 목도 마른 줄 몰랐습니다. 그러나 암자도 지나 평평한 바위 위에 이르기을 때 나는 그만 거기에 주저앉고야 말았습니다. 눈앞에 나타난 풍경 전부가 고요한 허탈 속에 잠기어 있었습니다. 더 볼 것도 더 느낄 것도 없었습니다. 다만 바위와 더불어 화석(化石)이 되어버리고 싶으리만큼 돌을 부둥켜 안으려고만 했습니다. 나는 가을의 허탈의 화신(化身)이 되고 말았 습니다. 무엇을 생각했겠습니까. 무슨 바랄 것이 있었겠습니까. 아 무 것도 없었습니다. 가을과 더불어 허탈이 있었을 뿐입니다.

그러나 오래지 않아 호각의 집합 소리가 들리었습니다. 올랐던 길을 도로 내리지 않을 수 없었습니다. 나도 화석이 채 못 되고 서 울로 내려왔습니다마는 그래도 창 밖에서 떨어지는 낙엽을 보기 만 하면 그때 그 바위 위에 누어 허탈했던 마음을 돌이키어보고 있습니다. 그러고는 가을 하늘은 어째 높게 보이고 가을 달은 어 째서 유달리 밝게 보일까 하는 생각을 되풀이하고 있습니다.

(1949. 10. 1. 서울신문)

낙엽을 태우면서

☆ 이 효 석

가을이 깊어지면 나는 거의 매일과 같이 뜰의 낙엽을 긁어모으 지 않으면 안 된다. 날마다 하는 일이건만, 낙엽은 어느덧 나르고 떨어져서 또다시 쌓이는 것이다. 낙엽이란 참으로 이 세상의 사람 수효보다 많은가보다. 삼십여 평에 차지 못하는 뜰이건만 날마다 의 시중이 조련하지[105] 않다. 벚나무, 능금나무―제일 귀찮은 것이 벽의 담장이다. 담장이란 여름 한 철 벽을 온통 들여싸고 지붕과

---

[105] 원문은 '조련ㅎ지'.

연돌의 붉은 빛만을 남기고 집안을 통째로[106] 초록의 세상으로 변해 줄 때가 아름다운 것이지 잎을 다 떨어뜨리고 앙상하게 드러난 벽에 메마른[107] 줄기를 그물 같이 둘러칠 때쯤에는 벌써 다시 지릅떠 볼 값조차 없는 것이다. 귀찮은 것이 그 낙엽이다. 가령 벗나무 잎같이 신선하게 단풍이 드는 것도 아니요. 처음부터 칙칙한 색으로 물들어 재치 없는 그 넓은 잎이 지름길 위에 떨어져 비라도 맞고 나면 지저분하게 흙속에 묻혀지는 까닭에 아무래도 날아 떨어지는 족족[108] 그 뒷시중을 해야 된다.

벗나무 아래 긁어 모은 낙엽의 산더미[109]를 모으고 불을 붙이면 속엣 것부터 푸슥푸슥 타기 시작해서 가는 연기가 피어오르고 바람이나 없는 날이면 그 연기가 얕게 드리워서 어느덧 뜰 안에 가득히 담겨진다. 낙엽 타는 냄새같이 좋은 것이 있을까. 갓[110] 볶아 낸 커피의 냄새가 난다. 잘 익은, 개금 냄새가 난다. 갈퀴를 손에 들고는 어느 때까지든지 연기 속에 우뚝 서서 타서 흩어지는 낙엽의 산더미를 바라보며 향기로운 냄새를 맡고 있노라면 별안간[111] 맹렬(猛烈)한 생활의 의욕(意慾)을 느끼게 된다. 연기는 몸에 배서 어느 결엔지 옷자락과 손등에서도 냄새가 나게 된다.

나는 그 냄새를 한없이 사랑하면서 즐거운 생활감에 잠겨서는 새삼스럽게 생활의 제목을 진귀한 것으로 머릿속에 띄운다. 음영(陰影)과 윤택(潤澤)과 색채(色彩)가 빈곤해지고 초록이 전혀 그 자취를 감추어버린 꿈을 잃은 헌칠한[112] 뜰 복판에 서서 꿈의 껍질인

---

106) 원문은 '통채로'.
107) 원문은 '매마른'.
108) 원문은 '쪽쪽'.
109) 원문은 '산데미'.
110) 원문은 '가주'.
111) 원문은 '벼란간'.

낙엽을 태우면서 오로지 생활의 상념(想念)에 잠기는 것이다. 가난한 벌거숭이의 뜰은 벌써 꿈을 배이기에는 적당하지 않은 탓일까. 화려(華麗)한 초록의 기억은 참으로 멀리 까마아득하게 사라져버렸다. 벌써 추억에 잠기고 감상(感傷)에 젖어서는 안 된다.

가을은 생활의 시절이다. 나는 화단(花壇)의 뒷자리를 깊게 파고 다 타버린 낙엽의 재를—죽어버린 꿈의 시체를—땅속 깊이 파묻고 엄연(嚴然)한 생활의 자세(姿勢)로 돌아서지 않으면 안 된다. 이야기 속의 소년같이 용감해지지 않으면 안 된다.

전에 없이 손수 목욕물을 긷고 혼자 불을 지피게 되는 것도 물론 이런 감격에서부터이다. 호오스 목욕통에 물을 대는 것도 즐겁거니와 고생스럽게 눈물을 흘리면서 조그만 아궁으로 나무를 태우는 것도 기쁘다. 어두컴컴한[113] 부엌에 웅크리고 앉아서 새빨갛게 피어오르는 불꽃을 어린 아이의 감동을 가지고 바라본다. 어둠을 배경(背景)으로 하고 새빨갛게 타오르는 불은 그 무슨 신성(神聖)하고 신령스런 물건 같다. 얼굴을 붉게 태우면서 긴장된 자세로 웅크리고 있는 내 꼴은 흡사 그 귀중한 선물을 프로메테우스[114]에게서 막 받았을 때의 그 태곳적 원시의 그것과 같을는지 모른다.

나는 새삼스럽게 마음속으로 불의 덕을 찬미(讚美)하면서 신화 속 영웅(英雄)에게 감사의 마음을 바친다. 좀 있으면 목욕실에는 자욱하게 김이 오른다. 안개 같은 바다의 복판에 잠겼다는 듯이 동화의 감정으로 마음을 장식(裝飾)하면서 목욕 물속에 전신을 깊숙이[115] 잠글 때, 바로 천국에 있는 듯한 느낌이 난다. 지상 천국

---

112) 원문은 '헌출한'.
113) 원문은 '어둠컴컴한'.
114) 원문은 '프로메듀스'.
115) 원문은 '프로메듀스'.

은 별다른 곳이 아니라 늘 들어가는 집안의 목욕실이 바로 그것인 것이다. 사람은 물에서 나서 결국 물속에서 천국을 구하는 것이 아닐까.

물과 불과-이 두 가지 속에 생활은 요약(要約)된다. 시절의 의욕(意慾)이 가장 강열(强烈)하게 나타나는 것은 이 두 가지에 있어서다. 어느 시절이나 다 같은 것이기는 하나 가을부터의 절기(節氣)가 가장 생활적인 까닭은 무엇보다도 이 두 가지의 원소의 즐거운 인상 위에 서기 때문이다. 난로(煖爐)는 새빨갛게 타야하고 화로(火爐)의 숯불은 이글이글 피어야 하고, 주전자의 물은 펄펄 끓어야 된다. 백화점(百貨店) 아래층에서 커피의 알을 찧어가지고는 그대로 가방 속에 넣어가지고 전차 속에서 진한 향기를 맡으면서 집으로 돌아온다. 그러는 내 모양을 어린애답다고 생각하면서 그 생각을 또 즐기면서 이것이 생활이라고 느끼는 것이다.

싸늘한 넓은 방에서 차를 마시면서 그제까지 생각하는 것이 생활의 생각이다. 벌써 쓸모 적어진 침대에는 더운 물통을 여러 개 넣을 궁리를 하고 방구석에는 올 겨울에도 또 "크리스마스 튜리"[116]를 세우고 색정기로 장식할 것을 생각하고 눈이 오면 스키[117]를 시작해볼까 하고 계획(計劃)도 해보군 한다. 이런 공연한 생각을 할 때만은 근심과 걱정도 어디론지 사라져 버린다. 책과 씨름하고 원고지 앞에서 궁싯거리던 그 같은 서재(書齋)에서 개운한 마음으로 이런 생각에 잠기는 것은 참으로 유쾌한 일이다.

책상 앞에 붙은 채 별일 없으면서도 쉴 새 없이 궁싯거리고 생각하고 괴로워하고 하면서 생활의 일이라면 촌음(寸陰)을 아끼고

---

116) 원문은 '크리스마스 튜리'.
117) 원문은 '스키이'.

가령 뜰을 정리하는 것도 소비적이니 비생산적이니 하고 멸시(蔑
視)하던 것이 도리어 그런 생활적 사사(些事)에 창조적 생산적인 뜻
을 발견하게 된 것은 대체 무슨 까닭일까.

시절의 탓일까.118) 깊어가는 가을이 벌거숭이의 뜰이 한층 산
보람을 느끼게 하는 탓일까.

한야월(寒夜月)

야   월   학   인

"사람들에게 향하여
　나는 왜
　나의 애인에게 대한 이야기를 함부로 지꺼렸던가?

　그것은 마치
　다시없을 보석을 하나 둘
　나누어 주는 것과 같다.
　나는 나의 애인을 무인도로 끌고 가야만 하겠다."

퍽 유치한 것이나마 나의 시집 속에는 "후회"라는 이러한 시 한
편이 있다.

"신동아" 사월 호의 "춘소(春宵)로만스"에서 나는 "봄밤과 처녀"
라는 제목으로 나의 연애와 애인에게 대한 이야기를 썼고 위의 시

---

118) 원문은 '탓일가'.

와 같이 그런 의미의 후회도 하였다. 그러나 지금에 "한야월"이란 글을 쓸 때 나는 또다시 나의 사랑과 연인의 이야기를 계속하려고 한다. 지껄이고[119] 나서 무슨 큰 손해나 당한 것처럼 또는 귀중(貴重)한 물건을 없애고 난 때같이 안타까운 후회가 올 것도 잘 안다.

그러나 내 가슴 속에는 그런 게 가지가지의 사랑의 이야기가 가득 차 있고 나는 그것을 하나씩 둘씩 사람들 앞에 내어놓고 싶으며 만약 그것을 제쳐 놓고 나면 나는 아무 재료[120]와 감흥(感興)도 갖고 있지 않은 것이다.

×   ×   ×

날씨는 날마다 춥고 달은 밤마다 밝고 나는 끊임없이 그이의 집엘 찾아 갔다. 지난봄에는 그 집 대문까지 와서 "노크"[121]를 하려다가도

"사랑하는 그 처녀가 나와서 나를 만나면 나의 심장(心臟)은 터질 것 같다. 심장이 폭발을 해가지고 이 봄밤을 빨갛게[122] 물들여 놓고 암만해도 큰 일이 날 것 같다!"

하는 염려가 들어서 꾹 참고 쥐였던 주먹을 스르르 펴서 문 밖으로 대문짝을 가만히 어루만지고만 돌아오고 돌아오고 하였다.

그러던 것이 지금에는-그 염려스럽던 대문간이[123] 고마웁게도 우리의 속삭거리는[124] 무대가 되어 주었다.

이슥한 가을밤의

찬 바람과

---

119) 원문은 '지꺼리고'.
120) 원문은 '제료'.
121) 원문은 '녹크'.
122) 원문은 '빨갛아게'.
123) 원문은 '대문깐'.
124) 원문은 '속삭어리는'.

밝은 달

현실의 그림자 같은 현실 속에서는 바람은 달과 같고 달은 바람과 같았다. 그 정경(情景)은 또 구성되어 무대면을 연상시키게 하는 것이며 그윽하고 창백한 배경이어서 달빛은 바람처럼 쌀쌀하였고 바람은 달빛처럼 밝았다. 우리들의 "한야월"에 대한 몽롱(朦朧)한 인상(印象)이다.

왜 대문간에서 덜덜125) 떨고 있었느냐고? 그것은 나와 똑같이 나의 애인의 집도 빈한(貧寒)한 탓이다. 매일같이 내가 그를 찾아가도 우리 두 사람에게는 매일같이 따뜻하고 조용한 방 한 간의 무대가 없었다. 나를 환영하여 주는 그이의 여러 가족과 함께 놀고 있다가 나는 일어섰다.126)

"고만 가겠습니다!"

"아이, 더 놀다 가시죠!"

"아뇨, 가봐야죠!"

"가시겠어요?"

이렇게 문답을 한 후 나의 뒤를 따라 나의 애인은 대문간까지 배웅을 나온 채 좌우 두 대문짝을 닫아걸고 우리는 서로 손목을 붙잡은 채로127) 서서 쌀쌀한 한야월 앞에 고만 결빙(結氷)이 되고 마는 것이다.

"추시죠?"

"아뇨?"

"저는 몸이 떨리는데요!"

---

125) 원문은 '들들'.
126) 원문은 '이러섰다.'
127) 원문은 '부짭은채로'.

"에 구!"

한 번은 양복 저고리를 벗어서 그의 어깨를 싸주고 나는 춥지 않은 척 뻐긴 때도 있었다. 우리들이 그렇게 오래도록 서서 이야기를 하고 있는 것이 앞서 말한 바와 같이 늦은 가을밤이 춥지 않아서 그런 것도 아니고 달이 하도[128] 좋아서 그것을 구경하기 위함도 아니다.

"내년 봄에 결혼하기로 하죠!"

"그래요!"

"봄! 그렇지 못하면 가을!"

"꼭요."

부모님들에게 우리들의 연애를 피력(披瀝)하고 찬성을 구하였을 때 양편에서 거의 다 허락(許諾)을 하고 오직 나의 할머님 한 분이 연애결혼 반대를 내세우셨다. 나는 구변과 노력을 다하였으나, 끝내에는 단념(斷念)을 하고 나의 열성으로 만모형(滿鉾形)의 "엥게이지 링"을 사다가 나는 애인의 손가락에 곱게 끼워주었던 것이다. 할머니에게 모든 경제적 수단이 쥐어져있고 나는 적수공권(赤手空拳)이며 그이의 집 또한 가난한 것이다.

"우리의 힘으로만 살아가십시다."

"네!"

"최선(最善)을 다해서"

"네"

서로 굳은 맹세만 거듭하는 우리는 초조(焦燥)하지 않을 수 없고 거기에 비하여 달밤의 정경(情景) 그것은 너무나 유연(悠然)하기만

---

128) 원문은 '하두'.

하였다. 한 시, 두 시 "타임"은 흐르건만 그것은 손톱만치도 변동을 모르는 것 같았다.

쌀쌀한 바람이 품속으로 기어들고 얼굴이 환하게 웃으며 "상조래(相照來)"하고 있는 명월 그것은 분명히 우리 두 사람을 바라보고 있는 것이다. 만약 내가 혼자서 달을 보고 있으면 사랑하는 사람이 생각나고 사랑하는 사람과 저 달을 같이 바라보았으면 하고 안타까워 할 것이라는 생각이 나서 나는 애인에게 향하여 달의 존재와 그 밝고 아름다움을 주의시켰다. 그리고 그가 그것을 바라볼 때 나도 똑같이 바라보는 것이다. 그 순간의 행복!

"똥그랗구먼요!"

"네!"

"치우시죠?"

"아니요"

판장 밑으로는 늦게 피인 황국(黃菊)들이 달빛을 받아가지고 창백(蒼白)한 향기를 뿜으며 있었다. 가서 들여다보면[129] 대지의 찬 기운이 꽃내음새와 함께 후끈[130] 끼쳐오르고 꽃잎들은 이슥한 밤을 졸지도 않고 활짝 피어져있는 것이다.

우리들은 추위에 입술이 파래져 가지고 그이는 나에게 몸 건강할 것과 공부 열심히 할 것과 목적을 위하여 용진(勇進)할 것을 간절히 부탁하고 나는 그에게 향하여 역시 몸조심할 것과 책 읽을 것과 될 수 있는 대로는 성인과 같이 마음을 착하게 만들자는 말을 하고 헤어져 나왔다. 나의 손에는 그가 손수 꺾어 준 황국 몇 송이가 쥐어져 있었다.

---

129) 원문은 '드려다보면'.
130) 원문은 '훅근'.

×　×　×

길에는 사람의 모양이 안보이며 집집에서는 말소리도 들리지 않고 나의 돌아오는 길은 한껏 고요하였다.

치어다 보면 역시 외로운 길을 가고 있는 한야월이 추운 듯 새파란 입김을 무지개처럼 토하며 있고 나의 뒤로는 길다란 그림자가 따르고 있었다.

나의 등 뒤와 마찬가지로 달의 등 뒤에도 달의 검은 그림자가 길게 뻗쳐[131] 있을 것이다. 그러나 달빛은 언제나 나의 이마빼기[132]를 비춰고 나는 달의 뒷모양을 볼 수 없으니 또 한 달의 그림자를 볼 수 없는 것이다.

나는 집으로 돌아올 때까지 애인과 속삭거리며 서로 축복하고 서로 격려한 것을 되풀이한다. 한 처녀가 나를 사랑하고 신뢰(信賴)하며 나의 가슴에 안기어 주는 것을 생각하면 나는 꿈과 같이 행복스럽고 내가 한껏 화려(華麗)되어 있구나.

생각되매 꿈같이 행복스럽기만 한 것이 아니라 지금 이것이 그냥 가장 아름다운 꿈이 아닌가 취하고 마는 것이다.

그리고 순결한 그이의 머리를 애무(愛撫)하여 주는 나의 손과 마음은 깨끗해야 한다고 스스로 나를 격려한다. 그러나 "훌륭한 사람"이라는 이 개념은 결코 세상의 흔한 성공자 그것을 지칭(指稱)함이 아니다. 그리고 나는 훌륭한 사람뿐만 아니라 또한 사업적으로 성공하는 사람이 되기를 결심하는 것이다.

조금 지나면 이 쌀쌀한 밤은 더욱 추워지고 저 우울(憂鬱)한 달님은 이제[133] 입을 하늘만큼[134] 크게 버리고 푸른 향기 대신 솜

---

131) 원문은 '뻐쳐'.
132) 원문은 '이마빠기'.

같은 눈송이를 품을 절기(節期)가 올 것을 고요한 이 밤에 나는 생각하고 있다.

그것은 아무리 "타임"이 흘러도 여전히 유연 자약(悠然自若)하기만 하고 변동이 없는 것 같이 보이는 한야월의 정경에 커다란 변동이 일어 날 때 곧 실현이 될 현실인 것이다. 지난날의 경험으로 그러한 절기의 기억을 되풀이하며 만일에 고요한 밤과 밝은 저 달이 대지 위에 백설로 가득한 은세계를 꾸미어 놓는 그러한 기적(奇蹟)을 실행할 때에는 나도 그것에 지지 않고 기적과 같은 큰일을 나의 사랑과 생활의 위에 이루지 못하면 안 될 것이다.

그렇게 되면 변함없는 우리의 밤마다 만나는 대문간의 무대와 구성파의 배경에도 큰 변동이 있을 것이다.

창백한 한야월

그리고 "센티멘탈"한 우리의 연애!

장절(壯絶)한 백설의 세계

그리고 따뜻한 사랑의 궁전!

달이 무슨 환상(幻想)을 하고 있기 때문에 달밤이 꿈같이 흐린 것이다. 나도 그 속에서 이러한 흩어진 몽상을 하며 취한 사람처럼 거닐고 있었다.

(1933년 11월 11일 신동아)

---

133) 원문은 '인제'.
134) 원문은 '하늘만티'.

눈이여 내리소서

신 영 철

눈이여-내리소서, 펄펄 날려 덮이소서. 찬 바람소리 창에 우는 이 밤 희미한 등불을 돋우며 고추 앉아 나는 "눈이여-내리소서" 비는 것이다. 거리에 찬 헐벗은 겨레들은 무너진 땅굴도 없어 아예 추울세라 하늘만 바라보거든 도리어 눈 내리기를 비는 마음 쌀쌀하고 모정하기도 하다만서도 그래도 눈 내리기를 빌지 않을 수 없는 슬픈 심정이로구나.

눈이여, 내리소서. 펄펄 날려 덮이소서. 산과 들, 언덕과 시내 온갖 만상을 오로지 맑고 깨끗한 눈꽃으로만 새로 피게 하소서. 하늘 가득 송이송이 쏟아지는 눈꽃을 바라보며 고요히 생각의 실마리 달래나보자.

눈 내리는 새벽이면 어린 시절을 생각한다. 대썰매 끌고 뛰며 봉의산 아래 언덕길을 얼음판[135]같이 만들어 놓고 아낙네들 물동이야 깨어지건 말거나 자동차 바퀴가 헛바퀴질을 하거나 말거나 "호사스러운" 썰매놀이에만 정신 빠졌다가 칼자루 소리만 나면 질겁을 하고 숨었었다.

어제런듯 하다만도 그날은 갔다. 그 새벽 피었다 사라진 눈꽃처럼 흘러간 세월도 다시는 오지 않는다.

눈 내리는 아침이면 매화를 생각한다. 흰 눈이 뜰 앞 소나무에 꽃을 피운 수춘 산방 초가집이라도 방안에는 향기 그윽한 흰매화 붉은 매화가 다정하게 웃었었다. 아버지는 특히 이 매화를 좋아하

---

135) 원문은 '어름판'.

시고 나도 그 향기와 멋을 사랑하였다.

눈 내리는 한낮이면 어버이를 생각한다. 두 자식을 왜놈 감옥에 빼앗기고 아버지 병은 더하셨다. 삼 년 뒤 자식이 돌아왔을 때 눈 쌓인 무덤 위엔 찬바람이 통곡할 뿐이었다.

눈 내리는 저녁이면 인생무상을 생각한다.

한 송이 눈 같은 목숨을 생각한다. 남기고 가신 한 떨기 매화 지니지 못한 가슴 해마다 슬픈 겨울은 뼈저린 상처를 건드린다.

눈이여, 내리소서, 펄펄 날려 쌓이소서. 눈 오는 밤이면 무엇을 생각할꼬……. 돈? 사랑? 부귀? 권세? 명예? 아니다. 눈 오는 밤이면 "평화의 종소리"를 생각하는 것이다. 나는 지금 뜨거운 눈물을 흘리며 눈 내리기를 비는 것이다.

눈이여, 내리소서, 펄펄 날려 덮이소서.

온 땅덩이 한 줄기 한 아담의 자손이 흘리는 붉은 피를 덮으소서. 수 없는 억울한 목숨 쓸어진 나라와 마을 기막힌 자취를 가리소서.

"해방"의 기쁨과 "독립"의 보람을 누리지 못하고 한 줌 흙으로 한 오리 연기로 사라진 생명들이여, 한 송이의 꽃다발도 한 모금 물도 받아보지 못하고 세상을 하직한 원통한 겨레들의 넋이여!

온갖 사바 세상의 희로애락 흥망성쇠를 승화하여 송이송이 눈꽃 되어 이 지구의 피의 자취를 가려 덮으라-.

눈이여, 내리소서, 펄펄 날려 덮이소서!

삼천만 원수의 38경계를 푹푹 묻어 몰아 덮고 한 겨레 한 나라 흰옷 입은 흰 백성 한 하늘 한 줄기 피로 엉기어지라!

한숨이여, 눈물이여, 승화되어 눈꽃피라.

눈이여, 내리소서, 펄펄 날려 덮이소서!

(1949년 1월 자유신문)

춘설(春雪)

신 영 철

눈이 내렸소. 추우면 떨릴 줄 알면서도 눈 내리기를 빌었더니 새봄 들자 퍼얼퍼얼 흰 눈이 깔렸소.

개나리가 피었느니 벚꽃이 옴치느니 괴후를 탄식하더니 매운 바람이 불고 나뭇가지마다 흰 눈이 제철을 자랑하는 듯 피었소.

명수대 언덕에 오래간만에 올라섰소. 한강은 그대로 푸르게 흐르오. 빈 배 몇 개가 출렁출렁 강가에 매어 있소.

삼각산 이은 메에 희게 깔린 눈빛이 자줏빛 산맥의 기운과 합치어 씩씩하고 미덥게 느껴지오.

남산 옛성 줄기에 얹힌 눈빛은 마치 동양화의 한 폭처럼 그윽하오.

양화도 쪽으로 열린 물굽이와 금포 쪽으로 날개를 펼친 노을빛이 밭길을 유혹하여 어느덧 나의 발은 육신묘(六臣墓) 언덕으로 옮아졌소.

봄눈 깔린 육신묘!

다시 보아도 허전하고 쓸쓸한 몇 개 무덤이요.

그러나 오직 한 그루 낙락장송이 눈을 이고 엄연히 서 있소. 몇 해나 되었는지 용하게도[136] 살아났소. 그거 한 그루만은 왜 살려 두었을까. 성삼문(成三問)의 시조를 읊조리며 산마루에 올라섰소.

남행하는 기차가 철교를 건너오.

소리가 서글프게 들리오.

소리가 서글픈 것이 아니라 내 마음이 서글픈가보오.

---

136) 원문은 '용ㅎ게도'.

무덤 위에 군데군데 눈이 녹아 흐르오.

마치 흥망성쇠를 웃는 듯하오.

나는 눈을 감아보았소.

옛날 그때 온 천하를 덮던 무서운 권세! 이 몇 분의 목숨을 빼앗고 그 뜻을 빼앗지 못한 권력의 추태!

인류의 양심과 정의를 천추만세에 싱싱하게 가르치는 의사(義士)의 소리, 바람소리가 아니라 진실로 의사의 소리 고개를 숙이고 홀로 앉은 나의 귀에 수백 년의 역사와 함께 흘러갔소.

눈을 떴소. 인도교로는 전차가 달리고 외국산 자동차가 뛰고 여윈 말이 채찍에 쫓기고……저렇게 인생은 늙고 이렇게 역사는 바뀌는가 보오.

깨닫고 보면 천만 년도 꿈길이요, 눈 감으면 일순도 천만 년이오.

봄눈! 기다릴 제는 그리운 임과 같이 애틋하더니 육신묘 녹아 사라지는 눈꽃 어루만져 헤아리니 다시금 뼛속에 사무치는 인생의 무상! 인민의 고뇌!

구름 걷기는 푸른 하늘은 팔매 치면 깨어질 듯하오.

이름 모르는 날새 두어 마리 부럽다 함이 어리석을 것이오.

눈 녹인 찬바람이 옷자락을 치오. 시간과 공간을 비웃고 가오.

눈이 내렸소. 나는 오늘도 살고 있는 기쁨과 슬픔을 애저리게 안고 사박사박 육신묘 눈 모래를 밟으며 뜨거운 눈물을 흘렸소.

(1949. 1. 11. 경향신문)

5. 특수문

특수문이라 함은

　　① 서한문(書翰文)

　　② 의례문(儀禮文)

　　③ 공　문(公　文)

이런 종류를 통틀어[1] 가리킨다.

특수한 경우에 쓰이며 일정한 구체적 목적의식 아래 적는 문장이다.

이들 특수문에 대해서는 각각 전문적인 별저(別著)를 필요로 하므로 이에 그치고자 한다.

申瑛澈 著

---

1) 원문은 '통털어'.

퇴 고(推敲)

"퇴고"라는 말은 당나라(唐) 때의 가도(賈島)의 서경시(敍景詩)

鳥宿池邊樹

僧敲月下門

이란 귀글의 바깥 짝 "僧敲"를 처음에 "僧推"로 지었었는데 생각하고 다시 생각해도 만족할 수 없어서 "敲"로 할까 "推"로 할까 하고 망설였다.[2]

어느 한 쪽으로 정하면 다른 쪽이 좋은 것 같았다.

하루는 노새를 타고 길을 떠났는데 노새 위에서도 연방 그 생각만 하다가 경윤(京尹)(府尹)의 행차에 부딪히게 되어 그 까닭을 발명하게 되어 사정을 말하니 경윤은 크게 웃고 잠깐 생각하다가 "敲"가 났겠다고 일러 주었다.

그 경윤은 당대의 문장가 한퇴지(韓退之)였다.

이에 서로 인사하고 글벗이 되고 이 고사(故事)로 말미암아 글을 다듬고 고치는 것을 "퇴고"라고 일컫게 되었다.

유명한 문장가들은 모두 퇴고에 힘썼으니 퇴고를 겪지 않고 문장가 된 사람은 하나도 없다.

그러나 퇴고는 결코 형용을 과장하며 또는 거짓으로 꾸미라는 뜻은 아니다.

---

2) 원문은 '망서렸다'.

정말 퇴고에 당해 조심할 점은 이미 "검독"(★p.83-이 책의 91쪽)에서 말했거니와 덧붙여 알아 둘 것은 퇴고는 군더더기를 제하고 문장 전체의 품격과 내용을 다시 한 번 보살펴 손질한다는 태도로 침착하게 대해야한다.

초조한 마음, 격분한 마음 등 안정되지 못한 마음의 태도로 문장을 쓰거나 퇴고해서는 잘 될 수 없다.

전력을 기울여 읽으며 고치고 또 읽고 고쳐야 한다.

표현은 되도록 거듭되지 않게 하며 처음의 인상과 정서가 퇴고 때문에 시들어버리지 않게 해야 한다.

그런데 문장에는 소리 내어 읽을 문장과 생각하며 읽을 문장이 있으니, 그 문장이 소리 내어 읽을 문장이거든 자꾸 중얼거리며 읽고 또 고치어야 한다.

이태준님은 통틀어 "중얼거리며 고치지 말 것", 이라 했으나 찬성할 수 없다.

물론 철학적, 사색적인 눈의 글엔 그럴 필요가 없다.

눈의 글은 소리 내지 말고 속으로 읽고 또 고치고 해야 한다.

또 대구(對句)3)를 일삼지 말라고 한 것은 호적 박사의 소리인데 대구가 전혀 불필요하다는 소리는 아니다. 제 격에 맞는 대구는 문장의 힘과 가락을 돋우는 요소이니 명심할 바다.

다음 김안서님의 이태준님 문장 비평은 퇴고에 대한 좋은 재료가 되니 음미 숙독하기 바란다.

---

3) 원문은 '댓귀'.

현하 작가와 그 문장

김 안 서

　문장이란 무어냐의 정의에 대하여는 여러 가지 설이 있어 혹은 "완전한 의미를 가진 사상이 문자로 표현된 것"이라 하겠고, 누구는 "사상과 감정이 문자로 자기의 심중에 있는 두 개 이상의 관념 또는 관념군(觀念群)을 결합하여 타인의 심중에도 같은 관념군의 동일 결합을 지어 주려고 그 결합을 문자로 표현한 것"이라 하였으니, 결국 이것들을 한 마디로 따진다면 문장이란 자기의 사상 감정과 동일한 사상 감정을 남에게 일으켜 주자는데 지나지 아니하니 한문의 "달의(達意)"외다.

　"達意"에도 사상과 지식만을 분명하게 알려 주는 것과 사상과 감정과 상상만을 분명히 알려 주는 이외에도 독자에게 감동을 주어야 하는 것, 이 두 가지가 있으니, 전자는 과학적 문장을 말함이요, 후자는 문학적 문장을 가리킴이외다. 물론 이것은 산문 문장을 이렇게 두 가지로 구별해 놓은 것이요, 운문에 대한 구별은 아니외다.

　이것으로써 우리는 어떠한 문장을 물론하고 그 목적이 달의에 있는 것을 알았습니다. 따라서 달의가 되지 않는 것은 악문(惡文)이라 하지 않을 수 없습니다. 그 뜻이 분명히 알아볼 수 있도록 나타나지 못한 것은 악문이란 말이외다.

　문장에 대하여 이러한 목표를 세우고서 현하 작가들의 문장이 달의가 되는지, 그것을 우리 어법 표현으로 관찰하고자 하거니와 작가의 문장으로 뜻이 통하지4) 않는 것이 있을 것이냐고 이 필자를 힐난5)할 인사가 계시다면 저 명문가로 이름이 높은 월터·페터의 문장에도 적어를 선택하지[6] 못하였다는 평을 받는다고 일언해 둘 뿐, 다른 이야기는 하고자 않습니다. 그만치 문장이란 실로 난 중 난사외다. 그렇다면 작가는 문장에 대하여 어디까지든지 고집 하지[7] 않아서는 안 될 것이외다.

그건 여하간 현하 작가의 문장으로 우선 문명이 높은 이태준군 의 문장은 어떠한가. 그것을 검토하기[8] 위하여 나는 상당히 애송 되는 관이 있는 동군의 수필 '冊'이란 일편을 관찰하고자[9] 합니다.

첫 허두(虛頭)에 "책만은 책보다 冊으로 쓰고 싶다. "책"보다 "冊" 이 더 아름답고 더 冊답다"하였으니 이 문구[10]에서 분명한 뜻을 구할 수가 있습니까. 이것은 그 원인이 토를 잘못 쓴 데 있습 니다. 만일 작가로서 국어의 "로" "으로" 토에 대하여 분명히 그 의미를 알았던들[11] 결코 이런 의미가 통하지[12] 않는 글은 쓰지 않았을 것이외다.

우리말의 "로"와 "으로"는 나의 의견 같아서는 당연히 네 가지 사용법이 있으니, (1) 방향, (2) 수단 방법, (3) 재료, (4) 원인, 이유 가 그것이외다. 예를 들자면 "서울서 인천으로 간다"는 방향이 될 것이요, "연필로 글을 쓴다"는 수단 방법이 될 것이요. "돌로 집을 짓는다"는 재료가 될 것이요, "병으로 결석한다"는 원인과 이유가 될 것이외다. 그렇다면 이군의 "冊"만은 "책보다 "冊"으로 쓰고 싶

---

4) 원문은 '통ㅎ지'.
5) 원문은 '난힐'.
6) 원문은 '선택ㅎ지'.
7) 원문은 '고집ㅎ지'.
8) 원문은 '검토ㅎ기'.
9) 원문은 '관찰ㅎ고자'.
10) 원문은 '문귀'.
11) 원문은 '알았드란들'.
12) 원문은 '통ㅎ지'.

다"는 뜻을 이루지 못한 것이요. "冊"만은 "책"보다 "冊"이라 쓰고 싶다고 "이라" 토를 써야 그 뜻이 분명할 것이거늘 문장미에 대하여는 사뭇 시감각적 민감을 가진 한글의 "책"보다도 한자의 冊이 더 아름답고 더 책답다고 하면서도 "으로"의 오용으로 달의는 고사하고 알 수 없는 의미의 글을 쓴 것은 아까운 일이외다.

왜 같은 의미의 표시인데도 한글의 "책"보다도 한자의 "冊"이라야 더 아름답고 더 책다울까 하면서 한자 폐지 주장으로 이군의 문자미에 대한 시감각적 민감을 책망할 인사가 계실는지는 모르거니와 이것은 이군 자신의 시감각적 신비와 다른 사람으로는 무어라 말할 일이 없는 이론 같은 것은 무시해버릴 감정 문제이니, 甲은 甲대로 乙은 乙대로 꼭 같은 생각을 가질 수 없는 소이도 이 때문인가 합니다.

그 다음 "책은 읽는 것인가? 어루만지는 것인가? 하면 다 되는 것이 책이다. 책을 읽기만 하는 것이라면 그건 책에게 너무 가혹하고 원시적인 평가다" 하였거니와 "책"보다 "冊"이 더 책답다는 민감성(敏感性)의 이군으로서 "책은 읽는 것인가? 어루만지는 것인가?"고 의문표까지(그렇지 않아도 우리 국어로는 벌써 의문이거늘) 찌르고 나서 "하면"하는 접속사를 쓴 것은 전구[13]의 의문문을 죽였을 뿐 아니라 깨끗해야 할 것을 어지럽게 하였습니다. 왜냐하면 그만치 새뜻한 감정의 민감성이 없어졌기 때문이외다. 만일 독자 여러분이 필자의 이 말을 바로 듣지 않으신다면 필자는 비교해 봅소서 고 다음과 같이 고쳐 드리겠습니다.

"책은 읽는 것인가 어루만지는 것인가 다 되는 것이 책이다" 하

---

13) 원문은 '전귀'.

면서 원문의 "하면"을 떼어버린 문구[14]와 원문 그대로의 문구를 다시 한 번 읽어 보시면 나의 이 말이 잘못인지 아닌지 짐작하실 것이외다. 그리고 "책을 읽기만 하는 것이라면" 인데 다음에 오는 문구의 의미로 보아서 이것은 "冊을"이 아니고 당연히 "冊은"하고 "을"토를 "은"토로 고쳐야 그 뜻이 강조될 것이외다. 자아 "冊을 읽는다" 하는 말과 "冊은 읽는다" 하는 것과의 그 의미가 얼마나 틀리는지 그것을 안다면 이런 경우의 "을"과 "은"토 따위의 구별은 누구나 알 것이 아닙니까.

이군은 "의복이나 주택은 보온만을 위한 세기는 벌써 아니다. 육체를 위해서도 이미 그러하거든 하물며 감정의, 정신의, 사상의 의복이요, 주택인 책에 있어서랴!" 하였거니와 그것도 그 뜻이 분명하려면 "의복이나 주택이 보온만을 위하던 세기는 벌써 지나 갔다. 육체로도 이미 그러하거든 하물며 감정의, 정신의, 사상의 의복이요, 주택인 책에서랴" 하면서 "주택은"은 "주택이"로 "위한"은 "위하던"으로 "아니다"는 "지나갔다"로 "육체를 위해서도"는 "육체로도"로 "책에 있어서랴"는 "책에서랴"로 고쳐 놓고 읽어 보십시오. 얼마나 그 뜻이 깨끗한가.

'독일' 철학자 니체는 문장을 고치는 것을 사상을 고치는 것이라 하였다하거니와[15] 이 말은 천고의 진실이외다. 이것으로 보아 원문의 "의복이나 주택은 보온만을 위한 세기는 벌써 아니다"의 가진 의미와 필자가 고친 "의복이나 주택이 보온만을 위하던 세기는 벌써 지나 갔다"의 것에는 과연 그 뜻이나 감정이 다릅니다. 그러나 원문대로 "의복이나 주택은 보온"만을 하면서 "의복이나 주

---

14) 원문은 '문귀'.
15) 원문은 '하였다거니와'.

택"을 강조하지 아니하고 "보온"만을 하여 역점을 이곳에다 두는 것이 도리어 좀 더 효과가 있을 뿐 아니라 이 "冊"이라는 수필은 첫 허두부터가 작자의 심미적 민감(審美的敏感)으로 시작된 것만치 필치의 자연으로 그렇게 되지 않아서는 일고 일저의 균형이 있을 수 없는 줄 압니다. 또 무슨 필요로 "주택"은 "보온"만을 하면서 두 곳에다 역점을 둘 것입니까. 두 곳에다 역점을 두지 아니하고 "보온"만을 하면서 "보온"에다 역점을 두는 곳에 전개될 문장의 세계가 독자의 마음에 어떤 상상을 줄 줄 압니다.

그리고 문장은 사람을 따라서 다르다고는 할망정 이러한 간결 (簡潔)을 목표 삼는 것에는 구태여 "육체를 위해서도" 할 것이 아니 요, "육체로도" 하면서 문자를 절약하는 것이 좀 더 인상적이 아닐 까, 필자는 이렇게 생각을 하거니와 저 "책에 있어서야"에 이르러 서는 더구나 "책에서랴" 하는 것이 깨끗한 줄 압니다. 수필 "冊"의 문장은 "책은 한껏 아름다워라, 그대는 인공으로 된 모든 문화물 가운데 꽃이요, 천사요, 또한 제왕이기 때문이다" 계속되었거니와 이것도 필자 같으면 "책은 한껏 아름다워라, 그대는 인공의 모든 문화물 가운데서 꽃이요 천사요, 제왕이기 때문이다"고 "인공으로 된"은 "인공의"로 "모든 문화물 가운데"는 "모든 문화물 가운데 서"로 고치고 "또한"이 별로 필요가 없기 때문이외다.

만일 이 필자에게 허락을 한다면 필자는 서슴지 아니하고 "책이 여 너는 한껏 아름답고나, 너는 인공의 모든 문화물 가운데서 꽃 이요, 천사요, 제왕이다" 하고 싶으니 그것 한껏 "冊은 한껏 아름 다워라" 찬미를 하고 나서 "제왕이기 때문이다"고 하면서 이유를 붙여16) 생색을 내는 것이 도무지 시원하지17) 않기 때문이외다. 그 러나 이것은 필자의 부질없는 일임은 물론 또 감히 하여서는 아니

될 대담 무모외다.

　"문화물 가운데서" 하고 "서"를 붙여야만 비교하는 뜻이 분명해지겠기에 반드시 "서"는 있어야 할 줄 압니다.

　"물질 이상인 것이 책이다. 한 표정 고운 소녀와 같이 한 그윽한 눈매를 보이는 젊은 미망인처럼 매력은 가지가지이다. 신간란(新刊欄)에서 새로 뽑을 수 있는 잉크 냄새, 새로운 것은 소녀라고 해서 어찌 다 그다지 신선하고 상냥스러우랴! 고서점(古書店)에서 먼지를 털고 겨드랑 땀내 같은 것을 풍기는 것들은 자못 미망인다운 함축미가 있는 것이다"한 원문을 필자는 이렇게 고치고 싶습니다. "물질 이상의 것이 책이다. 표정 고운 소녀나 그윽한 눈매를 보이는 젊은 미망인처럼 그 매력은 가지가지다. 신간란에서 뽑을 수 있는 잉크 냄새 새로운 것은 소녀랄망정 어찌 다 신선하고 상냥스러우랴. 헌 책사에서 먼지를 털면 겨드랑 땀내 같은 것이 풍기던 것들은 자못 미망인다운 함축미가 있다."

　표정이나 눈매에다 외국어식의 "한"을 넣으면 도리어 국어법 표현이 부자연해집니다. 물론 곳과 때를 따라서는 넣을 것이나 여기서는 일부러 "한 표정 고운"이니 "한 그윽한 눈매"니 하면서 "한"을 넣는 것이 읽고 듣기에 거슬리지 않을까 생각하는 것을 필자의 잘못이라면 필자는 서슴지 아니하고 사과를 하려니와 "소녀와 같이" 하지 아니하고 간결하게 "나"토로써 연결하고 "미망인처럼"으로 묶어 "매력"에다 "그"의 지시사를 붙이면 "가지가지"가 더 뚜렷해질 것이외다.

　"새로운 것은 소녀라고 해서"보다는 "새로운 것은 소녀랄망정"

---

16) 원문은 '부쳐'.
17) 원문은 '시원ᄒ지'.

申瑛澈 著

하는 것이 장차 올 다음 구의 "어찌 다 그렇게 신선하고 상냥스러우랴"에 대비가 될 것이외다. "어찌 다 그다지"라는 말을 썼거니와 나의 의견 같아서는 이런 곳에는 "어찌 다"면 그만이지 게다가 "그다지"까지 다시 쓸 필요가 있는지 대단히 의문이외다. "신선하고 상냥스러우랴"하는 것이 이미 가벼운[18] 의문 부정이거늘 게다가 또다시 "그다지"를 쓸 것인지 알 수가 없습니다.

"고서점에서 먼지를 털고"의 "고"토가 옳지 않다면 "먼지를 털면"일까, 또는 "먼지를 터니"일까, 그야말로 자못 의문인 것이 "고"토면 책 자신이 서점에서 그 자신의 먼지를 턴다는 뜻이 되고 "면"이나 "니"토면 책자신이 아니고 사람이 먼지를 턴다는 뜻이 되니 이것은 어떻게 해석해야 좋을지 모르겠습니다. 그리하여 필자는 그 주격을 책 사는 사람이나 서점 주인의 의미로 "먼지를 털면"하고 싶거니와, 이것은 작자 아닌 사람으로 이해하기[19] 어려운 일이외다. 원문의 "미망인다운 함축미인 것이다"의 "인 것이다"는 간접적이기 때문에 좀 더 힘 있게 하기 위하여는 "미망인다운 함축미다"하는 것이 좋지 않을까 생각됩니다.

그리고 "서점에서는 나는 늘 급진파다. 우선 소유하고 본다. 정류장(停留場)에 나와 포장지(包裝紙)를 끄르고 전차에 올라 첫 페이지를 읽어 보는 맛, 전차 길이 멀수록 복되다. 집에 갖다 한 번 그들 사이에 던져버리는 날은 그제는 잠이나 오지 않는 날 밤에야 그의 존재를 깨닫는 심히 박정한 주인이 된다"에 대하여서도 사람의 생각이란 각각이라 할망정 그 순서로는 아무리 급진파라 하더라도 정류장에서부터 포장지를 끄를 것이 아니요, 전찻간에서 끄

---

18) 원문은 '가벼야운'.
19) 원문은 '이해ㅎ기'.

를 것이라 한다면 그야말로 너무 가혹하다는[20] 평을 받을 것이매 그것은 그만 두고 "정류장으로(또는 정류장엘) 나와 포장지를 끌렀다. 전차에(에? 를?) 올라 첫 페이지를 읽어 보는 맛이란 전차 길이 멀수록 복스럽다" 하는 것이 온당하지 않을까 합니다.

"집에 갖다 한 번 책들(그들이 아니요) 사이에 던져버리는 날은 잠이나 오지 않는 밤에야 비로소 그 존재(그의 존재가 아니요)를 깨닫는 심히 박정한 주인이 된다" 이렇게 고치고 싶은 것이 "冊들"을 "그들"이니 책의 존재를 "그의 존재"니 하면서 외국어식 표현을 못할 것도 아니외다. 그러나 지금껏 이러한 외국어식 표현 방법을 취하는 것이 독자의 이해에도 어려운 점이 있을 뿐더러, 문체의 조화에 들어맞지 않는 것을 어찌합니까. 이 점에서 더 더구나 조선 어법에는 주격까지라도 빼어버리는 것이 보통인 점에서 이러한 외국어식 표현이 얼마만한 효과를 줄 것인지, 대단히[21] 의문이외다.

짤막한 "던져버리는 날은 그제는 잠이나 오지 않는 날 밤에야"의 문구에다 이렇게 많이 "날"이니 "밤"이니 하는 단어를 나열해도 옳을지, 문자의 미감보다도 표현미의 간결을 더 존중해야 할 이러한 문장에서는 매우 유감스러운 일이라 하지 않을 수가 없습니다.

이미 제한된 지수도 얼마 남지 아니하여, 아군의 수필 "冊" 전문을 인용하면서 대강이나마 검토하지[22] 못하고 중도에서 투필(投筆)하지[23] 아니할 수 없는 것은 섭섭한 일이나 어찌할 수 없는 일

---

20) 원문은 '가혹ㅎ다는'.
21) 원문은 '대한히'.
22) 원문은 검토ㅎ지'.
23) 원문은 '투필ㅎ지'.

이거니와 필자가 시시(是是) 비비(非非)를 지적한 이상의 관찰이 필자 자신의 독자적 오유가 아니라면 "스타일리스트"로, 자타가 인정하는 이태준 군의 문장이란 대개 어떠한 수준의 것인지, 짐작할 수 있는 줄 압니다. 이것은 이군의 문장만이 아니요, 현하 작가들의 문장이 대체로 이러한 경역에서 벗어나지 못하였으니, 그야말로 우리들 소위 문장업자(文章業者)에 도취했던가, 생각하면 한심한 일이외다.

필자는 그 원인이 "우리 말"을 진정히 이해하지[24] 못하고 한갓 외국어식 표현을 아무 반성 없이 대담 무모하게 본받은 데 있지 않은가 생각하거니와, 내 것을 분명히 알고서 남의 것을 받아들인다 하면 결코 이러한 고의(故意)아닌 오유는 없었을 것이외다. 소위 명문가의 문장에 이렇게도 뜻이 통하지[25] 않는 것이 많다 하면 그 이외의 문장이야 무어랄 것입니까. 하도 어불성설의 문장이 횡행을 하는지라 이군에게는 미안한 일이나마 필자가 대담한 관찰을 이렇게 시험하지[26] 않을 수가 없었습니다.

(신천지, 1949. 9월호)

---

24) 원문은 '이해ᄒ지'.
25) 원문은 '통ᄒ지'.
26) 원문은 '시험ᄒ지'.

산문(散文)과 운문(韻文)

申瑛澈 著

문장의 가락을 따지어 두 가지로 나눈다. 하나는 산문이요, 또 하나는 운문이다.

문장은 눈으로 보기만 하는 것이 아니라 소리를 내어 읽기도 하는 것이므로 그 읽는 방법을 따라 문장의 효과가 크게 달라진다.

이에 그 효과의 만전을 바라기 위해 글 쓰는 사람은 각각 그 내용을 따라 때를 따라 또는 읽는 사람을 헤아려 혹은 산문으로 하고 혹은 운문으로 한다.

그러므로 산문과 운문은 원래 성격이 다른 것이니 산문은 눈의 글이며 운문은 귀의 글이다.

산문체와 운문체를 문장 초학자는 흔히 섞어 쓰기 쉬우니 조심해야 된다.

우선 우리는 동서양 산문과 운문의 역사를 대강 살펴보기로 하자.

[1] 동양의 산문

동양의 문장은 중국이 조종이다. 중국의 상고에는 "좌사(左史)는 기사(記事)하고 우사(右史)는 기언(記言)하다"하여 수천 년 옛날 아득한 시절부터 문장이 융성하였었다.

서전(書傳) 가운데 가장 옛 것은 하나라(夏) 사관(史官)의 붓으로 된 것이다.

하나라(夏)의 문장은 힘차고 씩씩하며(雄渾), 은나라(殷)의 문장은 단출하고1) 밝으며(簡明), 주나라(周)의 문장은 은근하고 차근차근 하였다(婉曲丁寧).

주역(周易)의 문장은 단출하고 깨끗한(簡潔) 위에 신비(神秘)한 둘레가 읽혔다고 봄이 옳을 것이다.

춘추 전국(春秋戰國)시대에 이르러서는 언론, 집회, 사상의 자유가 무제한으로 용인되었으므로 논어(論語)와 같은 단출하고 맺혀진(簡約) 문장이 나왔으며, 노자(老子)의 도덕경(道德經) 같은 곳곳에 압운(押韻)한 깊숙하고 그윽하며(深奧) 뜻세고 묘한(玄妙) 문장도 나타났다.

맹자(孟子)에 적힌 문장은 시원하고 야무지며 밝고 또렷한 위에 대단히 비유(譬喩)가 많아 논리적이며, 장자(莊子)의 문장은 신운 표묘(神韻縹緲)하여 변환(變幻) 무궁하고 우언(寓言=이솝 이야기처럼 흥미 있고 교훈적인 이야기), 중언(重言), 호언(巵言)으로써 본뜻(本旨)을 풀이했다.

한비자(韓非子)의 문장은 뛰어나고 신기스러우니(峭奇) 파란 중첩(波瀾重疊)하여 곡절 돈좌(曲折頓挫)의 아리따움을 다하고 있다.

이 밖에도 많은 명문(名文)이 있다.

양한(兩漢)에 들어서는 사마천(司馬遷)의 사필(史筆)이 가장 빛나며 가의(賈誼)의 논책(論策), 양웅(楊雄)의 태현(太玄), 법언(法言) 들이 있으나 사마천의 사기(史記)가 단연 정묘로운 빛을 나타냈다. 뒷세상 문장가, 사가(史家)들은 사기의 문장을 모범삼아 수련하였다.

위, 진(魏, 晋) 이후 문장은 점점 전채(翦綵)의 폐(弊)에 빠지어 이

---

1) 원문은 '단촐하다'.

른바 사륙변려체(四六騈儷體)가 나타났다.

그러나 "四六의 일어남은 그 온 바 멀은지라, 전모(典謨), 서명(誓命)부터 이미 윤색(潤色)되어 써 선독(宣讀)에 편하게 하니라.

읽는 이로 하여금 딱딱하지 않게 하며 듣는 이로 하여금 거북하지 않게 한 따름이니라."(文章歐冶) 한 바와 같이 옛날부터 그 경향이 있었는데 이 시절에 이르러 지나치게 농간을 부려 문장의 속힘이 빠지게 되었다.

양사(梁史)의 찬자(撰者) 도찰(姚察)이나, 후위(後魏) 우문태(宇文泰), 그 신하 소작(蘇綽)이와 같은 시폐(時弊)를 바로잡고자 한 사람도 있었으나 휩쓸어 흘러가는 육조문사(六朝文辭)는 미문여사(美文麗辭)의 전람회를 만들었을 따름이다.

중국 현대의 문명 평론가 임어당(林語堂)은 다음과 같이 말한다.

"四六체―그는 시대의 산 현실에서 전혀 떨어진 한 개의 생명 없는 깎아 새긴2) 말로만 가능하였다.

그러나 과장(誇張)한 산문에도, 운율(韻律) 있는 미문에도 늘어놓아 번지르르한 미사여구(美辭麗句)에도 훌륭한 산문은 없었다.

대저 훌륭한 산문이란 살아 있는 말로만 가능한 것이니, 기교적(技巧的)인 말로 쓸 수 없음이 또렷하다.

가장 훌륭한 산문은 백화(白話)로 쓰인 근대 소설의 가운데 들어 있다.…

첫째, 훌륭한 산문은 생활의 산문적 사실을 반영(反映)할 수 있어야 한다. 그러기에 낡은 문어(文語)는 부적당하였다.

둘째, 훌륭한 산문은 그 온 힘을 부리어 나타내기 위해 화포(畵

申瑛澈 著

---

2) 원문은 '사긴'.

布)의 너비가 있어야 한다.

그러나 고전(古典)의 전통은 항상 언어를 극단으로 아끼는 데 있었다.

고전의 전통은 집중(集中), 정선(精選), 순화(純化), 조정(調整) 등에 있다고 믿어 왔다.

고전 산문의 목적은 그저 아름다울 뿐이었다.

훌륭한 산문은 자연의 활보(闊步)라야 한다. 고전의 산문은 전족(纏足)이었다(※ "전족"은 중국 풍속에 부인의 발을 졸라매어 작게 하던 악풍임).

…중국의 문장은 개인의 감정을 가리고 인격이 나타나지 않도록 꾸미는 데 있었다."

이리하여 임어당은 도연명의 "오류선생전(五柳先生傳)" 같은 문장을 "문장의 특질이 심히 막연하고 사실이 천박하고 기술이 허전하다"고 날카로운 비판을 하였다.

당나라(唐) 때에 이르러 진자앙(陳子昻)이 나오매 "국조 문장성(國朝文章盛)한 자앙시고답(子昻始高踏)이라"고 한유(韓愈)가 말하리만큼 복고(復古) 기운이 많았었다.

중당(中唐)때 한유(韓愈)가 나와 훌륭한 글을 쓰고 옛글을 잘하매 "팔대의 쇠함을 되살렸다(起八代之衰)"는 일컬음을 들었으며, 때의 유종원(柳宗元)과 함께 "한(韓)은 바르고 유(柳)는 신기하다"는 말을 들었다.

당나라 쓰러지고 송나라(宋) 일어나 백 년의 세월이 흐른 뒤 구양수(歐陽修) 나타남에 미쳐 문장의 기풍 일신되고 고문(古文)은 다시 융성하고 소순(蘇洵)과 그 두 아들 식(軾), 철(轍), 왕안석(王安石),

증공(曾鞏)등 대문장가가 나타났다.

식은 동파(東坡)라고 호하니 적벽부(赤壁賦)로 유명한데 우리나라에서는 중국보다도 더 일컬었다. 그러나 식은 오만하여 우리 고려를 야만국으로 깔보고 모욕을 한 자로 그리 앙모(仰慕)할 위인도 아닌 것이다.

아무리 대문장가라 해도 오늘날 우리 눈으로 볼 때 그리 대단한 내용의 문장도 아닌 것이다.

음풍영월(吟諷詠月)하던 그 시대 그만한 문장도 없었으매 그리들 추켜세웠던 것이리라.

송나라(宋) 남쪽으로 밀린 뒤로도 이강(李綱), 호전(胡銓)들과 같은 격월(激越)한 문장가도 나왔으며, 명나라(明)에는 이(李), 왕(王)이 무리 나타나 옛 문사(文辭)를 내세웠고 귀유광(歸有光)은 이에 반대하고 비방하였으며, 청나라(淸) 처음 후방역(侯方域), 위희(魏禧)들이 나왔으나 말년엔 시문(時文)이 세력을 잡았으며, 민국 혁명 이후 1917년 조직적으로 일어난 근대적 문학 혁명 운동의 대규모적 약진이 백화(白話) 문학을 주장하는 호적(胡適), 진독수(陳獨秀)를 신진 문학자의 손으로 이루어지매 중국 문장 사상(史上) 미증유의 새 기축(機軸)을 보이게 되었다.

이에 특히 우리가 기억할 사람은 16세기 말엽에 나타난 원중랑(袁中郎)의 존재다.

원중랑은 "요새 사람은 요새 말로 적어야 한다"고 확고한 역사적 근거로 주장했다.

그의 형 종도(宗道), 아우 중도(中道)와 함께 삼원(三袁)이라고 불리리만큼 유명했다.

임어당(林語堂)은

"원(袁)은 일상용어, 때로는 속담마저 문장 안에 넣어 한때 공안체(公安體)라는 이름을 들었다."(※그의 고향이 공안임).

산문을 형식의 구속에서 해방한 것은 원이다. 수필을 쓰는 방법은 팔과 붓에서 흘러나오는 그대로[3] 말을 끄내는 것이라고 말했다.

문학은 누를 수 없는 성령(性靈), 곧 개성의 표현이라고 믿고 개성적 풍격(風格)을 주장하였다.

그러나 통어(通語), 이어(俚語)의 사용은 정통파(正統派)의 배척을 받아 원중랑은 경조(輕佻), 추속(粗俗), 이단(異端)이라는 형용사 이외 아무 것도 받지 못했으나 1934년에 이르러 이 개성적 문체는 비로소 구원을 받았다.

다만 원도 문장 가운데 백화(白話), 곧 속어(俗語)를 사용하자고 주장하지는 못했던 것이다.

중국의 문학 혁명은 역시 호적 박사의 백화문 운동으로 성공한 것이라 할 것이다.

이렇게 말했다.

또 임어당은 문학과 정치를 말함에

"언어의 구속이 사상의 구속이 됨은 물론이다. 문어(文語)는 죽어버렸으므로 바른 사상을 표현할 수 없다. 이론적 추고(推考)의 습련(習練)을 아주 겪지 못한 흐릿한 문어 속에서 자라온 중국의 학자는 참 유치한 논쟁을 하기도 했다."

이상은 중국 이야기거니와 우리나라의 산문은 어떠하였던가.

고구려 소수림왕(小獸林王)때 들어왔다는 한문자는 그대로 이 나라 말을 적기에는 기막히게 어려운 맞지 않는 괴물이었으리라. 그

---

3) 원문은 '고대로'.

래도 소리와 뜻을 뒤섞어가며 향찰 문자(鄕札文字)의 사용법이 그대로 문장에도 사용되었던 것이다.

그러나 남아난 문장은 보잘 것 없다.

신라의 큰 선비라는 고운(孤雲) 최치원(崔致遠)을 머리로 고려의 포은(圃隱) 정몽주에 이르기 여러 학자의 문장은 모조리[4] 당나라 이래 중국식 한문의 문장이니 개성을 엿볼 수 없는 상투와 갓과 같이 비슷비슷한 문장뿐이다.

차라리 고려 말 이규보(李奎報), 이제현(李齊賢) 같은 사람이 좀 개성을 보였다고나 할까? 산문으로는 천편일률(千篇一律)일 따름이다.

근조선에 이르러 세종 때 집현전 학사들이며 또는 뒤의 퇴계(退溪) 이황(李滉), 율곡(栗谷) 이이(李珥) 같은 분이며 또는 우암(尤庵) 송시열(宋時烈) 같은 분들의 문장도 역시 한문뿐이었다.

실사구시(實事求是) 학파의 대두로부터 여러 학자가 나왔으나 개성적 새 문체를 보여준 사람은 연암(燕岩) 박지원(朴趾源)으로 으뜸을 삼을 바이요, 다산(茶山) 정약용(丁若鏞)도 신 기풍을 보여 주었다.

그러나 이들은 모두 한문의 문장가였다. 그들보다도 그 시대에 떨치지 못하고 호강하지는 못했을망정 우리 산문 사상에 길이 버리지 못할 몇 편의 우리 말 문장의 존재를 기억해야 할 것이다.

그는 숙종조의 서포(西浦) 김만중(金萬重) 지은 구운몽(九雲夢)을 첫손으로 옥루몽, 심청전, 한중록, 인현왕후전(仁顯王后傳), 구래공전, 의휴당(宜休堂) 일기, 요로원 야화기(要路院夜話記), 내간(內簡) 몇 편들 헤일만한 것에 지나지 않으며 또 그 문장체도 한문식이 많이 섞였으되 그래도 그나마 남은 것이 대견하다 아니할 수 없다.

---

4) 원문은 '모주리'.

이같이 황폐한 들판 같은 우리나라 문장의 역사도 신문학 발흥 이래 30년, 선구자 피눈물의 고투를 통해 오늘날의 융성을 보기에 이르렀다.

우리나라의 산문은 신문학 운동 이후에 시작됐다 할 바이다.

우리나라의 문장에 대한 외국인의 비평 가운데 가장 권위 있는 모리스 쿠우랑(Maurice courant)의 평을 엿보기로 하자.

그는 말한다.

"조선에서는 사회생활, 예술, 일반적 지식, 따라서 언어마저 아직 요람(搖籃) 시절을 벗어나지 못했을 즈음에 중국은 이미 완벽을 자랑하는 군대의 조직, 천여 년의 전통을 계승한 행정의 기구, 그보다 오랜 가족, 사유(思惟)와 존재(存在) 표현의 도구로서 유감없는 문자를 갖추고 있지 않았던가.

찬란한 이 문화에 눈이 부시자 조선 사람은 다투어 그 수입에 열중했고 새로운 갈망은 중국에 심취(心醉)시키고 말았다.…… 한문의 침입은 드디어 조선의 문학 발달을 수 세기 사이 가로막았을 뿐 아니라 또한 영구적 변모(變貌)마저 일으키고 말았던 것이다.

구어(口語) 가운데 사용되는 한문투의 수효는 회화자(會話者)의 계급과 당면의 화제를 따라 물론 변하는 것이지만 대개는 그 수효가 많을수록 좋은 것으로 되어 있어 축사나 조문(弔文) 또는 의식 때의 문투는 아주 한문 낱말 뒤에 조선말 어미(語尾)가 덧붙어 있을 뿐이므로 문외한(門外漢)으로서는 도무지 알아들을 재주가 없다. ……… 조선 사람은 옛사람의 표현을 찾아내서는 이를 써먹는 것인데 원체 무식한 까닭에 제법 그럴 듯하게 훔쳐 쓴 것도 기술 부족으로 곧 탄로(綻露)되고 만다.

특히 조선 사람의 문체에는 높낮이(抑揚)가 없다. 사성(四聲)의 배열만이 자아내는 이 높낮이는 오직 중국의 학자만이 할 수 있는 것이며 그곳에는 엄격한 규칙도 없고 다만 청각적(聽覺的) 효과가 있을 따름이다.

15세기에 서거정(徐居正)은 조선 사람은 독특한 문체를 가지어 이는 중국 각조(各朝)의 써내려오던 것과는 다르다고 외쳤으나[5] 그 뒤 그 이상의 변화가 생겼는지 그들이 규칙으로 삼은 것은 중국인의 엄격한 모방에 지나지 않는다. ……… 조선 사람은 그들의 사상을 중국의 시가(詩歌)로서만 표현하고자 했다.

조선의 사상에다 외국어의 옷을 입히기 위해 그들은 먼저 외국의 범례(範例)에 순종하였던 것이지만 그 뒤 외국의 사상을 채용하고 사상을 위한 사상을 사랑하고 그리고 조선에도 그 사상을 실천해 보려고 하기까지에는 앞에 오직 큰 길이 있었을 따름이다.

………언제까지도 사상의 노예임을 면하지 못하고 고대의 문체, 고대의 관습, 유지에 벌벌 떨었을 뿐 중국의 왕조 송(宋), 명(明)에 대해서는 도무지 충성을 변하지 않았다.

이러한 모방은 국운의 쇠퇴를 가져왔을 뿐이며 외국인과의 조약으로 생긴 교섭에도 관리들 사이의 조선적인 공문서 문체를 새로운 가능에 맞추어 사용하면 훌륭하지만 북평총리아문(北平總理衙門)의 언어를 모사(模寫)하기에만 허덕였다."

모리스 쿠우랑의 말 아니라도 우리는 이미 우리 조상의 독자적 문학 운동이 거의 없었음을 잘 인식하였다.

일본인 고교 형(高橋亨) 교수도 "조선 문학이란 중국 문학의 모방 외에 별것 없다"고 극언하였다.

---

5) 원문은 '웨쳤으나'.

우리는 지난날의 수치스런 역사를 씻기 위해 새로운 문학 창조의 길로 피나는 고행을 닦아야겠다.

[2] 서양의 산문

서양 산문의 발달을 상고로부터 헤아려 보면 헬라의 산문을 들을 수 있으니 문헌상으로는 헤로도토스(Herodotos. 484~425. B.C.)의 사기(史記)를 으뜸으로 토오기지데스(Thoukydides. 471~401. B.C.), 크세노폰(Xenopon. 430~354. B.C.) 등이 밝고 또렷한 사전체(史傳體)를 보였었고, 플라톤(Platon. 427~341. B.C.)의 대화편(對話篇)에 이르러 부드럽고, 둥글고, 곧고, 깨끗하며, 맑고 찬, 여러 가지 문체를 나타내어 홀로 헬라문학뿐만 아니라 서양 산문 전체를 가장 높은 봉우리를 궁구했으며, 아리스토텔레스(Aristoteles. 384~322. B.C.) 또한 정묘하고 가는6) 기실문(記實文)의 모범을 보여주었다.

라틴(Latin)의 산문은 수사, 의론, 서한의 각 문장에 견줄 사람 없는 키케로(Cicero. 106~43. B.C.)와 사전(史傳)의 명문에 큰 길을 열은 리비우스(Rivius)와 쌍벽(雙璧)으로 하여 먼저 가에사르(Gaesar) 뒤로 세네카(Seneca. 4~65. B.C.) 등이 유명하다. 그들의 문체는 대개 간결명쾌(簡潔明快)하다.

근세에 이르러 "그레코 라틴"(Greco-Latin)의 전통을 짙게 이어 받은 근세 제국 속에 이탈리아는7) 단테8)(Dante Alighieri. 1265~1321)의 사랑 시집 신생(新生)(L. Vita Nuova)에서 비로소 제 나라말의 산문을

---

6) 원문은 '가늘은'.
7) 원문은 '이타리는'.
8) 원문은 '딴테'.

갖게 되었으며, 복카치오(Boccaccio 1313~1375)[9]의 열흘 이야기에서 로맨스의 꽃이 피었고, 군주(君主)를 지은 마키아벨리[10](Machisvelli. 1469~1527)는 이 두 사람의 전통을 이어 중흥시켰으나 19세기 끝 따눈치오(Dannunzio. 1863~194?)에 이르러 신체(新體)의 기운을 나타냈다.

에스파니아의 산문은 아르혼소왕에서 시작되어[11] 세상을 빈정 대고 비꼰 세르반테스가 둘째 봉우리이며 대구(對句) 잘 쓰기로 유명한 퀘베도오(Quevedo)의 미문, 그리고 그라시안(Gracian)의 청초(淸楚)한 문체가 셋째 봉우리, 라르라(Larra)에 이르러서는 아름다워지기는 했으나 옛 품격이 떨어졌다고 한다.

프랑스의 산문은 비일알도오안(Villehardouin)의 사서(史書)가 밝고 힘세고 아름답고 깨끗하며, 푸로앗사알(Froissart)의 평명(平明)하고 유려(流麗)한 문장이 유명하다.

16세기에 들어 라부레(Francois Rabelsis 1494~1553), 듀·베레(Jules Dupre 1811~1889)들이 "프랑스말의 옹호와 고양(高揚)"이란 선언을 발표하고 로맨스와 비평에 새 기축을 열었고, 칼뱅(Calvin 1509~1564)의 청명한 문장, 몬테뉴(Montaigno 1533~1592)의 고아(古雅)한 표현들이 "고전 시대" 산문의 기초를 세웠다.

17세기는 사람의 생활, 특히 사교 생활의 모든 사상 표현에 적합할 산문의 특성과 리듬을 발견한 때로 파스칼(Pascal 1623~1662)과 한림원(翰林院)의 설립과는 프랑스 산문의 순수화와 보급에 많은 공헌을 하였다.

---

9) 원문은 '복카티오'.
10) 원문은 '마캬베르리'.
11) 원문은 '시각되어'. '시작되어'의 오식인 듯.

산문의 조화(調和), 표현의 적확, 고운 감칠맛을 힘써 주장하는 보오주라(De Vaugelas)의 산문론(散文論), (Remarques sur Langue francaise 1642 ~1690)은 프랑스 문장의 한길을 가리켰다.

헬라·라틴의 전통을 이어 지닌 서양 산문의 뼈와 살은 프랑스 문학 안에서 찾을 수 있다.

영국의 산문은 알프레드 왕(Alfred the Great 849~901)의 간소 평명한 번역문[오르쥬스(Orosius)의 세계 역사, 비이드(Bede)의 영국민 교회사, 보에츄스(Boethius)와 철학의 위안]들이 한 방향을 보였고 15세기에 들어 "아아사"의 최후의 곱고 야무진 문체, 17세기 초엽 흠정 영역 성서(欽定英譯聖書)의 힘차고 우렁찬 문체 등은 모두 새로운 문장의 방향을 헤쳐 열었다.

또 리리이(Lyly)의 유휴이스(Euphues)는 영국 최초의 소설로 영국 미문의 한 기관(奇觀)을 보이어 그 획기적 염려체(艶麗體)는 시인 학자들에게 많은 영향을 끼치어 영문학사상 유휴이즘(Euphuism)의 술어가 생겼었다.

단(Doune), 테라(Jeremy Taylor), 부라운(Thomas Browne) 등은 호화롭고 멋진 문장가로 알려져 있으나 과도적(過渡的)인 존재였다.

정말 근세적 산문은 17세기의 드라이덴(Dryden. 1631~1709), 바냥(John Bunyan 1628~1688), 위리암·텐플(William Temple) 등이 으뜸이니 모두 짧은 문장과 평명한 짜임으로 사상의 직통을 꾀한 문체들이었다.

18세기에 들어서는 고요한 아디슨(Joseph Addison), 씩씩한 존슨(Jonson 1572~1637)의 문체들이 있었는데 대체로 영국 신문의 틀은 잡히고 이어 19세기에 이르는 동안을 거쳐서 저 프랑스의 몬테뉴와 더불어 세계 에세이12)문학의 최고 지위를 차지하는 에세이스트 람(Charles Lamb 1775~1834), 그리고 페타(Pater 1839~1894) 등이 17세기 시초의 신기스럽고 고운 문체를 따르는 필치를 보였었다.

도이치의 산문은 마르틴 루터(Martin Luther 1483~1546)의 성경 번역에서 제 길을 찾아 들었었는데 중간에서 끊겼다가 18세기 중엽 도이치[13] 최초의 희곡가 레씽(Lessing 1729~1781)이 중흥하고 최대의 시인 괴테[14](Goethe 1749~1832)에 이르러 대성하였다.

현대의 서양 산문은 언어 기능의 미치지 못하는 분야(分野)를 헤쳐 열고자 모든 수단 방법을 다하고 있는 듯하다.

이상으로 우리는 동서양의 산문의 대강을 살폈다. 그러면 운문이란 무슨 뜻인가? 를 구명하기로 하자.

운문(韻文)

문장에는 넓은 뜻으로 따져볼 때 운(韻)이 있는 문장과 없는 문장의 두 가지로 나눌 수 있음을 깨달을 것이다.

운이 있는 것을 귀글 또는 시(詩)라 하고 운이 없는 것을 문장이라고 한다.

동양에서 문장 수사(修辭)의 획기적(劃期的) 권위서라 한 양나라(梁) 유협(劉勰) 지은 문심조룡(文心調龍)에는 "지금의 상언(常言), 문(文)이 있고 필(筆)이 있으니 생각하건대[15] 운이 없는 것은 필(筆)이요, 운이 있는 것은 문(文)이다"(總術 第四十四).

이렇게 적혀 있다.

---

12) 원문은 '에쎄이'.
13) 원문은 '도이취'.
14) 원문은 '꿰테'.
15) 원문은 '생각ㅎ건대'.

申
瑛
澈
著

바꾸어 말하면 "문"은 운문이며 "필"은 산문을 뜻함이다.

문학 발생상으로 헤아리면 운문이 먼저라 하는 이도 있고 산문이 먼저라 하는 이도 있다.

오늘날 종합적인 정설(定說)은 시가(詩歌), 곧 운문이 먼저 생기고 산문이 뒤에 생긴 것이라고 고찰되고 있다.

중국 문학상으로 생각하면 운문의 시작은 시경(詩境)의 "상송(商頌)" 5편(篇)과 서전(書傳)의 고요모(皐陶謨) 가운데 순임금(舜)과 고요(皐陶)와의 화가(和歌)를 첫손으로 친다.

옛날의 잠(箴), 명(銘)과 같은 것은 모두 음절(音節)을 중히 여겨 운을 따졌다.

우리나라 고전 문학 가운데 향가(鄕歌)라고 불리고 있는 노래를 비롯하여 고려 때의 노래라고 구전(口傳)되어 근조선 초기에 기록되어 온 이른바 고려 가사들이나, 또는 시조(時調)라고 불리는 단가들과 개인적 유작인 송강 가사, 노계 가사, 고산 별집, 춘향전 등 여러 가곡(歌曲) 설화(說話)는 거의 모두 운문이다.

우리나라의 운문은 산문의 역사에 견주어 오랜 역사적 전통을 지니고 있다고 봄이 옳을 것이다.

운문의 종류

운문을 나누어 다음과 같이 생각할 수 있다.

① 시조(時調)

② 민요(民謠)

③ 노래(歌曲)

④ 동요(童謠)

⑤ 신시(新詩)

운문은 언어 예술의 날카로운 표현이다. 따라서 각 민족어의 전통적 리듬과 뉘앙스[16]를 무시하고 일률적으로 운문의 규정과 감상을 할 수는 없는 것이다.

오랜 세월 우리 조상은 한시(漢詩)에만 힘쓰고 진작 국문학엔 등한했다. 오늘날 남아 있는 우리 조상의 한시는 중국 시인에게 지지 않을 만큼 훌륭한 것도 많으나 따져보면 결국 중국 문학과 우리 문학의 튀기 문학이며 또 그 지은 것의 대부분이 도연명(陶淵明), 백낙천(白樂天), 두보(杜甫), 이백(李白), 두목지(杜牧之) 등 중국 역대 시인의 작품만 못하다. 참고로 적어 두거니와 한시에는 글자 수효, 귀수(句數), 평칙(平仄), 압운(押韻) 등의 제약이 있고 오언 절구(五言絶句), 칠언 절구(七言絶句) 등의 종류가 있다.

운문 공부를 하려면 물론 한시에 대한 수련도 좋은 참고가 될 것이다.

---

16) 원문은 '뉴앙스'.

[1] 시조

우리나라의 운문 가운데 정형(定型)을 이루어 발달한 것이 흔히 이르는 시조다. 시조는 원래 계면조(界面調)니, 우조(羽調)니 하는 것과 같은 노래의 가락 이름이던 것이 오늘날엔 그 노래의 이름처럼 되어버렸다.

시조라고 부르는 노래는 원래 단가(短歌)라고 불러야 옳은 것인데 이제는 아주 굳어지고 말았다.

이 노래는 고려 말년부터 오늘날에 이르는 동안 남은 것이 천 수백 수를 넘는다.

시조는 언제부터 시작되었는가?

이는 언제부터 돌연 의식적으로 나타난 형식이 아니라 신라 향가(鄕歌), 고려의 남은 가사(歌辭)들로 헤아려 볼 때 오랜 가곡 생활 속에서 점진적으로 시형을 이루어 고려 말년에 완성된 것이라 볼 바이다. 우리가 매양 시조라고 부르는 노래는 대개 세 가지가 있으니 첫째는 삼장(三章)시조요, 둘째는 엇시조, 셋째는 사설(辭說)시조다.

첫째 삼장시조는 보통 널리 시조라고 불리는 대표적 정형이다.

오늘날 남아 있는 가집(歌集)의 작품 수효는 다음과 같다.

청구영언(靑丘永言)	998
해동가요(海東歌謠)	883
가곡원류(歌曲源流)	626
여창유취(女唱類聚)	178
동가선(東歌選)	235

이 작품 속에 있는 대다수의 삼장 시조의 통계적 연구를 해보면 삼장 시조의 잣수는

초장(初章)　3　4　4(3)4
중장(中章)　3　4　4(3)4
종장(終章)　3　5　4　　3

이런 것이 확실하다.

둘째, 셋째의 엇시조, 사설시조는 글자 수효의 정형 없이 늘어놓은 노래다.

시조는 위로 정치적 최고 계급에서 아래로 기생에 이르기 온 민족이 부른 노래로 우리 민족 문학 사상의 크나 큰 구슬들인 바 유감되게도 수백 수를 제하고는 그리 보잘 것 없는 음풍영월, 또는 중국 문물(文物)예찬, 동경, 한시의 되풀이, 마시고 취하는 타령뿐이다.

시조가 다시 이식되기는 신문학 운동 이래니 시조 작품으로는 육당(六堂) 최남선(崔南善)이 "백팔번뇌(百八煩惱)"를 1920년 발행한 것이 효시(嚆矢)인가 한다.

그는 시조 작가로서 이를 낸 것이 아니고 시조 중흥(中興)을 부르짖은 것이었다.

시조 한 편을 엿보자.

만월대(滿月臺)에서

옛 사람 일들 없어 예와 눈물 뿌렸단다
천지도 엎이거니 왕업이란 무엇이니
석양의 만월대 터를 웃고 지나가노라.

그의 시조는 그 당시로는 매우 흥미 있는 시험이었으나 너무 정형

에 잡히고 옛말을 지나치게 섞어서 작품으로 성공했다고는 할 수
없다.

만월대에서 원천석(元天錫)을 비꼰 그가 뒷날 밟은 길은 과연 어
떤 방향이었던가?

구태여 말하고 싶지도 않다.

진실로 우리나라의 시조를 예술적으로 창작 대성한 분은 노산
(鷺山)이다.

그는 시조의 정형을 체득하고 비로소 현대적 감각을 시조에 담
은 시조 중흥의 법조(法祖)다.

특히 그가 양장(兩章) 시조를 시작한 것은 문학 사상 특기할 일
인 것이다.

그는 1932년에 노산 시조집을 발행하고 이어 신문 잡지에 발표
한 시조가 삼천여 수나 된다.

1939년 여름 가람의 "가람시조집"이 출판되었다.

그의 시조에 대해 조윤제(趙潤濟) 교수는 다음 같이 비평했다.

"가람의 시조는 고조(古調)를 배웠으나 아직 그 진묘(眞妙)를 몸
으로 얻기 전에 먼저 자기의 시조를 선입관념으로 형성하여 버린
듯도 하고 또 신시의 영향을 너무 무비판적으로 받아들인 듯이도
보인다" 또 그는 가람 시조의 글자 수효가 맞지 않음을 비판하고

　　"외오 두고 두고 그리워하던 그대 (2452)

　　다만 믿어 오기 고운 그 맘이러니 (2452)

　　이제야 보는 얼굴도 맘과 다름 없고나" (3543)

이런 식으로 시조의 역사적 정형을 무시한 것을 가리켜 "시조라
고 부를 수 없다" 하였다. 또 그는 "가람의 이러한 시험과 이 제의
에 대하여는 시조의 역사성과 정형시적 가치를 무시한 공연한 공

로라 밖에 말할 수 없으나, 혹은 이러한 시험을 가지고…시조를 살리는 방법이라고까지 생각할지는 모르나 이것은 전혀 잘못된 생각이고 도리어 그 결과는 반대로 먼저 스스로 나아가서 시조를 파괴함이라고 하지 않을 수 없다"고 날카롭게 메스를 휘둘렀다.

이 두 분 이외로 해방 후 조운 시조집(曹雲)이 발행되었다. 그의 시조는 아주 드물게 일제 시절 발표되던 바 한 책으로 나온 것은 처음이었고 그 작품 가운데는 우수한 작품이 많았다.

윤곤강(尹崑崗)형은 그의 시조 선죽교를 감상하고 현대 조선 시조 작가 속에서 가장 이채를 가진 존재라고 격찬했다.

이밖에 담원 시조집(詹園)이 역시 해방 후 출판되었다. 옛말이 많다고 비평하는 사람도 있으나 고아(古雅) 장중(莊重)한 시조의 운치가 깊이 스민 역작이 많다. 시조를 말하면서 수주(樹州) 변영로(卞榮魯), 월탄(月灘) 박종화(朴鍾和) 두 분을 뺄 수 없다.

때때로 좋은 시조를 발표하였다.

시조는 역사적 변천의 모멘트에 닥드려 있다.

우리는 천 수백 년의 전통적 국문학의 자취를 더듬어 옛시조에 대한 새로운 인식을 지니며 아울러 새로운 시조 발흥을 위한 힘찬 정진이 있어야 한다.

시조에 대한 한층 깊은 취미와 연구를 꾀하는 사람은 각각 이상 몇 분의 저서를 가까이하기 바란다.

[2] 민요

민요 글자대로 민중의 노래다. 언제 누가 지은 줄도 모르게 입에서 입으로 불리어 산으로 들로 밭으로 길거리로 흘러 도는 가락의 바람이다.

시는 원래 민요였다. 인류 역사의 시초부터 시인이란 따로 있었던 것이 아니다. 하늘을 제사지내고 사철의 바뀜을 따라 희노애락(喜怒哀樂)을 소박하고 단순한 그들의 말로 가락 맞추어 혹은 홀로 혹은 여럿이 부르며 인생을 즐기고 스스로 위로를 찾아 안식을 더듬으며 해와 달, 꽃과 향기를 노래하였으니 이 이른바 민요인 것이다.

대 시인 호오마도 노래 부르며 헤매는 방랑객이었고, 오늘날 미신의 소굴이 된 무당도 상고의 노랫군이 아니었던가? 민요는 원시적(原始的)이요, 순수적(純粹的)이다. 따라서 인정의 기미(幾微)가 솔직하게 알몸뚱이17)로 나타나야 한다.

우리나라의 수백 수 넘은 민요는 아직도 채집 정리 연구의 도상에 있다.

민요 작가로는 고(故) 김소월(金素月) 간 뒤로 적막하기 짝이 없다.18)

[민요] **산유화(山有花)**

☆ 김 소 월

산에는 꽃 피네
꽃이 피네
갈, 봄, 여름 없이
꽃이 피네.
산에서 우는 작은 새야

---

17) 원문은 '알몸둥이'.
18) 원문은 '짝없다'.

꽃이 좋아
산에서
사노라네.

[3] 노래

노래는 민요처럼 말이나 생각에 제한을 받지 않는 자유로운 부르기 좋은 대로 시형을 지어 엮어 놓은 운문이다.

곧 자유시의 짧은 시형이요, 글자 수효에도 시조나 민요처럼 일정한 규칙을 따라야 되는 법이 없으므로 흥이 나는 대로 시형을 정해 지을 수 있는 것이다.

유행가라는 것도 물론 노래지만 예술가는 유행가를 천하게 보는 것이니, 그는 참된 예술 작품이 아니라 상품이기 때문이다.

[4] 동요

동요는 어린이의 노래다. 어린이가 지은 노래도 동요, 어린이가 부르게 하기 위해 어른이 지은 노래도 동요라 할 것이나 따져 말하면 예술적인 어린이의 노래다.

동요는 어린이의 아름다운 정서와 공상을 살려 키워 공리적(公利的) 세속에 물들지 않는 순정과 예술적 내용을 으뜸으로 삼아야 한다.

[5] 신시

동쪽에 솟은 해도 서쪽에 기울면 어둠이 온다. 시대의 낡은 진통(陣痛)은 새로운 운동을 재촉한다. 그곳에 선구자가 있다.

오랜 전통적 표현과 구속받은 언어 속에서 뭉개는 인류의 예술적 지성은 끝내 낡은 틀 속에 얽매어 있을 수는 없다.

시문학의 자유시 운동은 진실로 새로운 새벽으로의 진군이다.

신시라는 것은 자유시다.

자유시란 개성의 감동을 운율 그대로 표현하는 곳에 생명이 있다.

마음에서 마음에 직통하는 호소, 인습과 구속을 털어버린 청신한 자유의 꽃이다.

시는 일정한 정형에 맞추어야 된다고 주장하는 이론은 이미 낡은 소리다.

시의 발전 고정으로 보아 시대는 이미 자유시의 무대(舞臺)다.

[자유시] 내 사랑

노 산   이 은 상

내 역사 빛나는 저 너른 벌판

내 전설이 쌓인 저 푸른 숲들

내 노래 흐르는 저 깊은 강물

내 겨레 누려 온 저 고운 고을

그리고 저 밝은 하늘

잠깐도 못버릴 향기론 바람

조국아 너 밖에 내 사랑 또 어디 있나

너 밖에 사랑 내 사랑 또 뉘게 주리.

네게서 내 **뼈**와 살 받고

네게서 내 생명 길러

내 누구 위해 이 **뼈**와 살 주며

내 누구 앞에 이 생명 던져 바치리

나를 보내고, 쓰고, 맘대로 쓰고
때가 이르러 데려갈 이는 오직 너
조국아 너 밖에 내 사랑 또 어디 있나
너 밖에 사랑 내 사랑 또 뉘게 주리.
내 외로워 눈물지며
슬픈 노래 부르고
기쁨이 가슴에 차고 넘치어
춤과 웃음이 절로 나오고
가고 멎고 앉고 눕고가
다 네게서 내 몸 생긴 자채로거니
조국아 너 밖에 내 사랑 또 어디 있나
너 밖에 사랑 내 사랑 또 뉘게 주리.
광명한 해, 아름다운 달밤
여기 이 땅에 꽃 피고 잎 지고
비와 바람과 서리와 눈이
때 마춰 내 양식 주는 은혜론 선물
어둠과 주림 너만이 없이 해 줄
내 거룩한 땅, 오! 내 낙원이여
조국아 너 밖에 내 사랑 또 어디 있나
너 밖에 사랑 내 사랑 또 뉘게 주리.
마른 잔디밭에 뿜은 내 한숨
돋는 새 속잎에 실바람 되고
방울 방울 떨어진 내 슬픈 눈물
그대로 반짝반짝 구으는 이슬
미더운 새삶을 아뢰오려고

절하는 이 몸과 마음 온통 받으라

조국아 너 밖에 내 사랑 또 어디 있나

너 밖에 사랑 내 사랑 또 뉘게 주리.

(1933. 5. 5. 동아일보 춘천 기행)

[양장 시조] 소경되어지이다

노 산

뵈오려 못뵈는 임 눈 감으니 보이시네

감아야 보이신다면 소경되어지이다.

(1931. 10. 20)

[시조] 삼랑성(三郎城)

노 산

삼랑성 가을 풀이 어깨를 넘는구나

헤치고 눕노라니 성돌 절로 베개로다

어디서 저녁 새 소리 얼굴 위에 떨어지네.

(1933. 10. 동아일보 강도 유기)